浙江省2022年度省级一流本科课程"马克思主义基本原理"项目研究成果

传统文化的精神及其转化发展实践研究

鲁海军 著

ZHEJIANG UNIVERSITY PRESS
浙江大学出版社
·杭州·

图书在版编目（CIP）数据

传统文化的精神及其转化发展实践研究 / 鲁海军著
. —杭州：浙江大学出版社，2023.11
ISBN 978-7-308-24330-8

Ⅰ．①传… Ⅱ．①鲁… Ⅲ．①中华文化—文化精神—研究 Ⅳ．①K203

中国国家版本馆 CIP 数据核字（2023）第 203867 号

传统文化的精神及其转化发展实践研究

鲁海军　著

策划编辑	吴伟伟	
责任编辑	宁　檬	
责任校对	陈逸行	
封面设计	雷建军	
出版发行	浙江大学出版社	
	（杭州市天目山路 148 号　邮政编码 310007）	
	（网址：http://www.zjupress.com）	
排　　版	杭州好友排版工作室	
印　　刷	广东虎彩云印刷有限公司绍兴分公司	
开　　本	710mm×1000mm　1/16	
印　　张	13.25	
字　　数	230 千	
版 印 次	2023 年 11 月第 1 版　2023 年 11 月第 1 次印刷	
书　　号	ISBN 978-7-308-24330-8	
定　　价	68.00 元	

自　序

2017年初秋，应浙江万里学院文化与传播学院院长陈志强的建议与邀约，我开设了校博雅课程"王阳明的人生与学问"。在教学过程中，我与诸多同学、师友进行了良好的交流互动，与他们的切磋促使我进一步深入思考阳明文化在中国传统文化中的定位及其意义，中国传统文化的形态与基本精神，传统文化创造性转化、创新性发展的实现路径等一系列问题。

中国文化向来有即器明道的传统，清人章学诚对此进行了总结。道不是泠然独立的存在，道的意义和张力只有通过器物的现实性才能呈现出来。因此，道必然有现实性或现实化的内在要求。另外，器物的现实性又具体体现为它的实用性。这里，物与人建立了有效沟通。有了这一沟通渠道，人的情感开始介入"世界"的话语情境，由此实现"人—物—道"的逻辑建构。百姓日用即是道，其实"道之形"与"器之用"只在一念之间，因为两者的确同构而生。所以，即器明道的传统隐含了"离器无道"的言外之意，只有在道器之间才有对话与讨论的空间和必要，自然的意义、人的意义、生命的意义、文化的意义才会逐渐展开，这大概便是古人所言"天人合一"或"天人之际"的意蕴所在吧。

万法因时而作，因时而化。"世界"中的每一个"事件"都有它特定的情境。随着情境的转化，"事件"的内容、结构及表现形式都会产生变化，传统文化不外乎如此，也必然有转化发展的内生诉求和动力机制。我们要实现传统文化的创造性转化、创新性发展，使之与现实文化相融相通，共同服务以文化人的时代任务。在情境转化的过程中，关键在于主体的融入。主体与文化、世界共同构境，在新的情境中形成完整的崭新意象。诚然，主体生命的参与，更多是为了情感的显露与交流,并赋予意象以真实的意蕴,而并不仅仅是作为物存在。因此,不难理解"天人之际"的贯通在于一心之内的那点灵明。对此,《易经》"咸"卦曾做精妙地诠释,"咸"之亨通在于此心之感通:"天地感而万物化生,圣人感人心而天下和平。"当然,"咸"又有"皆"义,更彰显了人类主体情感的普遍性。可见,万法虽因时而作,因时而化,但主体情感的融入乃是生命意义、世界意义之根本。

情境的转化、主体的融入非常自然地导致文化内容的调适与抉择,在此意义上,要坚持古为今用、以古鉴今,坚持有鉴别的对待、有扬弃的继承,而不能搞厚古薄今、以古非今。古今情境自然不同,古今文化自然有别,今人怎样在传统文化中发掘可用的文化元素、怎样发掘很考验今人的智慧。本书以传统文化的精神为切入点,重点考察传统文化忠孝伦理与家国情怀的结构,进而关切现时代语境,使之凝练成爱国主义的话语表述,回归社会主义伦理价值体系中。

不回避传统文化的历史语境,同时专注于传统文化的当下诠释,是研究传统文化的基本态度和方法。当下的诠释就其范畴而言重点在于传统文化创造性转化、创新性发展,而传统文化创造性转化、创新性发展的理论张力又必然体现于具体的实践,这也应合古人所言"道"的两重维度,即"道"的抽象理论维度,以及"道"的具象实践维度。正是基于这样的思考,我尝试以博雅课程"王阳明的人生与学问"为载体,进行传统文化转化发展的教学实践应用,希冀在两个维度的视域下对传统文化及其精神有深入的感知和体认。

本书的研究方法,始终贯穿着马克思主义原理。浙江万里学院思想政治理论课"马克思主义基本原理"有幸获评省级一流本科课程,而一流课程的建设又有课程思政的实施要求,由此,两个话题便在此不期而遇,有了互阐的广阔空间,有了互进的积极可能。

日常的教学、长期的思考、断断续续的文字录入,不经意间形成了这一书稿。只道当时是寻常,开始不曾有系统的规划和逻辑铺陈,完稿时也全然没有大规模调适的坚毅勇气和霹雳手段。既然木已成舟,字已成稿,一声叹息,也就罢了。生命中有太多诸如此类的际会,在偶然性中因循着坚定的必然,又在必然性中呈显出无限的偶然,并不断地诠释着天道与自然的永恒法则,以及人

类主体的情感投射。恐怕研究团队成员唐绪晨、金刘禹、纪颖欣、张佳怡诸君
也有类似的感受吧。

鲁海军

2022 年 10 月 8 日于四明岚山

目　　录

第一章　从文化分析到传统文化的解读传承

关于文化，主要有三种观点。第一种观点从"文化的传统"角度出发，将文化比作一条源自古代、流向未来的河流，它通过横向传递与纵向传承而生生不息，深刻影响着人类的生存发展。第二种观点基于"精神及生活的方式"视角，将文化定义为世代相传的生活方式的整体。第三种观点则从"文化的力量"视域出发，认为文化能为人类生活提供规范，能促进社会进步与发展。三种观点虽角度不同，但相互关联，其意旨逐步递进，由"传统"谈及"方式"，再由"方式"谈及"力量"。诚如习近平总书记所论，我们考察文化的传统性及其精神与生活的呈现方式，目的是更好地汲取文化内在的力量，让文化的转化、传承能够更好地应用于现代社会，促进经济社会的现实发展。诚然，这一过程亦是文化自身发展的过程。

文化的力量体现在文化的生命力、创造力和凝聚力之中，而文化的生命力、创造力和凝聚力又体现在民族的生命力、创造力和凝聚力之中。从某种意义上来说，文化的发展与民族的发展同向同行、同质同构。悠远深厚的传统文化孕育伟大的民族，伟大的民族又必然创造辉煌灿烂的民族文化。在实现中华民族伟大复兴的新时代语境下，研究探讨传统文化创造性转化、创新性发展的意义便极其自然地凸显出来。

第一节　文化含义的界定及其社会功能

一、文化含义的复杂性及其界定

阿尔弗雷德·韦伯(Alfred Weber,1868—1958年)在其《文化社会学视域中的文化史》中提出这样一个问题:"我们不作为单独的一个民族,而是作为历史潮流向前推进的人类,到底处于历史潮流中的哪个位置呢? 这一潮流通过我们实现了什么呢?"①阿尔弗雷德·韦伯的问题聚焦于人类与历史潮流的关系,人类在历史潮流中处于怎样的位置,历史潮流通过人类活动实现了哪些内容。但我们不难发现,在历史潮流中的人类,其活动恰恰构成了历史潮流的主体部分,或者从某种程度上讲,人类活动即是一股永恒的历史潮流。

那么人类活动又属于一个怎样的范畴呢? 我们可以举一些案例予以说明。譬如威廉·特纳(William Turner,1775—1851年)于1834年取材维吉尔的诗歌《埃涅伊德》创作了油画作品《金枝》,描绘"狄安娜明镜"内米湖畔森林中梦幻般的奇景。在罗马内米湖畔,有一座森林女神狄安娜的神庙。神庙的祭师由被奉为"森林之王"的奴隶担任,负责看护神庙附近的一棵圣树。但任何一个试图逃亡的奴隶能够折取圣树上的树枝,便能获得与祭师决斗的机会,如果还能杀死祭师,这名逃亡的奴隶便能取而代之。譬如在俄罗斯德尔普特附近的一个村子,三个男人爬到枞树上,一个拿着榔头敲打水桶(模仿雷鸣),另一个撞击两个燃烧的火把使火星飞迸(模拟闪电),还有一个人手执一束树枝,在容器中蘸水后洒向四面八方。他们在祈雨,或者说试图用巫术来控制雨水。②再譬如宋神宗在1069年启用王安石(1021—1086年)为相。王安石将陕西转运使李参的"青苗法"推广到各地。"青苗法"就是当春天播种时,官府叫百姓自己揣度,种田之后能有多少盈余,官府酌量借钱给他,当作种田的资本,到谷物成熟收割后他再归还官府。③ 诚然,这些案例都属于人类活动的范

① 韦伯:《文化社会学视域中的文化史》,姚燕译,上海:上海人民出版社,2006年,第3页。
② 弗雷泽:《金枝》,徐育新、汪培基、张泽石译,北京:新世界出版社,2006年,第63页。
③ 吕思勉:《中国通史》,武汉:武汉出版社,2011年,第308页。

畴。人类活动范畴极其宽泛,涵盖人类生活的各个领域,包括经济、政治、社会、艺术、文化、科技、生态、军事、外交等。这些活动以丰富多样的形态流淌在历史的长河之中,并以"事件"(affair)的形式为人类所记取、参考,进而认识其变迁发展的因果联系(causal connection)。爱德华·卡尔(Edward Carr,1892—1982 年)即用"因果"的概念概括孟德斯鸠(Baron de Montesquieu,1689—1755 年)《论法的精神》的研究原则和起点。孟德斯鸠认为存在一些总的因果,在每一个制度中起着作用,使之兴起、发展和衰落,而且各种事物的发生都从属于这些因果。爱德华·卡尔则认为,人的行为和活动遵循某种源自"事物的本质"的规律或准则。① 据此,他对资本主义社会发展趋向的判断不同于赫伯特·马尔库塞(Herbert Marcuse,1898—1979 年)的悲观主义,试图将对历史的评估建立在仔细评价马克思、恩格斯及列宁的基础上。所以他曾宣称:"事实上,我在任何事情上都不能为西方社会预见什么,像西方社会目前的状况,任何展望都只能是衰落和腐败……但是,我相信新的力量和新的运动正在表面之下,在这里或别的地方产生……我想应该称之为'社会主义的',我也是这个意义上的马克思主义者。"② 阿尔弗雷德·韦伯认为马克思对历史所做的解释,不再以某种信仰为出发点,或者说不再先验地去解释历史,而是确定人在历史中所处的位置,用实证主义的探索方法来刻画历史的全部过程,并且以此为基础预测历史发展的趋向。马克思(Marx,1818—1883 年)将一种综括性的意向与对历史的解释有效地结合起来,其每部分都能从未来图景中得到灵感。马克思对历史的解释产生如此重大的影响,在于他将人类经历的必然命运历程与处于此种命运历程中的人类心灵中实现命运的愿望结合在一起。③

此处,对人类活动内在规律的探讨不再具体展开,人类活动的目的才是笔者讨论的重点。人类活动的目的,在于不断地探索、认识自身及自然,并有效地利用自身与自然的各种元素,寻求自身的发展,以及自身与自然的和谐共生。显然,这一过程是文化的过程。人类的活动和历史构成了人类的文化。人类文化在人类活动和历史潮流之中,对后者的考察隐含了对前者内容的确认与深化。综观人类的历史进程,创造力的萌动力量,在潮流中能够描绘出符合时代要求,以及人类解放的伟大图景,而这种创造性的潮流通过对历史事实

---

① 卡尔:《历史是什么》,陈恒译,北京:商务印书馆,2007 年,第 187 页。
② 卡尔:《历史是什么》,陈恒译,北京:商务印书馆,2007 年,第 81 页。
③ 韦伯:《文化社会学视域中的文化史》,姚燕译,上海:上海人民出版社,2006 年,第 5-6 页。

的衡量,在文化生命中得以感知和感受。因此,对文化的理解不可能脱离对历史潮流及其规律的观照,而文化的含义在人类活动、历史潮流的激荡中也显得复杂起来。

诚然,对文化含义的界定应该遵循人类生命的基本原则。爱德华·泰勒(Edward Tylor,1832—1917年)认为,文化或文明"就其广泛的民族学意义来说,是包括全部的知识、信仰、艺术、道德、法律、风俗以及作为社会成员的人所掌握和接受的任何其他的才能和习惯的复合体"[①]。泰勒以进化论为理论基础,对原始民族的诸多文化现象、人类文化发展的阶段过程进行了广泛而深入的考察、分析和研究,开创了文化学的先河。就他对文化含义的界定而言,他较为清晰地勾勒了文化学的基本轮廓,厘清了文化学的对象、范围、原则及方法。按照泰勒的思路,在各种文化现象中有着广泛的共同性,因此在很大程度上可以拿一些相同的原因来解释相同的现象。[②]

毋庸置疑,文化现象的确有一定的共同性,但试图用所谓的普遍原理去研究纷繁芜杂的各个时期、各个地域的人类文化,碰到的阻力是可想而知的。文化具有共同性的同时,也具有极强的差异性。文化的共同性基于人类生命的普遍性,文化的差异性则源于人类生命的多样性。生命在不同的历史时期,在不同的地域环境,呈现的样态是丰富多彩的。老子言:"道生一,一生二,二生三,三生万物。万物负阴而抱阳,冲气以为和。"(《道德经》第四十二章)道家这种对自然万物的观照视域移用到对文化的考察也是适用的。文化有普遍的"道"的原则,也有一、二、三乃至万的演化历程中的千变万化。一方面,文化有相生性与共生性,构建在一个和合的命运共同体之中;另一方面,虽然不一定相克,但必然有一个转化的进程,在不断的运动中向前发展。

罗马内米湖畔狄安娜神庙的场景展现了逃亡奴隶与祭师的决斗;威廉·特纳用《金枝》的艺术形式呈现了人类非凡的心灵;在俄罗斯德尔普特,人们用原始宗教的形式,在极度艰难的处境中,展现对美好生活的追求与渴望;而北宋王安石则用其两次入相跌宕坎坷、勤勉殚精的政治生涯,为我们诠释精神和人格的伟大。文化往往囿于时间和地域,在和合的稳定趋向中不断转化,呈现

---

① 泰勒:《原始文化:神话、哲学、宗教、语言、艺术和习俗发展之研究》,连树声译,桂林:广西师范大学出版社,2005年,第1页。

② 泰勒:《原始文化:神话、哲学、宗教、语言、艺术和习俗发展之研究》,连树声译,桂林:广西师范大学出版社,2005年,第1页。

多样的形态和不同的理解路径。梁漱溟（1893—1988 年）在《东西文化及其哲学》中对东西方文化的差异做了明晰阐述，这种差异基于人类生活样式的三种不同路向。第一种是本来的路向，就是奋力取得所要求的东西，设法满足他的要求，换句话说就是奋斗的态度，这是西方文化的特色。梁漱溟借用亚瑟·叔本华（Arthur Schopenhauer，1788—1860 年）的意欲（will）范畴，认为西方文化是意欲向前的文化，呈现出征服自然、科学方法、德谟克拉西（democracy）三种特异色彩。[1] 第二种人类生活路向是，遇到问题不去解决，改变局面，就在这种境地上求我自己的满足。梁漱溟认为中国文化是以此种意欲自为调和、持中为其根本精神的。[2] 梁漱溟对中国文化性格的判断是片面的，调和、持中的确是中国文化精神的一个方面，但中国文化还有积极进取、奋发有为的另一面，中国文化精神是在心态的平和持稳中笃定前行、知行一贯。第三种人类生活路向完全不同于前面两种，遇到问题就从根本上取消问题本身。既不像第一种路向那样改造局面，也不像第二种路向那样改变自己的心态。这尽管也是应对问题的一种方法，但违背了生命与生活意欲向前的本性。梁漱溟认为，印度文化是以此种意欲反身向后要求为其根本精神的。[3]

梁漱溟对于人类生活三种路向的分析，比较理性地说明了文化形态在历史潮流与人类生活中的差异性，但他的视域仍不够宽，或者说有简单综括的倾向。就人类文化而言，其形态是复杂的。西方文化、中国文化及印度文化的各种样式内部亦是复杂的。因此不能简单地将西方文化概括为意欲向前、奋发有为的文化，也不能简单地将中国文化概括为意欲调和、中庸持稳的文化，当然印度文化也不可能是单向度的意欲向后。文化逻辑远比梁漱溟的预判复杂得多，这种复杂基于文化差异的普遍性，无论是文化的外部环境还是内部机理。梁漱溟的理论对很多学者有较大较深影响，但似乎对中国文化不够自信，我们应当审慎判别。

恩斯特·卡西尔（Ernst Cassirer，1874—1945 年）在《人论：人类文化哲学导引》中谈到希腊文化的一个转折点在于柏拉图（Plato，公元前 427—前 347年）对"认识你自己"这一古老格言的全新诠释。柏拉图认识到苏格拉底（Socrates，公元前 470—前 399 年）研究方法的局限性，于是把目光投向一个

---

① 梁漱溟：《东西文化及其哲学》，北京：商务印书馆，1999 年，第 61-62 页。
② 梁漱溟：《东西文化及其哲学》，北京：商务印书馆，1999 年，第 63 页。
③ 梁漱溟：《东西文化及其哲学》，北京：商务印书馆，1999 年，第 61-63 页。

更为宽广的平面,这个平面是政治和社会生活的,而不是个人的,因为个人经验中所遇到的现象是多样的、复杂的,甚至是矛盾的,以至于研究者无法厘清其中的关系。① 卡西尔在这里以人类活动及其定义的复杂性谈人类文化的复杂性,以及文化研究的复杂性。卡西尔进而认为,人的突出特性不是形而上学本性,也不是物理本性,而是人的劳动(work),正是劳动这种人类活动体系,规定了人性的圆周,语言、神话、宗教、艺术、科学、历史等,都是这个圆的组成部分和各个扇面。② 卡西尔的劳动概念不同于马克思的劳动范畴。卡西尔所要推出并强调的观点是:人类文化的根源或本质在于象征性,而不是事物本身。他说:"人类文化并不是从它构成的质料中,而是从它的形式,它的建筑结构中获得它的特有品性及其理智和道德价值的。而且这种形式可以用任何感性材料来表达。"③卡西尔把人定义为符号的动物(animal symbolicum),而非理性的动物。符号化的思维和符号化的行为构成了人类活动的整个进程,人类文化的发展也有赖于符号系统(symbolism)的运转。

卡西尔承认人与人类文化的复杂性,但又将人与人类文化推向了符号化,而否认文化的感性因素及其客观实在性,这是其理论的缺陷所在。文化是人类活动或劳动的产物,人类活动又是不断运动、变化、发展的。查尔斯·达尔文(Charles Darwin,1809—1882年)在《人类的由来》中通过一系列的事实证据,诸如同一生物群中各个成员之间亲缘关系的远近,它们过去和现在在地理上的分布,以及它们在地质地层里出现的先后顺序等,提出了进化论原则。④正是这种进化发展推动了人类文化的差异性扩展。所以,泰勒文化理论的第二大原则即认为文化的各个不同阶段是发展和进化的不同阶段,其中每个阶段都是前一个阶段的产物,并对历史发展进程起着至关重要的作用。⑤ 文化发展是连续的,不是跳跃的,更不是倒退的。在达尔文进化论成为普遍共识的语境下,泰勒也不例外地深受达尔文、赫伯特·斯宾塞(Herbert Spencer,1820—1903年)等人的影响。但泰勒与达尔文、斯宾塞进行了分割。他认为

① 卡西尔:《人论:人类文化哲学导引》,甘阳译,上海:上海译文出版社,2013年,第99页。
② 卡西尔:《人论:人类文化哲学导引》,甘阳译,上海:上海译文出版社,2013年,第107页。
③ 卡西尔:《人论:人类文化哲学导引》,甘阳译,上海:上海译文出版社,2013年,第57页。
④ 达尔文:《人类的由来》,潘光旦、胡寿文译,北京:商务印书馆,1983年,第920页。
⑤ 泰勒:《原始文化:神话、哲学、宗教、语言、艺术和习俗发展之研究》,连树声译,桂林:广西师范大学出版社,2005年,第1页。

自己的研究自成体系与脉络，与之前的相关研究没有丝毫联系。

　　显然，关于文化及其含义的探讨，不可能绕过马克思主义的视域。马克思主义的发展与勃兴，历史唯物主义和辩证唯物主义在各个学科领域的广泛应用，已经对泰勒及其时代的研究者产生深刻影响。文化的发展不只是文化内部因素简单的演进，有量的变化，更重要的是有质的飞跃；文化内部诸多因素之间不是孤立的，而是普遍联系、相互影响的，而历史潮流对文化发展起着重要的作用；人及其劳动在文化发展的进程中扮演着不可替代的角色。

　　另外，在此不得不提的是，文化含义的中国视角又是怎样的呢？在西方语境中，文化是指国家或群体的风俗、信仰、艺术、生活方式及社会组织。而在中国的传统语境中，文化含义则有所不同。众所周知，古代汉语大部分是单音节词，即一个语素为一个词。因此，我们可将"文化"分成"文"和"化"两个词来考察。

　　"文"，从玄从爻。指天地万物产生的现象、纹路、轨迹等信息。"玄"下之"爻"，其意象为交错的阴阳两气。阴阳两气的运行及交互作用是天地万物产生各种现象、纹路、轨迹的根源。因此，"文"不仅说明了天地万物的现象，也透露了现象背后的原因。"玄"为天。《诗经》言："维天之命，于穆不已。"（《诗经·周颂·维天之命》）"维天之命"讲的是天，"于穆不已"讲的是人，人对天的认识和态度。这里便构建起了天与人的关系，由此可进一步展开对人与人关系的探讨，中国伦理哲学的源头由此可窥一斑。"爻"为阴阳两气。老子言："万物负阴而抱阳，冲气以为和。"（《道德经》第四十二章）《易传》言："一阴一阳之谓道，继之者善也，成之者性也。"（《易经·系辞上》）试图说明的是阴阳两气的变化及其变化规律。在这里，我们又看到了中国生成论哲学的源头。

　　概而言之，"文"有信息、符号之意，可以理解为"纹理"。从某种程度上来说，"文"即为"符"。上古之时，"符""文"一体。孔颖达言："古者伏羲氏之王天下也，始画八卦，造书契，以代结绳之政，由是文籍生焉。"（《尚书序》）能够说明"文""符"之间的联系。另外，"文"与"字"也当作区分。许慎言："仓颉之初作书，盖依类象形，故谓之文。其后形声相益，即谓之字。"（《说文叙》）可知"文"是依类象形的，"字"是形声相益的，两者有所不同。再者，"文"又有"天"之"文"和"人"之"文"之分，即所谓的"天文"与"人文"。"天文"是关于"天"的信息、符号，"人文"是关于"人"的信息、符号。

　　然而，对"文"的信息、符号含义的理解不应是静态的，而是"使其有纹理"

的动态过程。即纵横交错的纹理不是静态的,而是动态的。因此很自然地引入"化"的概念。使天地万物有纹理,然后使天地万物有变化,这一进程是人类活动参与的结果。抛开天地万物的本体层面,就天地万物的意义而言,这正是从人的意义上来理解的。荀子言:"状变而实无别而为异者,谓之化。有化而无别,谓之一实。"(《荀子·正名》)《易传》言:"知变化之道者,其知神之所为乎。"(《易·系辞传》)这是"化"的"变化"之意。但在许慎那里"化"则有了"教化"之意。"化。教行也。教行于上,则化成于下。"(《说文》)老子亦言:"我无为而民自化。"(《道德经》第五十七章)"化"由"变化"之意衍生出"教化"之意。就人而言,"使其变化"主要是通过"教"来实现的。

综上所述,"文化"是一个从"使其有纹理"进而"使其有变化"的动态过程。前文所言卡西尔将文化理解为"符号",这只是"文"的内涵,而缺少"化"的部分。另外,梁漱溟在《东西文化及其哲学》中谈到了"文明"的概念:"生活中呆实的制作品算是文明,生活上抽象的样法是文化。不过文化与文明也可以说是一个东西的两方面,如一种政治制度亦可说是一民族的制作品——文明,亦可说是一民族生活的样法——文化。"①梁漱溟区分了文明与文化,也试图指出两者的联系。《大学》有言:"大学之道,在明明德,在亲民,在止于至善。""明明德"当为"使优秀的道德呈显"之意。以同样的思路理解,"文明"当为"使优秀的文化呈显发扬"。文而化,化而明。文明就是使人类文化明亮起来,发扬开去。对文化、文明含义的考察,放在"文—化—明"这样的链式逻辑中理解便非常清晰。因此,卡西尔对文化的理解似乎又缺一个"明"的部分。

二、文化形态及其功能的内生性

前文提到梁漱溟对文化与文明的区分,我们借用"生活中呆实的制作品"和"生活上抽象的样法"的思路,将文化形态分为三类:一是物质形态(physical form),包括各类建筑和器物,以及由此延伸出的科学、技术,乃至经济。建筑和器物容易理解,是常规的物质形态的文化,一般不会被质疑。科学是对事物的认识及其认识规律,这里也将它理解为物质形态文化的延展。通常所说的"科技"其实是"科学"(science)和"技术"(technology)的结合,包含两个范畴。

---

① 梁漱溟:《东西文化及其哲学》,北京:商务印书馆,1999 年,第 60 页。

技术是制作建筑、器物的必要手段和方法,可以理解为物质形态文化的延展。经济主要是以物质形态的交换为基础,也可以理解为物质形态文化的延展。所以,物质形态文化的主体部分是建筑、器物等实体实物,而科学、技术、经济等为实体的延展。二是符号形态(symbolic form),包括文学和绘画、音乐、影视等艺术样式。文字是文学的载体,色彩、线条是绘画的要素,声音、光线等是音乐和影视的工具。所以,我们可以把文字、色彩、线条、声音、光线等理解为符号形态文化的延展。三是精神形态(spiritual form),包括哲学、宗教、伦理道德和政治思想等思想层面的文化形态。符号形态的文化是对物质形态文化的记录、描摹,其中浸透了人类的美好心灵,已有思想的介入与凝结,但主要还是以感性的形式呈现。精神形态的文化则进一步将符号文化抽象化,以纯粹理性的形式解释天地万物的存在状态、运行规律。

三种形态的文化又各有怎样的功能呢?由文化的含义可以了解到,文化不是僵死的存在物。静态的物质形态文化必然需要符号化,并逐步注入人类思想而赋予其意义,赋予动态的活力。我们不赞同卡西尔"所有文化形式都是符号形式,应当把人定义为符号的动物(animal symbolicum)来取代把人定义为理性的动物"[1]的观点,但诚如他所言,作为一个整体的人类文化是人不断自我解放的过程,在这一进程中,语言、艺术、宗教、科学等都赋予了人类建设自己的、理想的世界的力量。[2] 莫里斯·梅洛-庞蒂(Maurice Merleau-Ponty,1908—1961年)也曾表示,文学、哲学等表达活动都有助于实现一种语言的、有限的符号系统,以此实现恢复意义世界的愿望。[3] 人类活动是文饰世界的活动,通过一定的技术与技艺来建造建筑、制作器物,并创造了符号系统,来描绘、说明人类所关切的世界。人类活动的直接效应是使世界发生了巨大变化,使之能更有效地参与人类活动,并为人类活动提供必要的内容。这一切使得人类世界的意义更加丰富,不再是平面的、单向的表象认知,而是在纯粹理性的层面审视。人类与世界的变化得以共同呈现,通过具体的方式,譬如教育的化导、传承功能的运用,使变化更加持久地发挥作用,并产生更广泛的效应。这就是前文所提出的"文—化—明"的链式效应,连接这一链条显然需要某种能发挥作用的功能。

---

① 卡西尔:《人论:人类文化哲学导引》,甘阳译,上海:上海译文出版社,2013年,第42页。
② 卡西尔:《人论:人类文化哲学导引》,甘阳译,上海:上海译文出版社,2013年,第357页。
③ 梅洛-庞蒂:《符号》,姜志辉译,北京:商务印书馆,2003年,第117页。

我们可以将此功能概括为三种，对应文化的三种类型：第一种是对应物质形态文化的实用功能。人类创造各类建筑和器物，以及由此延伸出的科学、技术，乃至经济，都是出于实用目的。从原始的蒙昧时期，到近现代各种技艺的发明与改进，人类不懈努力地改善自身的生活状态。譬如在良渚遗址（距今5300—4300 年）发现的大批石器中，有一种形制特异的器物，它两翼后掠、弧刃，背部中央突出有一榫头，上穿一圆孔，其形制同后来钱塘江流域、太湖流域人们使用的铁制耘田器具十分相似，这种器物是良渚先人在稻田中耕除草的农具。中耕除草技术伴随着犁耕而出现。犁耕操作呈直线进行，播种也随之成直线，于是就有了中耕除草。这是良渚先人在提高农业生产效率方面的创造，是人类智慧的体现。他们在追求事物之真（truth）的同时追求生活或生存的最真实的状态。

第二种是对应符号形态文化的审美功能。人类创造文字，使用色彩、线条、声音、光线等符号元素，创作文学和艺术作品，一方面是描摹、诠释现象世界，另一方面也是对现象世界的审美体验。譬如奥斯卡-克劳德·莫奈（Oscar-Claude Monet，1840—1926 年）的画作《日出·印象》，用戳点的绘画笔触描绘出晨雾中不清晰的背景，并用多种色彩赋予水面无限的光辉。我们可以透过轻柔的薄雾遥望阿佛尔港口日出的景象，仿佛置身于法国海港城市日出时分那光与色的视觉印象之中。譬如《诗经·桃夭》："桃之夭夭，灼灼其华。之子于归，宜其室家。桃之夭夭，有蕡其实。之子于归，宜其家室。桃之夭夭，其叶蓁蓁。之子于归，宜其家人。"通篇以桃花起兴，以桃花喻美人。通过对桃花、美人的描写，我们感受到了美人与家人和睦相处的和谐气氛，也真切体悟到家庭与生命的无限美好。诚如《日出·印象》《诗经·桃夭》，文化的审美功能即在于通过各种符号，感知、把握和体认人的生命状态，其旨趣即从纷繁芜杂的日常生活中跳脱出来，去追求事物的永恒之美（beauty）。生存与生活呈现的是各种纠缠和考量，在现实中，我们难免为诸多欲念所左右而迷失自我。因此，我们需要另一种真实，迫切地去解读生活背后的真相，符号连接了这样一种需求。文化的审美功能为我们揭示了本真，本真是另一种真实。

第三种是对应精神形态文化的教育功能。人追寻本真的脚步从未停歇，始终在回应自己的人生使命。斯蒂芬·茨威格（Stefan Zweig，1881—1942年）曾感叹："一个人生命中最大的幸运，莫过于在他的人生中途，即在他年富力强的时候,发现了自己的人生使命。"①在对人生使命的回应中,人类创造了哲学、宗教、伦理道德和政治思想等思想层面的文化形态。这种文化形态探讨的是人的精神状态,事物的和谐与至善,是对本体世界的体认。尤其是哲学,如亚瑟·叔本华(Arthur Schopenhauer,1788—1860 年)所言,哲学是解释和说明现成事物,把作为感知而为人所体认的世界的本质明确而抽象地揭示出来。② 叔本华将人的精神称为意志(will),从意志出来的不仅仅是它的行为,而且还有它的世界。意志的状态决定了意志指向的行为和世界。意志是自在之物(in-itself),是世界的意蕴和本质;而生命是可见的世界,生活的现象则只是反映人类意志的镜子。现象、生命、意志构成了完整的世界。在此意义上,叔本华认为,只要人类充满生命意志,就无须为生存担忧。③ 意志作为它自身是自由的,正如庄子《逍遥游》中的北冥之鱼,幻化为鸟,怒而飞,其翼若垂天之云。但自由意志又是有所待的,它要依靠一定的条件,必然在一个系统中彰显"自由"的意义。如列子善行,但其行仍是御风而行,不能脱离风的作用。所以,所谓的意志的自由,并不是它冲破了自然规律的偶然活动。它的自由正是出于它对自然的顺从和依附。④ 在这种顺从的条件下意志能体认本体世界,能够追求事物之至善(goodness),甚至是至善本身。那么,作为至善的自由的生命意志是孤立的、静态的吗? 不是的。它同人的社会生活、生存状态、生命感悟紧密联系,是对物质的、符号的文化形态的进一步抽象,又能够通过教育来诱发、引导整个文化系统的解读、转化、应用与传承,这是文化的教育功能,通过教育开启人的至善的本性,从而趋向更美好、更真实的生活。

物质、符号、精神三种文化形态对应了实用、审美、教育三种文化功能,这种对应决定了文化功能的内生性⑤和链式发展的特质。文化功能的实现不是外在力量决定的,而是依靠内在动力,动力源于人类最初的、最基本的对现实

---

① 茨威格:《人类群星闪耀时》,高中甫、潘子立译,南京:译林出版社,2011 年,第 33 页。
② 叔本华:《作为意志和表象的世界》,石冲白译,北京:商务印书馆,1982 年,第 372 页。
③ 叔本华:《作为意志和表象的世界》,石冲白译,北京:商务印书馆,1982 年,第 377 页。
④ 西田几多郎:《善的研究》,何倩译,北京:商务印书馆,1965 年,第 87 页。叔本华认为:"在意志作为人的意志而把自己表现得最清楚的时候,人们也就真正认识了意志的无根据,并已把人的意志称为自由的、无所待的。"参见叔本华:《作为意志和表象的世界》,石冲白译,北京:商务印书馆,1982 年,第 169 页。与西田几多郎的观点正好相反。
⑤ 叔本华认为对哲学的考察要遵循内在性的原则。"我们的哲学同此前的整个考察中一样,要主张那同一个内在性。"参见叔本华:《作为意志和表象的世界》,石冲白译,北京:商务印书馆,1982 年,第 374 页。

事物的观照,并将这种观照投射到具体的生活历程中,这便是生命呈现的,是人类劳动。如良渚先人在稻田中使用的中耕除草农具,正是他们劳动实践的产物。人类劳动无疑是文化功能内生动力的核心部分。当然,外部因素对文化功能的强化亦受诸多方面的影响,如地理、气候、环境等,但这些只是作为人类劳动的背景展开。前文我们分析了"文—化—明"的链式系统,这一系统正是需要文化功能的内生动力来维持运转。

文化功能不仅是内生的,而且随着"文—化—明"链条的发展,还会被不断强化。"文—化—明"链的结构极其复杂,包括建筑、器物、科学、技术、经济等物质形态文化,也包括文学、艺术、文字、色彩、音符等符号形态文化,哲学、宗教、伦理道德、政治思想等精神形态文化亦囊括其中。链条发展的动力是人类劳动,尤其是物质资料(material goods)的生产。这一链条运动的方式不是前进或后退的单向度运动,而是以核聚变的方式向各个领域辐射。因此,链条运动的效应无处不在,导致一切现象皆被文化化,[①]皆能成为文化现象。1917年,马塞尔·杜尚(Marcel Duchamp,1887—1968年)在一次独立艺术家沙龙展上展示了名为《泉》的作品。《泉》开创了现代艺术的新型流派达达主义(Dada),但事实上它只是一个极其普通的小便池。这是一个极端的例子,但能说明文化现象的普遍性。诚如碧翠斯·伍德(Beatrice Wood,1893—1998年)所评论的,问题不在于小便池,关键是杜尚选择了它,将自己的思想赋予了它,而使其原初的意义得以改变。当然,杜尚的行为又蕴含了废除传统的文化和美学形式发现真正的现实的企图。这是文化的魅力,以核聚变的方式投射到人类生活的各个领域,以及各个发展阶段。文化的实用、审美、教育等功能正是在"文—化—明"复杂链条的运动中得以强化。

我们还得对本节一开始韦伯提出的问题进行回应,以结束此节。他所说的"人类在历史潮流中的位置"我们可以在文化中找到;他所说的"人类在历史潮流中所实现的内容"我们也可以在文化中找到,至于具体的位置和内容则需要进一步对文化进行解读,乃至转化,并在应用与传承中不断发扬。

---

① 这一过程类似于文化的社会化(socialization),即人类通过学习社会文化、扮演社会角色、参与社会活动,与社会相整合。参见庄孔韶:《人类学概论》,北京:中国人民大学出版社,2006年,第288页。

第二节　传统文化的解读、转化、应用及传承

一、解读与转化：传统文化的评价维度

上节提到的良渚文化集中分布在钱塘江流域的东部及东北部，即主要在浙江省境内。良渚遗址是人类早期文化遗址之一，实证了中华 5000 年的新石器时代人类文化史。正因为浙江有着深厚的文化底蕴，2005 年 7 月，浙江省委十一届八次全会做出《关于加快建设文化大省的决定》，决定实施"八项工程"。习近平亲自担任"浙江文化研究工程"指导委员会主任，为"研究工程"定方向、出题目、提要求、做总序。他在《浙江文化研究工程成果文库总序》中讲道："浙江人民在与时俱进的历史轨迹上一路走来，秉承富于创造力的文化传统，这深深地融汇在一代代浙江人民的血液中，体现在浙江人民的行为上，也在浙江历史上众多杰出人物身上得到充分展现。"[1]这里谈的是区域文化，展现的是浙江深厚的文化底蕴，凝聚的是浙江人民求真务实的创造精神。[2] 那么就整个中国传统文化而言，又该如何解读分析呢？这里通过四个维度对传统文化一一解读。

如果简要概括中国传统文化的主要特质，那么"天地君亲师"五字应该是比较恰当的。这五个字对中国传统文化影响巨大，钱穆曾言："天地君亲师五字并称，始见于荀子之书。普遍流行于中国全社会，迄今已达两千年之久。窃谓此五字实可表示中国传统文化特殊精神之所在。"[3]这里我们对传统文化的四个维度解读就从"天地君亲师"五个字切入。

《国语》言："民生于三，事之如一。父生之，师教之，君食之。非父不生，非食不长，非教不知生之族也，故壹事之。"这是较早将父、师、君三者置于同一语

---

① 习近平：《浙江文化研究工程成果文库总序》，浙江文献集成编纂中心：《浙江文献集成》，杭州：浙江古籍出版社，2006 年，第 1 页。

② 习近平：《浙江文化研究工程成果文库总序》，浙江文献集成编纂中心：《浙江文献集成》，杭州：浙江古籍出版社，2006 年，第 1 页。

③ 钱穆：《文化与教育·教师节感言》，《钱宾四先生全集》第四十一册，台北：联经出版事业股份有限公司，1998 年，第 333 页。

境中考量的文献。后来荀子讲礼之三本："天地者,生之本也;先祖者,类之本也;君师者,治之本也。无天地恶生,无先祖恶出,无君师恶治,三者偏亡,则无安人。故礼,上事天,下事地,尊先祖而隆君师,是礼之三本也。"(《荀子·礼论第十九》)提出了天地、先祖、君师的概念,并认为这三者是礼的根本。至东汉,《太平经》中已形成"天地君亲师"完整的表述,并反复强调"事师不可不敬,事亲不可不孝,事君不可不忠"(《太平经》卷四十六)。明清以降,"天地君亲师"的次序被逐步固定下来,并对其意义进行了深度诠释,尤其是突出了"师"的地位与作用。而且,作为一种祭祀对象在民间广为流行。

"天地君亲师"的观念与儒家伦理思想有着紧密关联。依据儒家的思路,"天地"有化生之恩、养长之德,所以为"生之本";"亲"是血亲先祖,生身之源,使人生于天地万类之中,所以为"类之本";"君师"有两种,一种是内圣而外王的,如文王、武王,另一种是虽内圣而未外王的,如周公、孔子。"君师"治教天下、化育百姓,所以为"治教之本"。在其后的历史发展过程中,由"天地君亲师"的观念逐步延伸出传统文化"敬天法祖""孝亲顺长""忠君爱国""尊师重教"等诸多价值取向。这些价值取向深入人心,对中国人的物质生活和精神世界诸多方面产生深刻影响,并在一定程度上有利于古代经济社会的管理,社会秩序的稳定。那么这一价值观念对现代社会是否有借鉴意义呢? 在现代社会语境中是否能创造性转化呢? 以此为背景,我们创造性地引入解读传统文化的四个维度:"天地""君亲""师"以及"时"。

第一个是"天地"维度。《易经》有乾卦(☰)言"天",有坤卦(☷)言"地"。乾卦的卦象是天。天行健,君子以自强不息。天之本体以刚健为用,运行不息,应化无穷。坤卦的卦象是地。地势坤,君子以厚德载物。地以阴柔为特性,其与天相合,万物资受而得以生长。《易经》对"天地"的理解已经开始从本体论(ontology)转向生成论(generatism),我们可以进一步对其做道德论(ethics)的延伸。"维天之命,于穆不已。"(《诗经·周颂》)"天地"的本体"于穆不已",很难被认知,是万物的原初状态。那么人的原初状态又是什么呢? 人的原初状态是人的"良心",是人的良善之本心。只是由于后天的习染,这个良善的本心被遮蔽,致使我们很难发现它,所以孟子讲"求其放心"(《孟子·告子章句上》),就是要把这颗被遮蔽的"良心"找回来。后来王阳明发展了孟子的学说,提出了建立在"良知"基础上的心学。"良心"的发现在于"良知","良知"是人对"良心"的真正认知。譬如我们知道要孝养双亲,这个孝养双亲之知是从我们的孝心中发出的。"良知"的发用是"良能","良能"是人对"良心"的现实应用。譬如真切地去孝养双亲,这个孝养双亲的行为是建立在我们对"孝心"的真实发现,对孝养双亲的真正认知。值得一提的是,当下阳明心学的流行,正是以传统文化的此种精神的根植为背景。我们通常讲"天地良心",离开"天地良心"的传统文化深厚底蕴,阳明心学不可能被广泛传播、接受。

　　至此,第一个"天地"维度被阐释为"良心—良知—良能"的动态逻辑维度。"良心"需要被发现而有"良知","良知"需要被发现而有"良能"。"良能"的具体呈现落实到生活的日常,即在家事国事之中。因此有了第二个维度,即"君亲"维度。在古代语境中,"君"一开始并非指帝王,帝王一般是"天子"。《荀子》称:"君者,治辨(办)之主也。"即"君"是主持办理具体事务的人,这些人其实就是王臣。后世"君"才衍生成帝王之称,指一国之君。但此处,我们依据《尚书》"皇天眷命,奄有四海,为天下君"和《诗经》"宜君宜王"中"君"的意思,把它理解为天子、诸侯、卿大夫等的统称,专指国家之表征。天子有天下,诸侯有国,卿大夫有家,家、国、天下的秩序构成了古代社会的基本结构。这里还需要对"家"进行现代意义的规定,为家庭的表征。所以"君亲"维度就有了两个重要范畴:一是国家的范畴;二是家庭的范畴。"君"与"国家"相对应,"亲"与"家庭"相对应。我们可以把两者合起来,称为"家国"。事国能忠,居家能孝,便有了"家国情怀"。人们日常生活的各种行为,主要具体指向家庭和国家两个领域,"家国"是我们生活和生命的主要对象。由此,"良心"的具体展开就落实到了"家国情怀"。

　　但是,家国情怀的现实化不仅需要先天的良能,还需要后天的习得,需要师长的知识传授,即需要教育功能的介入。于是便有了第三个维度,即"师道"。钱穆在《文化与教育》中专门谈到中国传统文化与中国师道的问题。

　　他认为中国文化传统中,并没有产生宗教,而教育则一向受中国人重视。中国社会有学校和师道,即已代替了其他民族的教会和牧师的职能。"师"与天、地、君、亲并列,可见中国人对师道的重视。没有天、地、君、亲,人不会出生,没有师,人不会完成。"尊师重道"是中国传统文化的特有精神,中国社会是以师道为中心来维系的。① 的确，"师"对于人格的建立和健全起着至关重要的作用，所以讲"没有师，人不会完成"。韩愈言："古之学者必有师。师者，所以传道受业解惑也。人非生而知之者，孰能无惑？惑而不从师，其为惑也，终不解矣。"②其实不仅是古之学者，今之学者也同样需要"师"的指导。"师"的作用在于传道、授业、解惑，即在于知识的解读、传播与传递。

"师"所传授的知识具有两个方面的内容：一是技术层面的；二是道德层面的。技术知识是指各类专业知识，譬如量子物理、云计算、大数据、精准医学等，它们推动着技术的革新，物质生产力的提高，经济社会的富裕繁荣。道德知识是各类伦理规范及其情感因素，构成了人的审美判断和价值取向。譬如张岱《湖心亭看雪》、袁宏道《满井游记》等晚明小品文，体现了当时社会的士人情绪；譬如儒家伦理的各种规范，规定了当时社会生活的基本架构；譬如社会主义核心价值观，是社会主义意识形态的重要组成部分，体现了社会主义的价值取向。这些都属于道德方面的知识。技术发展的方向总是向前的，技术的发展决定着一个国家的发展速度。但道德的方向却是多元的，取向各有差异。不同时代的价值观不同，不同民族的价值观也会有差异。因此，从某种程度上说，道德意识形态的方向决定了国家的发展方向。所以我们可以认识到，习近平总书记把文化自信与道路自信、理论自信、制度自信并列提出的重要意义。③ 我们必须坚定社会主义的价值方向和文化方向，提高实现家国情怀的能力。实现家国情怀的能力，包括先天的良能，也包括后天能力。先天良能需要"师"的启发，后天能力需要"师"的传授。"师道"的意义即在其中。

前面我们探讨了天地、君亲、师道三个维度，这三个维度都需要放到时代的潮流中来考量。因此有了第四个维度，即"时代"的维度。孔子言："学而时习之，不亦说乎。有朋自远方来，不亦乐乎。人不知而不愠，不亦君子乎。"师之所传、己之所学的学问都要付诸"习"（实践），应用于家、国具体事务的操持上，由此才有喜悦和快乐，而这些喜悦和快乐都发乎本心（良心），因而都是真

———————————

① 钱穆：《文化与教育·中国传统文化与中国之师道》，《钱宾四先生全集》第四十一册，台北：联经出版事业股份有限公司，1998年，第315页。中国文化中有佛教和道教两种主要宗教，但佛教是从印度传入的，道教是道家的产物和延伸。似乎在钱穆看来，佛教和道教不是严格意义上的、宗教意义上的中国文化传统。

② 韩愈：《师说》，《韩昌黎文集》，上海：上海古籍出版社，1986年，第42页。

③ 习近平：《不忘初心，继续前进》，《习近平谈治国理政》第二卷，北京：外文出版社，2017年，第36页。

实的,甚至自己的学问和道德不被人知也不会不高兴。

值得注意的是,在"学"(知识的获取)和"习"(知识的应用)的交互语境中有"时"的参与,即知识的获取和知识的应用过程都是在一定的时代环境中完成的。离开了时代环境的观照,"学"和"习"的意义便得不到彰显,甚至其过程也不会完整。由此延伸理解,我们对传统文化的解读,无论是在天地、君亲、师道哪个维度,都不能抛开"时代"语境。就当下而言,我们谈中国传统文化,就必须同中国特色社会主义新时代的语境相结合,这样才能更真实地理解文化,更好地为人的发展注入活力。文化解读的"时代"维度内在要求传统文化的时代转化,关于传统文化的转化问题下文将专章探讨。

综上所述,传统文化解读的天地、君亲、师道、时代四个维度概念可以转化为良知、家国、知识、时代四个维度。对传统文化的优秀性评价,即什么样的文化是优秀的中国传统文化这一问题即可用四个维度来回答。优秀的传统文化应该契合这四个维度,即发自良知的,有家国情怀的,能增长知识的,顺应时代潮流的文化。

二、应用与传承:传统文化的教育导向

前文已较具体地对文化含义做了界定,提出了"文—化—明"链式发展的逻辑,谈到了文化的三种形态(物质形态、符号形态、精神形态)、文化的三种功能(实用功能、审美功能、教育功能)以及传统文化解读的四个维度(良心维度、家国维度、知识维度、时代维度),又引出了传统文化在时代维度中的转化问题。这里对传统文化解读的第三个"师"的维度做进一步展开,说明文化与教育的关系,或者说传统文化的教育导向特性,为下文讨论"立德树人"教育实践进行理论铺垫。

在"师"的维度,我们了解了师道的重要性,以及知识的两层结构。文化的因子渗透在社会生活的方方面面,对文化的应用也体现在社会生活的各个角落。从某种程度上讲,天地万物皆能被文化化(culturalization)。譬如说,文化能与经济相互交织,表现出"经济的文化化",同时文化也能被经济化。文化是一种渗透力、影响力都极强的现象,能被应用到实用、审美、教育等各个领域。

在中国传统文化中,教育受到高度重视,发挥着稳定社会、促进经济发展

的枢纽作用。《学记》言:"玉不琢,不成器;人不学,不知道。是故古之王者建国君民,教学为先。"《学记》强调了教育的优先性,并列出了古代教育机构的基本结构,所谓"家有塾,党有庠,术有序,国有学"。教育活动的开展,能"化民易俗,近者说(悦)服而远者怀之"。《学记》把这称为大学之道。后来黄宗羲(1610—1695年)在《明夷待访录》中也谈道:"学校,所以养士也。然古之圣王,其意不仅此也,必使治天下之具皆出于学校,而后设学校之意始备。"①他认为学校不仅仅是为了教育,而且有为政治服务的功能。至于老子《道德经》所讲的"绝学无忧"有其特殊的语境,其言:"绝圣弃智,民利百倍;绝仁弃义,民复孝慈;绝巧弃利,盗贼无有。此三者以为文不足,故令有所属:见素抱朴,少私寡欲,绝学无忧。"老子的本意是让人保持纯洁朴实的本性,减少私欲杂念,摒弃圣智、仁义、巧利等浮夸的修饰,这样才能"民利百倍""民复孝慈""盗贼无有",才能免于忧患,而不是简单地否定教育的作用。

其实"教育"(education)是一个比较现代的概念,在古代语境中,也许"教化"的提法更妥洽。"教化"包含"教"(education)和"化"(transform)两层含义。"教"是教育,"化"是化导。通过教育,其有变化。《中庸》言:"天命之谓性;率性之谓道;修道之谓教。""教"是修道的过程,具体是通过"求其放心"的方法,把"天命之性"找回来。

"教"之而后有变化。张载认为:"为学大益,在自求变化气质。不尔,卒无所发明,不得见圣人之奥。"②教育不是目的,目的在于"气质"的变化。张载把人性分为"天地之性"和"气质之性"。"天地之性"是人先天本有的,即所谓的"天理";"气质之性"是人在后天生长过程中形成的不同个性特质。张载认为,"气质之性"出于"天地之性","天地之性"出于"气"。"天地之性"是没有缺陷的先天道德,而"气质之性"是后天的习染所致,是恶的源头,所以"为学大益,在自求变化气质","气质恶者,学即能移"③。《礼记》亦言:"君子如欲化民成俗,其必由学乎。"教学是通向"化民成俗"的必由路径。《论语》言:"君子学道则爱人,小人学道则易使也。"也是从这个意义上来讲的。

诚然,"师道"必然需要转化,以顺应时代变化的社会语境。钱穆曾考察近

---

①　黄宗羲:《明夷待访录·学校》,《黄宗羲全集》第一册,杭州:浙江古籍出版社,1985年,第10页。

②　张载:《经学理窟·义理篇》,《张载集》,北京:中华书局,1978年,第274页。

③　张载:《经学理窟·义理篇》,《张载集》,北京:中华书局,1978年,第266页。

代西方教育模式的引入对中国传统师道的冲击,[①]尤其是在中西文化接触碰撞中,没有清醒地分析,恰当地把握,致使教育出现一些问题。[②] 但早在 1912 年,蔡元培就已对新教育提出系统的意见:"五者,皆今日之教育所不能偏废者也。军国民主义,实利主义,德育主义三者,为隶属于政治之教育。世界观,美育主义二者,为超轶政治之教育。"[③]这就是他军国民教育、实利主义教育、公民道德教育、世界观教育、美感教育等"五育并举"的教育思想,对当时教育的发展影响极大。当然,钱穆对于中国传统师道的衰落提出了教育事业发展的意见,他认为"教育事业,在本已往人生之现实经验,而培育将来人生的理想之进步。故教育必包括两事:一经验,二理想"[④]。

这是在近代语境中,一些思想家对中国传统教育和新教育的理解。在社会主义新时代,教育必然有新的定位、新的要求。为深入贯彻落实习近平新时代中国特色社会主义思想和党的十九大精神,贯彻落实习近平总书记关于教育的重要论述,中共中央办公厅、国务院办公厅于 2019 年 8 月印发了《关于深化新时代学校思想政治理论课改革创新的若干意见》,其中就谈到了中华优秀传统文化在新时代学校教育中的地位和作用,体现了传统文化的教育导向功能。对《关于深化新时代学校思想政治理论课改革创新的若干意见》的理解,有助于厘清传统文化与新时代教育的关系。

文化不仅要应用,而且要传承。传统文化传承的渠道很多,但主要是通过教育途径,或者一定程度上其他渠道只是教育传承的辅助或载体。[⑤] 譬如占卜用的龟壳,刻有铭文的青铜器、石壁等,本身是文化传承的渠道,但又是文字传递的载体,是文化传播的工具。文字从甲骨文、金文、石鼓文逐步演变为篆书、楷书,逐渐在教育中发挥至关重要的作用。钱穆认为,要复兴中国的师道教育,就必须复兴中国文化;要复兴中国文化,就必须复兴中国的师道教育。

---

① 钱穆:《文化与教育·中国传统文化与中国之师道》,《钱宾四先生全集》第四十一册,台北:联经出版事业股份有限公司,1998 年,第 319-320 页。

② 钱穆:《文化与教育·中西文化的接触与前瞻》,《钱宾四先生全集》第四十一册,台北:联经出版事业股份有限公司,1998 年,第 141 页。

③ 蔡元培:《对于新教育之意见》,《蔡元培全集》第二卷,北京:中华书局,1984 年,第 134-135 页。

④ 钱穆:《文化与教育·理想的大学教育》,《钱宾四先生全集》第四十一册,台北:联经出版事业股份有限公司,1998 年,第 205 页。

⑤ 美国人类学家赫斯科维茨在 1948 年出版的《人及其工作》中提出文化濡化(enculturation)的概念,以说明文化的纵向代际传递和流动。参见王云五、芮逸夫:《云五社会科学大辞典·人类学》,北京:商务印书馆,2000 年,297 页。

教育与文化是一体两端的,教育、文化的复兴始于发自内心的尊师崇道。[①] 诚如钱穆所言,教育在传统文化传承中的作用是显见的。当然,教育有三个层面:一是社会层面的教育;二是家庭层面的教育;三是学校层面的教育。这三个层面相互关联,互相影响。我们这里所谈的教育以学校教育为主,后面章节尤其以新时代高校的教育实践为例展开探讨,试图涵摄自我良知的发现、家国情怀的涵养、知识视域的扩展,以及社会主义新时代语境的融入等方面的考量。

要从教育的独特视角理解传统文化的形态、功能,尤其是传统文化的教育导向功能;在传统文化的绚丽图景中理解教育,尤其是教育对文化自信能力增强的作用。诸如此类,关于文化与教育的问题,本章只作为导论先提出一些必要的范畴和思考,以便下文专章具体论述分析。

就本书的整体思路而言,试图通过中西文化比较,分析作为历史潮流中的中国人,在生活和生命的文化场景中,如何理解其与自然、与人类自身、与人类社会及国家的关系;中国人所创造的传统文化的主要形态、基本精神在新时代的语境下,如何有效转化与应用。传统文化的物质、符号、精神三种形态,忠、孝、智、勇的基本精神都离不开生活和生命的观照,但历史的语境必须切换到现代的情境,传统文化势必要"创造性地转化,创新性地发展",必然要立足于当下的生命,回归于新时代的人,这便是"立德树人"的时代使命。

---

① 钱穆:《文化与教育·中国传统文化中之师道》,《钱宾四先生全集》第四十一册,台北:联经出版事业股份有限公司,1998 年,第 345 页。

第二章　传统文化的形态及其生活情境还原

第一节　传统文化的形态及其存在条件

一、传统文化的主要形态及思想倾向

基于前文对文化形态物质、符号、精神的区分,本章接着对中国传统文化的主要形态做分析,以此进一步揭示中国人的思想倾向。不同民族或种族,有不同的文化形态,譬如英国人见面致意时相互握手;法国人则是拥抱,甚至亲吻双颊;中国古人见面往往是作揖;波利尼西亚人则是紧贴鼻子。这种不同的礼仪文化在当事人看来完全是合适的,但在别的民族看来,也许是有趣的、可笑的了。[①] 不同的文化源于不同的生活方式,不同的文化又暗示着不同的心理和思想。就中国人而言,其心理和思想显然有别于其他国家和民族,思想的表达方式或呈现方式也截然不同。黑格尔(Hegel,1770—1831年)曾指出东西方文化的差异,并基于西方文化中心主义的立场对中国文化投以偏见。他认为"中国人和印度人一样,在文化方面有很高的声名,但无论他们文化上的声名如何大、典籍的数量如何多,在进一步的认识之下,就都大为减低了"[②]。不仅如此,虽然中国古代社会的法律机构、国家制度等都在形式上非常有条

---

① 弗思:《人文类型》,费孝通译,北京:华夏出版社,2002年,第1页。
② 黑格尔:《哲学史讲演录》第一卷,贺麟、王太庆译,北京:商务印书馆,1959年,第118页。

理，但黑格尔认为，这在西方是不会发生的，也是不会令西方人满意的，因为它们不是法律的，反倒简直是压制法律的东西。① 显然，黑格尔对中国传统文化存在极大的误解，甚至可以说他对中国文化的形成、内容及其本质的理解是较为肤浅的。或者说，他从他的"绝对精神"的理论视域出发考察中国文化，其尝试必将是失败的。②

法国学者弗朗索瓦·于连（François Jullien）则尝试脱离西方文化中心主义的立场。他在《迂回与进入》一书中将中国人对思想的表达方式称为"迂回表达的能力"③。他认为中国人对"迂回"的偏好不仅是一种能力，而且在交流中连续不断地回避所形成的"优雅"而促使其成为一种艺术。譬如学习中文，仅学语言是远远不够的，同时还要学会解读话语，即推断话语意义。于连以《诗经》为例对中国文化"婉道无穷"的特质进行了细致论述。

> 君子偕老，副笄六珈。委委佗佗，如山如河。象服是宜。子之不
> 淑，云如之何？（《诗经·国风·君子偕老》）

此诗开篇对卫宣公的妻子极尽赞扬之能事，满头的玉簪首饰，雍容自得的举止，以及得体大方的服饰等，但随后的"子之不淑，云如之何"与前文的"君子偕老"形成强烈的反差。于连认为，这是采用"迂回"的方法使批评的意图显露出来，而且表达越迂回，意义越深远。④ 这种表达方式由中国人"迂回"的思维习惯决定，与西方人"直线的感情"方式不同，中国人更愿意拐弯抹角地表达一些看似简单的事物，而不是直截了当地表达。⑤ 当然，"迂回"并不表示不能"进入"。"迂回"的目的是更好地进入言说者的语境之中，更有效地把握事物的意蕴。并且，中西方的这种差异与文化的优越性没有丝毫关联，⑥而是与思维的差异有关。

于连用"迂回表达的能力"回答了距离如何成为言说有效性源泉的，"迂

---

① 黑格尔：《哲学史讲演录》第一卷，贺麟、王太庆译，北京：商务印书馆，1959 年，第 119 页。

② 黑格尔将"绝对"想象为"主体"，提出"上帝是永恒""上帝是世界的道德秩序"等命题，进而得出"绝对即精神"的概念，即认为真理只作为体系才是现实的，或者说实体在本质上是主体。参见黑格尔：《精神现象学》，贺麟、王玖兴译，北京：商务印书馆，1979 年，第 13-15 页。

③ 于连：《迂回与进入》，杜小真译，北京：生活·读书·新知三联书店，1998 年，第 1 页。

④ 于连：《迂回与进入》，杜小真译，北京：生活·读书·新知三联书店，1998 年，第 52 页。

⑤ 于连：《迂回与进入》，杜小真译，北京：生活·读书·新知三联书店，1998 年，第 4 页。

⑥ 于连对美国传教士阿瑟·史密斯（Arthur Smith，1845—1932 年）强烈的西方文化优越感进行了批判。参见于连：《迂回与进入》，杜小真译，北京：生活·读书·新知三联书店，1998 年，第 3 页。

回"凭借什么得以进入语境的问题,进而揭示了中国文化暗含意义的丰富,以及中国智慧的价值。与于连的路径不同,韦伯则认为中国文化是由中国式的自然宇宙起源说决定和塑造的。相对于古埃及和古巴比伦来说,中国文化虽然也具有神秘主义的性质,但这种神秘主义通过社会上层的改造,从组织形式和思想上得以重塑。社会上层对神秘主义的改造来源于民众自然性思想的理想化和升华。[1] 改造的过程实际上是自省的过程,中华民族长期以来不断地省思,逐渐凝练出儒家、道家、法家、墨家、名家等思想流派,奠定了中国传统文化坚实的思想基础。同时,朝代的更迭,社会形态的转换,给中国传统文化的本质、内容和形式打上了深刻的时代烙印。[2]

中国人根据对自然本质的理解,提炼出"阴"和"阳"的概念。"阴"和"阳"的互动,构成了蓬勃向上的生命动力。[3] "道生一,一生二,二生三,三生万物。万物负阴而抱阳,冲气以为和。"(《道德经》第四十二章)只有在负阴抱阳,冲气为和的前提下,才有万物的并作,才有不竭的生命动力,这是中国文化的特质。在中国人的观念中,人不是神秘主义的产物。所以,在韦伯看来,中国人始终崇尚能促进生命的物质,并且试图通过卜筮来预测事物的变化发展,以及事物背后的规律与意志,以便能够更好地促进生命的发展。譬如对中国传统文化影响深刻而深远的儒学,经过深思、冷静而客观的伦理原则和理性思维,调整着国家、社会和日常生活的每一个现实行为。[4]

因此,当把目光聚焦到文化问题上时,我们不得不去理解对象民族的特质,尤其是心理层面细微隐蔽的诉求,这些诉求传递着他们的思想,他们对于宇宙结构、自然规律、万物生存、生命状态等的基本看法。人的意义由此得以凸显,人逐渐地在文化意义上与动物区分开来。孟子言:"人之所以异于禽兽者几希;庶民去之,君子存之。舜明于庶物,察于人伦,由仁义行,非行仁义也。"(《孟子·离娄下》第十九章)人能够在自身的发展过程中,顺应自然而"明于庶物",并进一步回应与回归人的生命样态,能够"察于人伦"而免于原始形

---

① 韦伯:《文化社会学视域中的文化史》,姚燕译,上海:上海人民出版社,2006年,第48—49页。
② 韦伯:《文化社会学视域中的文化史》,姚燕译,上海:上海人民出版社,2006年,第55页。
③ 韦伯虽然看到了中国人对自然本质的理解,但他将"阴""阳"割裂开来,认为"阳"是光、热、出生、蓬勃向上的生命现象;"阴"是"阳"的必要补充,是寒冷、死亡和地力(erdschwere)。这种理解没有看到"阴""阳"的一体性。参见韦伯:《文化社会学视域中的文化史》,姚燕译,上海:上海人民出版社,2006年,第57页。
④ 韦伯:《文化社会学视域中的文化史》,姚燕译,上海:上海人民出版社,2006年,第59页。

态的混乱,在情感的隐微迂回的互动中迸发思想的光辉。此时,作为道德规范的"仁义"不再是简单的文化概念,不再是哲学思考的逻辑范畴,而是发自人类心灵最深层的观照。这种观照犹如旭日初升,充满了活力和希望,在普遍存在的空间内,展现无穷无尽的力量。它能够透过时间的无限维度,在万物之间呈现为一定的行为。因此,是"仁义行",而非"行仁义"。"仁义"之行又在于"庶物"与"人伦"的日常生活情境,而不在虚幻的想象之中。

显然,文化与生活嵌入式发展,是深度交融的。中国人的日常生活是中国传统文化的根基,生活塑造了传统文化,传统文化又影响了生活,甚至重塑着生活。

中西方文化的差异基于中西方思维的不同,而根本原因则是生活形态的不同。不同的生活方式会呈现不同的文化形态,不同的文化又暗示着不同的心理和思想。这种根深蒂固的差异可以通过对文化传统的解读逐渐明晰化,蕴含在文化之中的心理和思想使文化的活力和生命力拨云见日,得以彰显。

中国传统文化的形态可以从物质、符号、精神等三个角度来考察。物质形态的传统文化主要是日常生活的实用功能,体现了中国人经世致用的生活态度,求真务实的实干精神。"经世致用"思想由南宋浙东金华学派吕祖谦(1137—1181年)首倡,他强调学者当务实躬行,通经致用。"学者以务实躬行为本,语言枝叶自不急耳。"①他认为六经不仅仅是心性命理之学,治六经的目的是致用。其后,永嘉学派叶适、陈傅良、薛季宣,永康学派陈亮等结合功利之学发扬了经世致用的理学思想。至明清易代,顾炎武、黄宗羲、王夫之、李颙、颜元等学者深感明季学风空疏不实,对国家民族造成极大灾难,于是倡导学术"以实为宗","务当世之务"。顾炎武(1613—1682年)言:"孔子之删述六经,即伊尹太公救民水火之心,而今之注虫鱼、命草木者,皆不足以语此也。故曰'载诸空言,不如见诸行事'。……愚不揣,有见于此,故凡文之不关于六经之指、当世之务者,一切不为。"②为学的目的在于关切、分析、解决社会现实问题,要务当下之急务,而不是"载诸空言"。朱舜水(1600—1682年)亦言:"大人君子包天下以为量。在天下则忧天下,在一邦则忧一邦,惟恐生民之不遂。"③学者应把天下、邦国、生民之事作为"当世之务"的具体内容,勇于任事,

①　吕祖谦:《与内兄曾提刑》,《东莱别集》卷九,《四库全书》本,第24页。
②　顾炎武:《与人书三》,《顾亭林诗文集》,北京:中华书局,1959年,第91页。
③　朱舜水:《与冈崎昌纯》,《朱舜水集》卷五,北京:中华书局,1981年,第101页。

不务空谈。经世致用之学虽由南宋吕祖谦首倡，至明清而勃兴，形成一股强劲的社会思潮，但经世致用精神实是贯穿整个中国文化的，是中国传统文化的显著特质之一。

符号形态的传统文化主要是各类活动的审美功能，彰显了中国人平和淡雅的审美倾向，简约超凡的生命意趣。老子言："为学日益，为道日损。损之又损，以至于无为，无为而无不为。取天下常以无事，及其有事，不足以取天下。"（《道德经》第四十八章）"损"与"益"，"无为"与"有为"，"无事"与"有事"之间似乎有一种张力。这种张力的存在，往往使我们难以感受生命的意趣。如何打破这种张力，使我们趋向本体之"道"？老子平和简约的方案是直截了当的，摒弃了过分的修饰和一切人为的浮华，以最简单的方式趋向于"道"的体认和彰显。中国传统文化的这种审美倾向在中国书法、绘画艺术中表现得非常明显和直观。中国书法只有两种主要的符号元素，一是"黑白"，二是"线条"。但正是，这种简约透露出超凡，以及无穷无尽的审美体验。中国绘画也是如此，在空间布局、线条勾勒、色彩运用上都能体现平和淡雅的风格。中国传统文化简约超凡、平和淡雅的特质是中国人对生命的态度和智慧的体现。

精神形态的传统文化主要是文化濡化（enculturation）的教育功能，使文化在一个时代广泛涵化（acculturation），①以及在代际有效传承，促使传统文化从"天人合一"的理论探讨逐渐导向"知行合一"的现实践行。传统文化是以道德为本位的文化。"知行合一"首先是从道德规范的视域出发来考量人的知识的获取和行为的标准。对道德的规范和诉求，体现着中国人对生活和生命的态度，折射出中国人基本的心理层面、思想趋向和精神动力，也决定了中国文化的主色调。由此观之，"知行合一"显然超出了道德规范的范畴。明代王阳明在总结孟子及宋代理学的基础上，对"良知"思想，尤其是"知行合一"说进行了充分发挥，对之后中国文化的发展产生了极大影响。王阳明对"知行合一"的理解亦不局限于道德范畴，而是在广泛意义上展开讨论的。

---

①　本书对濡化和涵化概念的使用突破了通常的含义。濡化不再是单纯的纵向传承，也涵括了横向传递的情形。涵化也不再是简单的向外的文化输出，还包括了内部的消化接受。因此，濡化与涵化在一定程度上形成了交叉。只是濡化是从教育学的视角来考察文化现象，涵化则是从传播学的角度来审视。参见庄孔韶：《人类学概论》，北京：中国人民大学出版社，2006年，第286-292页。

（一）经世致用、求真务实：传统文化的物质形态

下文将从建筑、器物、服饰、科技等四方面对传统文化的物质形态展开讨论，主要采用以点带面的方法，辨析其经世致用、求真务实的精神特质。本书并没有尝试专门史的研究视角，并不对某一专业问题进行深入复杂的分析。因此，关于建筑、器物、服饰、科技等发展、呈现的细节方面不会具体展开。下文对传统文化的符号形态、精神形态的讨论亦如此。

先以记载孔子言行的传统经典《论语》引入话题。《论语》记载了孔子入太庙祭祀。"子入太庙，每事问。或曰：孰谓鄹人之子知礼乎？入太庙，每事问。子闻之曰：是礼也！"这段文字的关注点无疑是"每事问"与"知礼乎"，但我们暂时把视线移开，把目光投射到"子入太庙"上。

"庙"本是古人供祀祖宗的场所，作为一种建筑，它是根据中国古代"敬天法祖"的传统礼制而建造的。《礼记》言："天子七庙，诸侯五庙，大夫三庙，士一庙。"可见古人对庙的规模有严格的限制。"太庙"是帝王的祖庙，其他凡有官爵者，亦可按制建"家庙"。汉代以降，庙逐渐与原始神社结合，开始具备明显的神社特征，与阴曹地府管辖地望城池、江山河渎的功能相联系。另外，庙的"敬天法祖"功能也逐步下移，常常用以敕封、追谥对社会、国家有特殊影响和贡献的贤达之人。明代陈继儒在《大司马节寰袁公家庙记》中言："合通国之欢心，建百世不迁之庙貌。"[①]此时，各地的文庙（孔子庙）和武庙（关羽庙）已相当普遍。

"子入太庙"之"庙"是鲁国周公的庙。当时孔子初入仕途，被安排到周公庙助祭，对祭祀之礼不甚了了，"每事问"自在情理之中，但有人据此嘲讽孔子不知礼。孔子非常机敏地回应，不知而不耻下问才是"礼"。这则文字由太庙的建筑场景，勾连到礼制的相关问题，进而切换到关于学问的语境。太庙依"敬天法祖"的传统而建，不仅仅是一种建筑，其背后隐含着社会的政治秩序。由"太庙"我们可以联想到"庙堂"，"居庙堂之高则忧其民，处江湖之远则忧其君"[②]。"庙堂"则带有明显的政治色彩（见图2-1）。

---

① 陈继儒：《大司马节寰袁公家庙记》，《陈眉公先生全集》卷二十二，明崇祯间（1628—1644年）华亭陈氏家刊本，第230页。

② 范仲淹：《岳阳楼记》，《范文正公文集》卷八，北宋刻本，第79页。

图 2-1　北京太庙

中国传统建筑普遍反映着中国人的观念,尤其是对人与天、人与人、人与国家关系的理解。中国传统建筑样式繁多,宫、殿、门、府、衙、埠、亭、台、楼、阁、寺、庵、观、阙、邸、宅、桥等,各自承担着不同的功能,在此不一一展开。我们的关注点在于:通过这些传统建筑,人与天、人与人、人与国家的关系怎么联结? 古人找到了"礼",让"礼"成为众多关系的联结点。

孔子对春秋时代"礼崩乐坏"的现状十分无奈。"孔子谓季氏,八佾舞于庭,是可忍,孰不可忍也。"(《论语·八佾》)于是才有"周监于二代,郁郁乎文哉,吾从周"(《论语·八佾》)的感叹。"八佾"是天子之礼,而季氏用之,这是政治上的僭越,是对社会秩序的破坏。孔子"从周"的原因在于周代礼制的"郁郁乎",以及反观"八佾舞于庭"的孰不可忍。所以礼不仅是一种形式,更是一种学问,是一种内在的道德,维系着社会与政治的秩序。但孔子的努力似乎效果不明显,晚年颇为伤感地叹息:"甚矣,吾衰也。久矣,吾不复梦见周公。"(《论语·述而》)从早年的入周公之庙助祭到晚年不复梦见周公,是建筑场景的延伸,一段关于道德和人生的心路历程。建筑只是一种形式,有规模的限制,布局的安排,实用性的考量,而礼制则是它的内容,道德是它更深层的本质。正因为传统文化对道德的关切,各地才兴建了孔子庙,其名称各异,有文庙、夫子庙、先师庙、先圣庙、至圣庙、文宣王庙等,但精神实质是相同的。

道德作为一种学问,被孔子及其后学严肃地讨论,影响较大者有所谓的"朱陆之争"。朱熹与陆九渊的差异在很大程度上体现在治学方法上,而对道德本质的认同其实是一致的,这与他们严格秉持中国传统文化精神不无关系。朱熹曾言:"大抵子思以来,教人之法,惟以尊德性、道问学两事为用力之要。今子静所说专是尊德性之事,而熹平日所论却是问学上多了。"①朱熹所说的子思以来尊德性、道问学的教学方法出自《中庸》"故君子尊德性而道问学,致广大而尽精微,极高明而道中庸"。朱熹认为尊德性和道问学是不同的,"尊德性,所以存心而极乎道体之大也。道问学,所以致知而尽乎道体之细也"②。尊德性是在广大处体认道体,道问学则是在细微处感悟道体。朱熹认为陆九渊(子静)依尊德性的路径把握了道体的广大处,而他自己则是严谨地在问学上下功夫,故而能把握道体的精微处。到了明代,王阳明调和了朱、陆之间的分歧。其言曰:

"道问学"即所以"尊德性"也。晦翁言子静以"尊德性"诲人,某教人岂不是"道问学"处多了些子,是分"尊德性"、"道问学"作两件。且如今讲习讨论下许多工夫,无非只是存此心,不失其德行而已。岂有"尊德性"只空空去尊,更不去问学?问学只是空空去问学,更与德性无关涉?如此,则不知今之所以讲习讨论者,更学何事?③

王阳明认为尊德性、道问学不能分作两件事,道问学即所以尊德性。讲习讨论的问学功夫无非是为更好地去存此心,而使德行不失。尊德性和道问学都不是空空地去尊去学,而是相互关涉、互为补充的。问学是格物的功夫,格物即问学的过程。德性是致知的内容,致知即知个天理,天理即是德性。这是宋明理学的基本逻辑,也是自孔子以来传统文化的基本思路。我们可以循着这一思路,发现器物、学问、道德之间的微妙关联。《周易》言:"君子以厚德载物。"君子能以宽厚的品德承载万物,那么反过来,万物的自然流行和井然的秩序也能彰显君子的美好品德。厚德载物,物能显德,道德和器物之间定然没有不可逾越的鸿沟。"形而上者谓之道,形而下者谓之器。"(《周易·系辞上》)道、器之分是后来德性、学问之别的源头。其实在孔子的言谈中已经可以看到这种割裂的端倪。孔子曾拿"觚"这种春秋时代已不常使用的器物来谈社会秩序和伦理道德的状况,其言曰:

① 朱熹:《答项平父》,《朱子全书》第二十三册,上海:上海古籍出版社,2002年,第2541页。
② 朱熹:《四书章句集注》,北京:中华书局,1983年,第35页。
③ 王阳明:《传习录》下,《王阳明全集》卷三,上海:上海古籍出版社,2011年,第138页。

觚不觚，觚哉！觚哉！（《论语·雍也》）

觚是一种圈足、敞口、长身、口部和底部皆呈喇叭状的用于饮酒的日常容器，也在祭祀活动中用作礼器。盛行于商代和西周早期，西周中期以后已十分罕见。

觚不像个觚，这是觚吗！这是觚吗！孔子借觚言事，用非常隐晦迂回的方式，以急切的语气，表达他对当时社会秩序混乱的忧虑。当时社会礼已崩、乐已坏，名不副实，器不显道。觚这种酒器与礼器本应承载和透显德与道，从公卿到大夫本该名实相副，安分守己，但各路诸侯群起，觊觎天子，社稷纲常至此紊乱，百姓手足无有所措。这种现象在当时社会十分普遍，亟待解决。因此，孔子发出了"必也正名乎"的呐喊：

名不正，则言不顺；言不顺，则事不成。事不成，则礼乐不兴；礼乐不兴，则刑罚不中；刑罚不中，则民无所措手足。（《论语·子路》）

名、实议论的背后实是器、道问题，而器、道问题通过礼乐、刑罚等事业影响百姓的日常生活。孔子与子贡之间曾有一段与道、器有关的对话："子贡问曰：'赐也何如？'子曰：'女，器也。'曰：'何器也？'曰：'瑚琏也。'"（《论语·公冶长》）"瑚琏"是一种祭祀时盛黍稷的容器，它盛的不仅仅是祭祀用的黍稷，更是通过祭祀所表达的礼制，表达人与自然、人与人、人与社会的伦理秩序。名应该副实，器应该容道，这是"瑚琏之器"的本意，也是"觚不觚"的原因。

孔子之后有邓析、惠施、公孙龙等名家学者专门讨论名实问题，尤以公孙龙"白马非马"之论闻名。其文曰："白马非马，可乎？曰：'可。'曰：'何哉？'曰：'马者，所以命形也。白者，所以命色也。命色者，非命形也，故曰白马非马。'"（《公孙龙子·白马论》）名家讨论的这类逻辑问题其实是孔子"必也正名乎"的延伸。因此班固言："名家者流，盖出于礼官。古者名位不同，礼亦异数。"[1]"名位不同，礼亦异数"是当时学者普遍面对、亟须理论考量及解决的现实问题。

前文从孔子对觚的议论展开，其实古代器物不胜枚举，就食器言有鼎、鬲、甗、簋、簠、盨、敦、豆等，酒器有爵、角、斝、觚、觯、尊、卣、盉、勺、兕觥、方彝等，水器有罍、壶、盘、匜、瓿、盂等（见图 2-2），这些器物都是人们日常生活用到

---

① 班固：《艺文志》，《汉书》卷三十，北京：中华书局，1962 年，第 1737 页。

的。我们可以通过对器物的观察、分析、解读,进一步加深对道德、学问及中国传统文化精神的理解,也进一步理解到传统文化坚实的生活基础。前文所言"形而上者谓之道,形而下者谓之器"并不是一个完整的表述,其后尚有文字谈论变通和举措。

图 2-2 饕餮蕉叶纹觚

是故形而上者谓之道,形而下者谓之器,化而裁之谓之变,推而行之谓之通,举而错之天下之民谓之事业。(《周易·系辞上》)

道、器判分,德性、学问有别。通过化、裁、推、行、举、措,道与器,德性与学问皆得以贯通。化、裁而变,推、行而通,举、措而成民之事业。无论是"道"还是"器",其落脚点皆为民,这是中国传统文化的基本思路。民之事业展开则是各个方面,如衣、食、住、行、医疗、教育等,都围绕着百姓的现实生活。中国传统文化在看似玄奥的场景中,容易给人一种错觉,使我们忽视其实用功能,其经世致用、求真务实的精神,恰恰又是最关键的。

人类的日常生活离不开建筑、器物,同样也离不开服饰。我们接着以服饰为例进一步分析中国传统文化物质形态的相关问题。前文谈到弗朗索瓦·于连以《诗经》为例分析了中国文化的"迂回"特质,在此,我们仍以《诗经》为切入点。

> 君子偕老,副笄六珈。委委佗佗,如山如河。象服是宜。子之不
> 淑,云如之何? 玼兮玼兮,其之翟也。鬒发如云,不屑髢也。玉之瑱
> 也,象之揥也。扬且之晳也。胡然而天也! 胡然而帝也! 瑳兮瑳兮,
> 其之展也。蒙彼绉绤,是绁袢也。子之清扬,扬且之颜也。展如之人
> 兮,邦之媛也!(《诗经·国风·君子偕老》)

此篇描写卫宣公夫人宣姜的文字,与服饰有关的信息非常之多,如副、笄、
珈、瑱、揥等饰物,象服、翟、展、绁袢等衣物。服、饰虽是两个概念,但为了
便于讨论,暂且将它们放在一起来分析。"副"为妇人的首饰;"笄"为"簪";
"笄"下垂以"珈"这种玉器,共有六个,因此称"六珈";"瑱"是冠冕上垂在两耳
旁的玉器;"髢"是一种假发;"揥"是发钗一类的首饰。"象服"是镶有珠宝、绘
有花纹的礼服;在"象服"上绣以山鸡、彩羽便是"翟";"展"是夏天穿的白色
(瑳)纱衣;"绁袢"是用葛布做的白色袤衣。诗人不厌其烦地用细致的笔触描
写宣姜的服饰,以及"委委佗佗,如山如河"的雍容仪态,"子之清扬,扬且之颜"
的秀丽容貌。仪容之美"胡然而天,胡然而帝",仿佛尘世降天仙,恍如帝女到
人间! 实在是"展如之人兮,邦之媛",倾城倾国之佳人!

《君子偕老》是《诗经·国风·鄘风》中的一篇,宣姜亦是周代之人,但我们
可以从甲骨文中看到衣、履、黄裳、带、袂等关于周代以前服饰的字样。至西周
有"虎冕练里""女裘宝殿"等青铜铭文可见,又有"司服"官职,专门管理王室服
饰事宜。此时,始于夏商时期的冠服制度已渐趋完善,而至春秋战国之交则进
一步被纳入礼治的范畴。《尚书》载有"十二章服"之说:

> 予欲观古人之象,日、月、星辰、山、龙、华虫作会;宗彝、藻、火、粉
> 米、黼、黻、缔绣,以五采彰施于五色作服,汝明。(《尚书·益稷》)

"十二章"即为"日、月、星辰、山、龙、华虫、宗彝、藻、火、粉米、黼、黻",王室
公卿在不同场合,顶冠冕弁有序,衣裳也须用不同形式、颜色和图案。服饰不
仅是实用的需要,更是礼制的规范,已经有了伦理道德的意蕴(见图 2-3)。

图 2-3　古代冕服

值得一提的是公元前 307 年赵武灵王的"胡服骑射"和公元 494 年北魏拓跋宏的"孝文改制"。赵武灵王颁胡服令,要求汉人穿胡人的服饰,便于骑射活动。

而魏孝文帝拓跋宏迁都洛阳后推行汉化政策,在文化方面禁胡言、改汉姓、尊孔子。前者是汉人胡服,后者是胡人汉语。显然,服饰与语言不仅体现实用功能,更有社会治理上的考量。至隋唐而后宋元及明清,人们对服装的理解更是日益加深,逐渐从单纯的实用功能,向装饰点缀,再向道德意蕴方向发展,从而使古代服饰在传统文化中趋向完整和统一。

一种文化元素应放到立体的文化语境中来分析,而不是孤立考察。我们再回到《诗经》的话题,发现宣姜华丽服饰的作用不仅体现在穿戴的实用性上,而是有着更深的文化内涵。诗人对宣姜华丽的服饰、雍容的仪态、清秀的容颜的描写都是在衬托"子之不淑,云如之何"这八个字。汉代毛亨认为《君子偕老》篇旨在讽刺卫夫人宣姜,"夫人淫乱,失事君子之道"①,但诗人却极力烘托

————————

① 毛亨:《宋本毛诗诂训传》,北京:国家图书出版社,2016 年,第 87 页。

宣姜的服饰之盛，与"君子偕老"的信誓旦旦。宣姜美丽的外表下丑恶的德行被"迂回"地暴露。朱熹亦称："言夫人当与君子偕老，故其服饰之盛如此，而雍容自得，安重宽广，又有以宜其象服。今宣姜之不善乃如此，虽有是服，亦将如之何哉！"[①]再怎么华丽的服饰也包裹不住丑恶的心灵。

"仪容之美"能反衬"品行之丑"，换言之，服饰仪容在一定程度上能表征人的道德品行。人的社会位置、道德追求，能够透过服饰显现出来，怎样的衣，表征怎样的位；怎样的位，表征怎样的德。衣与位符，德与位配，衣、位、德三者之间有必然的联系。因此，中国人的道德诉求能够在服饰中找到线索，传统服饰在发挥实用功能、彰显务实精神的同时，传递着中国人对美好道德的追求意愿，那种执着的求真（道德之真）精神。

传统文化中的物质形态的确离不开科学和技术的支撑。科技的发展是推动物质丰富的强劲动力。各种建筑的建造、器物的创制、服饰的制作都不可避免地包含着科技因素。限于篇幅，在此，我们仅以医学和农学为例说明，并仍以孔子的故事切入话题。

人类的事业以人类的生命和生活为基础，没有生活和生命就谈不上物质形态的创造。生、老、病、死是人生的必然规律，那么以怎样的心态面对、以怎样的手段回应这种规律便成为人类的关注点。孔子在论及"不复梦周公"时讲到"甚矣，吾衰也"（《论语·述而》），慨叹生命的脆弱与易逝。有一次伯牛生病了，病得很严重，孔子去慰问，亦喟叹像伯牛这么好的人怎么会得这么严重的病。

> 伯牛有疾，子问之，自牖执其手，曰："亡之，命矣夫！斯人也，而有斯疾也！斯人也，而有斯疾也！"（《论语·雍也》）

孔子当时没有入室，没有走到伯牛的病床前，而是"自牖执其手"，从窗户把手伸进去握住伯牛的手，并叹息"斯人也，而有斯疾也"。圣人可以谋道不谋食，忧道不忧贫，但是面对死亡，圣人也如常人，非常地无助与无奈。当颜回英年早逝之时，孔子悲恸万分："噫！天丧予！天丧予！"（《论语·先进》）道不远人，人能弘道。在孔子看来，颜回是继承他弘道衣钵的最佳人选。颜回的死对孔子的打击实在太大，以至于"哭之恸"。《论语》载曰：

---

① 朱熹：《诗集传》，《朱子全书》第一册，上海：上海古籍出版社，2002年，第443页。

颜渊死,子哭之恸。从者曰:"子恸矣!"曰:"有恸乎?非夫人之为恸而谁为?"(《论语·先进》)

生命之所以沉重,在于对事业的担当。孔子的事业担当是使明德光显、道德传递。孔子恸哭的不仅仅是颜回生命的逝去,更是道德人心的式微。前文讲"器能容道",这里讲"人能弘道",人弘道的前提是对生命的敬畏和尊重。从某种程度上讲,人类发展史其实是一部与疾病抗争的历史,是敬畏生命、挽留生命的历史。

与疾病抗争需要医学技术的发展做保障。中国传统医学较为发达,中医理论著述和医学实践都有丰硕成果,如《黄帝内经》《难经》《神农本草经》《伤寒论》《金匮要略》等。《黄帝内经》阐述了人体藏象(解剖学)、经络、病机、诊断、辨证、治疗、预防和养生,以及人与自然的关系、阴阳五行学说的应用等。《难经》对人体生理做了重要阐释,并涉及病理、诊断和治疗的各个方面。《神农本草经》是现存最早的药物学著述,载药 365 种,对每一味药的产地、特性、采集时间、入药部位及主治病症都有详尽说明。《伤寒论》和《金匮要略》创立了辨证论治,前者主要论述伤寒等外感热性病的病理、诊断、治疗与用药,后者论述了内科、外科、妇产科、皮肤科等 40 多种杂病的治疗方法,以脏腑经络学说为基础,强调人体正气的涵养。此外还有《中藏经》《脉经》《针灸甲乙经》《黄帝内经太素》等众多中医学著述,不一一赘述。

医者必有仁心,必以救治病患之生命为天职。如《伤寒论》作者张仲景,他专注于伤寒的研究就是出于大爱仁心。张仲景所处的东汉桓帝、灵帝时期疫病流行,成千累万的人被病魔吞噬,其中死于伤寒者十之七八,这极大地触动了他,于是他痛下决心,潜心研究伤寒病的诊治并付诸实践。我们说"仁心"与"道心"相通,器能容道,医亦载道,皆在"人能弘道"的范畴之中。

当然,疾病和死亡只是生命的部分状态,而不是全部。日常生活依旧需要继续,需要改善和延续。我们的古人负重前行,不断辛勤劳作,创造了无数的物质条件。《氾胜之书》《齐民要术》《陈敷农书》《王祯农书》《农政全书》《天工开物》等著作都记载了中国古人的勤劳和智慧。如北魏贾思勰的《齐民要术》详细分析了季节、气候、土壤与农作物的关系,系统地总结了当时百姓的农牧业生产经验、野生植物引种驯化方法、病虫害防治技术、食物加工贮藏手段等;明代宋应星的《天工开物》则记载了古代农业、手工业等诸多工艺,如机械、砖瓦、陶瓷、烛、纸、硫黄、火药、兵器、制盐、纺织、染色、采煤、榨油等生产技术。

《齐民要术》与《天工开物》甚至对达尔文《物种起源》的写作产生了一定影响。

但近代以来，随着欧洲工业革命的兴起，中西方文化主动与被动地交流碰撞，火花四溅。庄稼被野蛮地摧毁，宁静被无情地打破，但我们的生活还在继续。真的猛士从来都是敢于直面惨淡的人生，敢于正视淋漓的鲜血。① 终究有人开始开眼看世界，撰成《海国图志》六十卷，介绍西方的科学技术，以及世界地理与历史，并喊出"师夷长技以治夷"的时代新声。

至此，我们从建筑、器物、服饰、科技等四个角度论述了中国传统文化的物质形态。我们看到了中国人的务实，在日常生活经营上的一丝不苟。我们也看到了中国人的求真，对规律和道德的把握。经世致用与格物致知在中国文化中从来都不矛盾，所以讲"求真务实"。当然，经世致用、求真务实只是中国传统文化的一方面，中国传统文化还有平和淡雅、简约超凡的另一方面。

(二)平和淡雅、简约超凡：传统文化的符号形态

那位"敢于直面惨淡的人生，敢于正视淋漓的鲜血"的作家在他的年代，以热忱的使命意识，对不同的人、不同的事进行了很多不同的深刻批判，其中也包括传承已久的汉字。汉字是一种意蕴丰富、形式复杂的符号系统，是中国传统文化传播、传承的重要载体，没有汉字的中国传统文化是不可想象的。汉字符号系统是在中国古人长期的社会生活实践中逐渐形成的，一定的符号对应着特定的事物、情境和思想，有其自然的思维逻辑。若无特殊的原因、特殊的考量，鲁迅必然不会感性地、随意地予以批评。

许慎言："仓颉之初作书，盖依类象形，故谓之文。其后形声相益，即谓之字。"②造字之法有"六书"：一曰指事，二曰象形，三曰形声，四曰会意，五曰转注，六曰假借。通过"六书"造字，汉字符号系统逐渐完备。鲁迅认为，"虞夏书契"现已不存，"岣嵝禹书"只是伪造，不足为论；商周以后，文字往往刻于甲、骨、金、石，到秦汉时，文字已基本成熟定型，大抵能与"六书"弥合。到了现代，我们要学习一个汉字，必须从形、音、义三方面同时把握，"口诵耳闻其音，目察其形，心通其义，三识并用，一字之功乃全"③。中国汉字有丰富的表现力，写山则崚嶒嵯峨，状水则汪洋澎湃。因此，鲁迅认为汉字有三美：一是意美以感

①　鲁迅：《记念刘和珍君》，《鲁迅全集》第三卷，北京：人民文学出版社，1980年，第290页。
②　许慎：《说文解字序》，《说文解字》第十五卷，北京：中华书局，1963年，第314页。
③　鲁迅：《汉文学史纲要》，北京：人民文学出版社，1973年，第1页。

心；二是音美以感耳；三是形美以感目。①

　　既然汉字如此之美，鲁迅为什么要对它进行批判呢？"因为汉字的艰深，使全中国大多数的人民，永远和前进的文化隔离，中国的人民，绝不会聪明起来，理解自身所遭受的压榨，理解整个民族的危机。"②鲁迅认为汉字有艰深的弊端，所以他在《汉字和拉丁化》一文中要求牺牲汉字而保全人民向前进的文化追赶的动力："不错，汉字是古代传下来的宝贝，但我们的祖先，比汉字还要古，所以我们更是古代传下来的宝贝。为汉字而牺牲我们，还是为我们而牺牲汉字呢？这是只要还没有丧心病狂的人，都能够马上回答的。"③

　　当然，鲁迅深知汉字的真正弊端不在于它的复杂性，而在于复杂性所导致的普及率低，进而影响国民素质的提高，并进一步导致中国人与"前进的文化"隔离，这是鲁迅真正担忧的。所以在新文化运动背景下，他非常自然地认为文字要改革，语文要改革，文化要改革，这符合他所处时代的逻辑。鲁迅文字、语文、文化的改革思想，基本理念是为大众，试图将大众的文化符号及文化本身归还于大众，从而使中国人的文化水平得以提高，为救亡图存发挥有效而有力的作用。

　　鲁迅为解救当时危难的中国提出了很多方案，废除汉字只是众多方案中的一种。这个方案，在今天看来是匪夷所思的，因为汉字是中国传统文化的载体，汉字的抽离或拉丁化对传统文化而言必是摧毁性的。但鲁迅汉字改革的尝试是文化自我调适的自觉，他努力寻求文化发展的新动力。这是鲁迅的使命担当，是他的危机意识、改革精神、家国情怀使然，他"弃医从文"也是出于这样一种情怀。鲁迅对传统文化反思、改革的尝试未必成功，但在他的年代这种尝试令人震惊。传统文化创造性转化、创新性发展的使命和任务还有待新时代的新人来承担和完成。

　　鲁迅对文化的态度有其时代张力的因素，而传统文化亦有其自身的发展逻辑。我们通过对符号的运用，满足平和淡雅、简约超凡的审美需求，以及对自然、人和社会的理解，精神的寄托和道德的诉求。如前文所言，汉字符号之形美能感目，汉字符号之音美能感耳，汉字符号之意美能感心。感目、感耳、感心所以能感人，感人是一种精神力量。通过文字的符号，定位人在自然中的位

　　① 鲁迅：《汉文学史纲要》，北京：人民文学出版社，1973年，第1页。
　　② 鲁迅：《鲁迅论语文改革》，南京：时代出版社，1949年，第1页
　　③ 鲁迅：《汉字和拉丁化》，《鲁迅全集》第五卷，北京：人民文学出版社，1973年，第1384页。

置，规范人与人、人与社会、国家的关系。文字符号只是"器"，其容纳的是精神之"道"。连接文字符号便成诗文，诗文同样以感心、感人为旨趣，是能够触动人的道德本心的。晚明袁宏道为其弟袁中道诗集作序道："大都独抒性灵，不拘格套，非从自己胸臆流出，不肯下笔。"①袁宏道要求诗文的创作直抒人的性灵，表现真实的情感，他的"性灵说"受到李贽"童心说"的影响。李贽认为，我们每个人都有一颗"童心"，"童心"是真实的内心，也是文化所要呈现的人真实的状态。李贽言："夫童心者，绝假纯真，最初一念之本也。若失却童心，便失却真心；失却真心，便失却真人。人而非真，全不复有初矣。"②"童心"是最真实的，是人的本初之心；人不能失去"童心"，失去"童心"的人不是完全意义上的人，"童心"要揭示的是生活中的活生生的人。文学只是符号，符号表征的是人的状态；符号不是人，人不能被符号化。

总之，文化的符号就是要直陈人的"童心"和"性灵"，发觉人心之中本有的精神力量。"性灵说"对其后清代袁枚等人的文学创作有较大影响，以李贽、"公安三袁"（袁宗道、袁宏道、袁中道）、袁枚等为代表的明清小品文学家，用平和简约的语言，表达超凡的意境和精神，这是中国传统文学，乃至中国传统文化的基本特质。

"性灵"的意蕴其实在先秦思想家那里就已有显露。孟子曾提出"赤子之心"的概念，"大人者，不失其赤子之心者也"（《孟子·离娄下》）。孟子认为"赤子之心"就是恻隐之心、羞恶之心、恭敬之心、是非之心，这"四心"是仁、义、礼、智之心，是善的发端，是人人皆有的，而且它们并不是外界强加于人的，而是人先天固有的，只是我们忙于纷繁的日常事务，没有发现罢了。这先天固有的善心被孟子称为"良知"，"人之所不学而能者，其良能也；所不虑而知者，其良知也"（《孟子·尽心上》）。"良知"贯穿人的一生，从孩提到成人都应有"亲亲"之仁、"敬长"之意。"良知"不是内在孤立的，必须向外扩充发挥作用，要能够"达之于天下"。正是在这个意义上孟子讲"仁义行"，而不是"行仁义"。"仁义"之"良知"是人先天本有，且能后天发挥作用。

诚然，不可否认人的资质禀赋有所不同。孔子言："生而知之者，上也；学而知之者，次也；困而学之，又其次也；困而不学，民斯为下矣。"（《论语·季

① 袁宏道：《叙小修诗》，《袁中郎全集》卷一，明崇祯间佩兰居刻本，第 3 页。
② 李贽：《童心说》，《李氏焚书》卷三，哈佛燕京图书馆藏本，第 24 页。

氏》）孔子把人分为"生而知之""学而知之""困而学之""困而不学"四类。孔子之后，历代学者对人性的判分争论迭起。孟子的理论基于孔子"仁"的角度，是性善论的典型。荀子（公元前 313—前 238 年）则基于孔子"礼"的观点，主张性恶论。汉代扬雄（公元前 53—18 年）提出"性善恶混"论，认为"人之性也善恶混，修其善则为善人，修其恶则为恶人"①。人性同时具有善恶两种因素，都是先天的，如果经过后天的熏习，发展善的因素则能成为善人，而发展恶的因素就能成为恶人。董仲舒（公元前 179—前 104 年）在孔子的基础上把人性区分为"圣人之性""中民之性""斗筲之性"。"圣人之性"与孔子的"生而知之"类似，"斗筲之性"与"困而不学"相似，这两类是不需要教化的。"中民之性"即是"学而知之"与"困而学之"，是大部分人的状态，其"有善质而未能善"，所以必须通过教化使其"善"显现出来。韩愈（768—824 年）进一步提出"性三品"说，认为"性之品有上、中、下三"，并认为"性"不同于"情"。"性"是与生俱来的，包括仁、义、礼、智、信等精神；"情"是后天接物应事而产生的，包括喜、怒、哀、惧、爱、恶、欲等情绪。

无论对人性的争论如何，有一点是可以确定的，即良知在生活中必然会遇到现实的困境。那么如何化解困境，如何开启良知，这便需要"宣教明化"的过程。其中，文学便可以通过形象的意境营造，充分地展现道德的教化作用，可以描写人的"性情"，启发显现人的本有"良知"。这是前文所言"公安三袁"文学"性灵说"的旨趣所在。

为"宣教明化"，周代朝庭曾派采诗官到各地搜集诗歌，后由乐官删汰整理而成《诗经》，广为传颂，此为诗教。② 孔子曾将《诗经》作为教学重要内容，其言曰：

《诗》三百，一言以蔽之。曰：思无邪。（《论语·为政》）

"思无邪"即是"良知"的当下呈现，"良知"之纯粹是没有丝毫杂质的。文化和教育的目的是引导人回归没有丝毫杂质的状态，回归道德的真实。《诗经》首篇为《关雎》，诗文言："关关雎鸠，在河之洲。窈窕淑女，君子好逑。参差

---

① 扬雄：《扬子法言》第三卷，四部丛刊初编本，昆明：世界书局，1955 年，第 6-7 页。
② 司马迁曾提出孔子删《诗》说，"古者诗三千余篇，及至孔子，去其重，取可施于礼义，上采契后稷，中述殷周之盛，至幽厉之缺，始于衽席"。其后，班固、郑玄皆从司马迁之说，至唐代孔颖达撰《毛诗正义》，才开始提出不同于司马氏的观点。参见司马迁：《孔子世家》，《史记》卷四十七，北京：中华书局，1959 年，第 1936-1937 页。

荇菜,左右流之。窈窕淑女,寤寐求之。求之不得,寤寐思服。悠哉悠哉,辗转反侧。参差荇菜,左右采之。窈窕淑女,琴瑟友之。参差荇菜,左右芼之。窈窕淑女,钟鼓乐之。"毛亨认为此篇是歌颂周文王妃太姒的:"《关雎》,后妃之德也,风之始也,所以风天下而正夫妇也。"①《关雎》篇幅虽小,但它在中国文学史,乃至文化史上有特殊地位,因为《诗经》是中国文学最古老的典籍,《关雎》又是《诗经》第一篇。夫妇之德是人伦之始,彰明夫、妇在社会中各自的恰当位置,在《诗经》删汰整理者看来,《关雎》之重要性不言而喻。诚如司马迁所言:"三百五篇孔子皆弦歌之,以求合韶武雅颂之音。礼乐自此可得而述,以备王道,成六艺。"②文学就是用平和淡雅、简约超凡的语言,开启人的本有良知,以及约定真实的道德规范,而道德的真实就是人在社会中的恰当位置。中国文学样式繁多,春秋《诗经》、战国《楚辞》、汉赋、唐诗、宋词、元曲、明清小说,不一而足。

　　因为人的禀赋各异,所以就社会的普遍性而言,需要开启良知。良知不仅需要开启,而且需要被记录和传递,这也是文化"宣教明化"作用的体现,史学即通过记载人、事、物的方式实现这样的功能。正如中国古代文学作品浩如烟海,史学著述亦可谓汗牛充栋。《史记》《汉书》《后汉书》《三国志》《晋书》《宋书》《南齐书》《梁书》《陈书》《魏书》《北齐书》《周书》《隋书》《南史》《北史》《旧唐书》《新唐书》《旧五代史》《新五代史》《宋史》《辽史》《金史》《元史》《明史》为二十四史,后有《清史稿》而为二十五史。

　　清代章学诚(1738—1801 年)有六经皆史说,"六经皆史也。古人不著书,古人未尝离事而言理,六经皆先王之政典也。或曰:《诗》《书》《礼》《乐》《春秋》,则既闻命矣。《易》以道阴阳,愿闻所以为政典,而与史同科之义焉"③。诚如章学诚所论,《诗经》《尚书》《易经》④之类皆为史学。"古者庖牺氏之王天下也,仰则观象于天,俯则观法于地,观鸟兽之文与地之宜,近取诸身,远取诸物,于是始作八卦。"(《易·系辞下》)《易经》始于八卦,为诸经之首、大道之源,是传统文化的总纲所在。据鲁迅所言,《易》又与文字相关,是汉字的起源,"倘

---

① 毛亨:《毛诗序》,《毛诗》卷一,庆长中古活字本,第 2 页。
② 司马迁:《孔子世家》,《史记》卷四十七,北京:中华书局,1959 年,第 1936-1937 页。
③ 章学诚:《易教上》,《文史通义》卷一,丰城余氏墨宝斋,光绪二十三年(1897)刻本,第 1 页。
④ 《易经》有《连山》《归藏》《周易》三种,《连山》《归藏》已失传,流传于世者为《周易》。参见章学诚:《易教上》,《文史通义》卷一,丰城余氏墨宝斋,光绪二十三年(1897)刻本,第 1 页。

将记言行,存事功,则专凭言语,大惧遗忘,故古者尝结绳而治,而后之圣人易之以书契。……其文今具存于《易》,积画成象,短长错综,变易有穷"①。总之,文、史、哲是相通的,整个文化体系的各要素也是贯通的,而不是孤立存在。

文字、文学、史学"宣教明化"之意已是了然,如章学诚所言:"圣人首出御世,作新视听,神道设教,以弥纶乎礼乐刑政之所不及者,一本天理之自然。"②文字、文学、史学与前文讨论的建筑、器物、服饰、科技等构成文化的大范畴,都是神道设教、依事言理,是社会道德秩序维护、国家管理治理的重要环节。当然,就传统文化的符号形态而言,不仅有文字、文学、史学,还有音乐、绘画、书法等声音、色彩、线条构成的符号系统。

据前文所述,器物是道德的载体,"礼"是道德的外在规范,"仁"是内在的道德直觉,而文、史之类则是道德的符号化,音乐、绘画、书法亦属此类。道德符号、道德载体在道德文化传播、传承中的作用也相当重要。《论语》载有一则关于孔子听到"韶乐"的欣悦之情,曰:

> 子在齐闻《韶》,三月不知肉味,曰:"不图为乐之至于斯也。"(《论语·述而》)

三个月尝不出肉的滋味,可见孔子对"韶乐"的喜爱和沉浸。那么孔子仅仅只是沉浸于"韶乐"的形式或音乐本身吗?如果那样的话,恐怕有玩物丧志之嫌。孔子对弟子及自身都极为严格。有一次宰予在白天睡大觉,孔子极为生气,并斥其"朽木不可雕也,粪土之墙不可圬也"(《论语·公冶长》)。孔子听"韶乐"实是与"礼"和"仁"相关切的。孔子曾言:"礼云礼云,玉帛云乎哉?乐云乐云,钟鼓云乎哉?"(《论语·阳货》)在孔子看来,玉帛、钟鼓、乐、礼、仁是贯通的,有玉帛、钟鼓而有礼、乐;有礼、乐施设而有仁的彰显。可见,作为道德之"仁"不是空洞的,必是据事说"仁"之理,依器言"仁"之道。

司马迁《史记》中曾记载孔子向师襄学鼓琴之事,亦可说明孔子对音乐的理解远超音乐本身,其文曰:

> 孔子学鼓琴师襄子,十日不进。师襄子曰:"可以益矣。"孔子曰:"丘已习其曲矣,未得其数也。"有间,曰:"已习其数,可以益矣。"孔子

---

① 鲁迅:《汉文学史纲要》,北京:人民文学出版社,1973年,第1页。
② 章学诚:《易教上》,《文史通义》卷一,丰城余氏墨宝斋,光绪二十三年(1897)刻本,第1页。

曰:"丘未得其志也。"有间,曰:"已习其志,可以益矣。"孔子曰:"丘未
得其为人也。"有间,有所穆然深思焉,有所怡然高望而远志焉。曰:
"丘得其为人,黯然而黑,几然而长,眼如望羊,如王四国,非文王其谁
能为此也!"师襄子辟席再拜,曰:"师盖云《文王操》也。"①

　　孔子学习《文王操》经历了从其"曲""数""志",一步一步把握其"人"的过
程。"曲""数"只是音乐符号的形式层面,"志"则进一步把握音乐的精神,而其
"人"更深层的含义是其"人"之"仁"。通过《文王操》的学习,孔子仿佛能亲见
文王之人,更能感受文王的宽厚仁爱之心。这是孔子学习音乐、主张乐教的旨
趣所在,也是《礼记》"歌乐者,仁之和"之意。能"和"者,天同此理,人同此心。
孔子"吾道一以贯之",中国传统文化的思想精神也是一以贯之的,一以贯之者
即此仁和之心。正因为孔子与文王,乃至我们每一个人都有同样的"人心",有
道德情感的相通性,音乐等文化符号的教化功能才能显现。"仁"是先天固有
的道德直觉,"礼"是知行合一的道德践行,"乐"是行而有感的道德同情。夏、
商、周三代以来的音乐形式在孔子这里得以升华,歌诗、鼓琴、击磬,不仅仅是
礼之用,更有"仁"的内在本质和属性,有着深刻的社会文化功能。

　　孔子谈音乐,也谈绘画。他曾提出"绘事后素"的观点。"绘事后素"就是
先以素色打底,而后再施以五彩。孔子是以绘画之事而言人,犹人有良好的品
质,然后才有文饰发展的可能。"素"是人的本质,是仁义之心;图绘上去的"五
彩"是人的内容,是仁义之行。仁义之心就是良知,仁义之行则是具体的生活
情境。黄公望(1269—1354 年)在《写山水诀》中言:"古人作画,胸次宽阔,布
景自然合古人意趣,画法尽矣。"②黄公望认为,绘画布景只是艺术符号,宽阔
的胸次才是艺术的本质,这是古人所追求的意趣。黄公望有《富春山居图》传
世,此画乃为其师弟无用师(郑樗)所作,后几经易手,且被毁为两半,前半为
《剩山图》,后半为《无用师卷》。

　　《富春山居图》林峦浑秀,草木华滋。黄公望以富春江为背景,用淡雅的笔
墨,营造了自然之山水及胸中之山水。绘画不是简单描摹自然,而是用笔墨符
号将道德情感融于自然、山水之间,是画家精神的流露,传递的是画家的人生

---

　　①　司马迁:《孔子世家》,《史记》卷四十七,北京:中华书局,1959 年,第 1925 页。
　　②　陶宗仪:《写山水诀》,《南村辍耕录》卷八,北京:中华书局,1959 年,第 96-97 页。黄公望《写山
水诀》未有刊行,其载于陶宗仪《南村辍耕录》一书,而得以传世。

态度。沈周亦言："以画名家者,亦须看人品何如耳。人品高,则画亦高,故论书法亦然。"①绘画之中有人品,也是"即器以明道"之意。诚然人的情感是复杂的,人品不易甄别。因为道德规范是外在的,容易厘清,而道德本质之"良知"是内在的,必须通过具体的器和事,具体的生活境遇来呈现。

　　黄公望曾师事赵孟頫。赵孟頫书《行书千字文》卷后有黄公望题字:"当年亲见公挥洒,松雪斋中小学生黄公望稽首谨题。"②在宋元之际的时代语境下,黄公望际遇颇为坎坷,赵孟頫的生命境况也是十分复杂。一方面,赵孟頫博学多才,善属诗文。其书法师法古人,博采众长,又能自出机杼,创一家书风;其绘画山水、人物、花鸟无所不能,水墨、写意、工笔无所不精;其诗歌更是一改元初风气,影响巨大。此外,赵孟頫还懂经济,擅金石,解鉴赏,通律吕。另一方面,赵孟頫作为赵宋遗民,出仕蒙元三十余年,荣际五朝,恩宠有加,这在"耻食周粟"的传统道德语境中很自然被多数士人视为"贰臣"。他表面的荣华之下是内心的煎熬,外部无形的道德压力,内心沉重的伦理困境,始终束缚钳制着他。我们可以从他的《罪出》诗中感受到这种困苦:

　　　　在山为远志,出山为小草。古语已云然,见事苦不早。平生独往愿,丘壑寄怀抱。图书时自娱,野性期自保。谁令堕尘网,婉转受缠绕。昔为海上鸥,今如笼中鸟。哀鸣谁复顾,毛羽日摧槁。③

　　"昔为海上鸥,今如笼中鸟"极妥洽地写出了他自身的处境,但他又说:"吾出处之计,了然定于胸中矣,非苟为是栖栖也。"④既然人生的志趣已了然于胸,非苟为栖栖,那又为何堕入尘网,备受缠绕?当然我们也可以如后世史家所论,将其解读为文化使命的担当。的确,赵孟頫以他后半生的隐忍,助推了元代文化的登峰。更重要的是在他的引领下,通过士人的集体努力,避免了汉文化传统的断裂。赵孟頫的处境客观上的确是被动的,是蒙元利刃胁迫下的无奈选择,但主观上赵孟頫又是能动的,因为他的意志始终是自由的。他做了"贰臣"的道德抉择,客观上实现了文化的担当。但他对他自己的抉择也确实倍感失望,"齿豁童头六十三,一生事事总堪惭。惟余笔砚情犹在,留与人间作

---

①　沈周:《题〈富春山居图〉》,《沈周集》卷,《四库全书》本,第53页。

②　孙宝文:《赵孟頫行书千字文》,上海:上海辞书出版社,2011年。

③　赵孟頫:《罪出》,《松雪斋文集》卷二,《四库全书》本,第18页。

④　赵孟頫:《送吴幼清南还序》,《松雪斋文集》卷六,《四库全书》本,第14页。

笑谈"①。他对自己的评价是"一生事事总堪惭",只是"人间笑谈"而已。

　　传统士人的生命与浮华、忠节与人品之间的挣扎在赵孟頫身上体现得淋漓尽致。明清易代,同是前朝遗民的八大山人朱耷的抉择正好与赵孟頫相反。这一话题,在清初顾炎武那里得以总结性概述,他提出"亡国"与"亡天下"的区别,是更广泛意义上的文化概念。

　　中国古代绘画艺术绚烂多姿、名家迭出,此处仅以黄公望、赵孟頫等人以点带面论述,虽有偏颇之嫌,但也足以使我们体会到绘画符号的精神、情感、道德的张力。传统绘画是笔墨、线条之间流露的心灵世界和道德诉求。众所周知,中国古代绘画艺术诗、书、画、印一体而观。此处再简要言及书法,由书法而言天道。董其昌认为,"作书最要泯没棱痕,不使笔笔在纸素成板刻样",他引苏轼诗"天真烂漫是吾师"之句,称"书道只在巧妙二字,拙则直率而无化境"②。何为书法艺术所追求的"天真烂漫","天真烂漫"是"良知"的呈现,是"仁义"的流行,是与自然、人生、社会、家国融为一体之化境。颜真卿《祭侄文稿》是家国情怀、道德情感融于笔墨、线条的经典范式(见图2-4)。

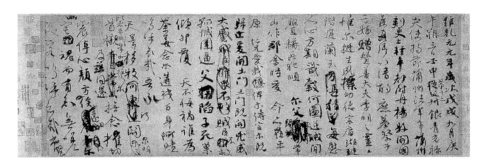

图 2-4　《祭侄文稿》

　　颜真卿追叙了常山太守颜杲卿父子在安禄山叛乱时挺身而出,顽强抵抗,以致"父陷子死,巢倾卵覆"之事。《祭侄文稿》通篇气势磅礴,情如潮涌,一气呵成二十三行,二百三十四字。它与王羲之《兰亭集序》、苏轼《黄州寒食帖》并称为"天下三大行书"。《祭侄文稿》是一篇祭文,颜真卿并不是将它作为书法作品来创作的。他在写这篇祭文时心情极度悲愤,情绪难以平复,时而沉郁痛

---

①　赵孟頫:《自警》,《松雪斋文集》卷五,《四库全书》本,第31页。
②　董其昌:《论用笔》,《画禅室随笔》卷一,《四库全书》本,第2页。

楚,声泪俱下;时而低回掩抑,痛彻心扉。因此笔随心动,涂抹之处甚多。

而正是这种书写状态和语境,使得《祭侄文稿》凝重峻涩、神采飞动,笔势圆润雄奇,意境姿态横生,是颜真卿"性情"的自然流露,是他的"天真烂漫"之所在。当然,这种"天真烂漫"不是虚浮的,而是以沉重甚至是沉痛的现实为基础,透露的是颜真卿深厚的家国情怀。

书法是文字的另一种艺术呈现形式,通过笔墨和线条向我们诠释传统文化的音美、形美、意美。就整个传统文化的符号形态而言,其审美功能的背后必是"良知"的呈现,必是深刻的民族精神和家国情怀。尽管中国传统文化的符号形态往往以"平和淡雅"的形式出现,但简约的形式后面是超凡的精神世界。前文所言文字、文学、史学、音乐、绘画、书法等符号形态无不如是。

（三）知行合一、谐和安宁:传统文化的精神形态

前文以以点带面的方式论述了传统文化的物质形态和符号形态,以及这两种形态所呈现的特质,无论是物质形态还是符号形态,都是人类活动的产物,必然有人类精神的支撑,因此万物才有情,传统文化才有真意。以章学诚"即器以明道"的诠释方法,初步剖析了中国人的心灵世界和道德诉求。我们对道德的讨论没有离开人和社会的语境,因为道德必然是生活的、具体的、现实的、复杂的,但又是纯粹的,源于人的心灵,是每个人本有的"良知"。接下来继续分析中国传统文化的这种精神形态。

中国传统文化的精神形态主要体现在哲学、宗教和伦理道德等方面。宗教问题此处不展开,而中国哲学又有明显的伦理化倾向,所以对传统文化精神形态的探讨主要从哲学的视角来切入。于连曾尝试为欧洲寻找道德的基础,从印欧文化圈之外独立发展起来的中国道德传统出发,厘清并解决了这一问题。[①] 于连用道德的视角考察中国哲学,尤其是儒家思想,这是普遍的看法,与实际情况基本符合,也是通常使用的研究路径。

那么,中国传统文化之价值取向、道德考量的基础和基本逻辑是什么呢?这就需要进一步分析。首先需要说明的是,"哲学"并不是中国传统文化固有的范畴。当然,"哲"字的使用,在传统文化中较为普遍。"哲"字小篆有"悊"和"嚞"两种写法。从"心"为"悊",从"口"为"哲",其含义为"知"或"智",即知识和智慧。《诗经》言:"下武维周,世有哲王。三后在天,王配于京。"《尚书》言:

---

① 于连:《道德奠基:孟子与启蒙哲人的对话》,宋刚译,北京:北京大学出版社,2002 年,第 1 页。

"肆哉尔庶邦君,越尔御事,爽邦由哲。"在传统文化中,"哲"一般是用来描述人的"德性"的。因此,"哲"所蕴含的"知""智"便与"德"关联起来,即知识和智慧是关于道德的知识和智慧。西方现代"哲学"(philosophy)概念源于古希腊φιλοσοφία(philosophia),"philo"为"爱","sophia"为"智慧"。那么什么是"智慧"? "智慧"就是把握关于"德性"的知识,这种知识是有普遍必然性的,苏格拉底引用德尔菲神庙的箴言,将它概括为"认识你自己"。苏格拉底早年师从自然学派,而自然学派对世界"本原"的探讨是以感官为依据的,提出水、气、土、火、数等本原说。苏格拉底认为这类本原说不能提供确定的知识,万物的主宰和原因并非来自外在的物质性,而是有其内在目的的,这个内在的目的便是"善"(agathon)。"善"是事物自身的本性和自我实现的目标,这种"善"在人类社会便表现为"德性"(arete)。"德性"虽然是人固有的本性,但往往被遮蔽而不能显现,所以必须在理性的指引下,认识自己的本性,开启自己的德性。在现实生活中实现自己的"德性"和"善良"意志,是苏格拉底"认识你自己"命题的本意,后来尼采提出"成为你自己"的命题承续和发挥了苏格拉底的思想。

　　总体而言,随着西方哲学的不断发展,其传统意义上的知识更多偏向对未知世界的认识,而缺乏苏格拉底"认识你自己"的内在德性的探究。亚里士多德认为"求知是人类的本性"[①],知识是探求原因与原理的"智慧",而人类探索的初衷是出于对自然万物种种现象的惊异,由此逐渐积累,形成对世界的解释,譬如日月星辰的运行、宇宙的创生等重大问题。[②] 到了康德、费希特、黑格尔,对哲学的理解更具转折性和革命性。比如黑格尔认为,哲学是一种精神,是特殊的思维运动和自身完整的圆圈,是对"绝对"的精神把握。他在《小逻辑》导言中曾言:"应将哲学的内容理解为属于活生生的精神的范围,属于原始创造的和自身产生的精神所形成的世界,亦即属于意识所形成的外在和内心的世界。"[③]他又认为,真正的自由的思想本身就是具体的。他将它称为"理念",而且就思想的全部普遍性而言"理念"就是"绝对"。关于"理念"或"绝对"的科学,本质上是一个体系,而且真理是具体的,必须在自身中展开其自身,并且构成一个统一体,因此,真理就是全体。[④] 到黑格尔这里,哲学纯粹是一种

---

①　亚里士多德:《形而上学》,吴寿澎译,北京:商务印书馆,1959年,第1页。
②　亚里士多德:《形而上学》,吴寿澎译,北京:商务印书馆,1959年,第5页。
③　黑格尔:《小逻辑》,贺麟译,北京:商务印书馆,1980年,第43页。
④　黑格尔:《小逻辑》,贺麟译,北京:商务印书馆,1980年,第55-56页。

思维活动,似乎与人的"德性"离得越来越远。随着近代自然科学的兴起,经验主义的思维方式也影响着哲学的定义及范围,很多思想家把哲学定义为科学。譬如罗素便认为一切确切的知识都属于科学,一切超乎确切知识之外的都属于神学,哲学是某种介于神学与科学之间的东西。哲学和神学一样,包含着人类对于科学知识所不能肯定之事物的思考,哲学又像科学一样诉诸人类理性而不是权威。[①] 现代西方哲学是对苏格拉底古希腊传统的逐步延展,或者说方向性的调整。

概而言之,中国传统文化中的"哲"与西方的"哲学"传统有较大差异。无论孔子还是苏格拉底,中西方都把目光聚焦到"德",但中国的传统更多关注人文与社会之"德",而自古希腊以来,尤其是现代西方的传统则偏向于自然和宇宙之"德",试图寻求具有普遍必然性的知识。如上章所述,这种差异被梁漱溟概括为"向内求"与"向外求"。因此,梁启超、钱穆等人用"思想"来规定中国的"哲学",而不是直接用"哲学"这一概念。现代意义上的"哲学"概念是在 20 世纪初由日本引入的,是西学东渐的产物。20 世纪初是中国传统文化与西方文化激烈碰撞、艰难转型的时期,但中国文化的思想渊源和根基始终坚如磐石而不动摇,这是由中国传统文化的精神特质所决定的。

中国传统文化,或者说中国哲学,所探讨的问题亦是普遍的、根本性的。中国哲学更多关注人在社会中的位置,人与人、人与社会的关系会引发对人的价值与道德的探究,所以中国人不会囿于自然或"天"等孤立视角来看问题,必然是将"天"放到"人"的语境中来考察,因此才会提出诸如"天人合一"的命题。"天人合一"是中国哲学、中国传统文化的关键话题,成为中国人的内生性思维。如《诗经》言:"下武维周,世有哲王。三后在天,王配于京。王配于京,世德作求。永言配命,成王之孚。成王之孚,下土之式。永言孝思,孝思维则。"如前文所论,周武王能称"哲王"是因其有"德","德"的具体展开是"孝思"层面的规范,有"孝"而后有"德",而后成"哲",这是"天命"所归。"永言配命",所以才能"成王之孚",才能得到百姓尊重与推崇。古代的思想家在"王配于京""永言配命"与"世德作求""永言孝思"之间找到了逻辑联系,即注重"天命",并把"天命"的依据和合法性落实到了"道德"上,由此,"天命"的命题转化为"人孚"的问题,并将这两个问题巧妙地融为"天人合一"一个问题,这是中国哲学的基

① 　罗素:《西方哲学史》,何兆武、李约瑟译,北京:商务印书馆,1963 年,第 11 页。

本思路。

从"天命"到"人孚"再到"天人合一"不是问题的完结，在这则文字中还有"式"和"则"两字不能忽视。武王有圣德，而其德行更有示范作用，可以作为一种准则教化百姓，这体现了道德的模范塑造和教化功能。道德不是个体现象，不是某一个孤证，不是某一些"哲王"的专利，或者仅是文献中毫无情感的冰冷描述。道德必须是能普遍化的，能够被大多数人所效仿和内化的，因为每个人内在的具有道德的品性，善良的意志，都能够在恰当的时候以恰当的方式激发出来。孟子言："天之生此民也，使先知觉后知，使先觉觉后觉也。"（《孟子·万章上》）"先觉觉后觉"正是在道德教化层面上讲的。因此，传统文化所谓"天人合一"的完整表述应该是天命、道德、教化三个维度的融合。孔子"罕言利"，而更多的是"与命与仁"（《论语·子罕》）。在孔子那里，"利"不独立地构成讨论的话题，"利"是在"天命"和"仁德"的实现过程中体现出来的，而在"天命"和"仁德"这两者中孔子又把更多的目光放到"仁德"上，以及"仁德"的启发和教化，所以孔子讲"君子不器"（《论语·为政》）。

那么以孔子为代表的儒家为什么尤其重视人的德性和德行呢？章学诚曾以"即器以明道"的方法考察中国传统文史学术的发展与本质，即依据社会现实问题（器）来彰明人的价值、精神、规范及归宿（道），那么反言之，"明道以即器"是否成立呢？"明道"是为了解决"器用"，即彰明人的价值及精神的目的是调适人类社会及人本身出现的现实问题。这是中国传统哲学的基本旨趣，这一传统可以说是由以孔子为代表的先秦思想家们所开创的。虽然孔子讲"君子不器"，并且"罕言利"，但他"与命与仁"的道德关怀，最终落实到对具体的现实问题的分析和解决。孔子所处的时代是道德普遍缺失、社会秩序混乱的时代，他试图扭转这一局面。譬如当时的鲁国大权被季孙氏、孟孙氏和叔孙氏三家控制，为加强鲁君公室地位，孔子于定公十三年（公元前497）提出"堕三都"（郈邑、费邑和成邑）的尝试，旨在削弱三家的势力。他提出该建议的理由便是："臣无藏甲，大夫毋百雉之城。"[①]因为家臣私藏兵甲、城逾百雉都是不符合礼制的，家臣觊觎鲁国公室更是一种僭越。孔子言："殷因于夏礼，所损益，可知也；周因于殷礼，所损益，可知也。其或继周者，虽百世，可知也。"（《论语·为政》）孔子对礼制的损益是常怀忧患的，并且一直试图用行动来化解此种忧患，

---

① 司马迁：《孔子世家》，《史记》卷四十七，北京：中华书局，1959 年，1916 页。

虽然"堕三都"的失败直接导致了孔子出走鲁国,但我们可以看到孔子为恢复社会秩序而做的努力。孔子的儒家思想正是基于恢复社会秩序、改善社会管理的现实问题考量才得以圆融,得以彰明,才有无穷的魅力。

孔子之后出现了"三家分晋"。在晋文公之时,设韩、赵、魏、智、范、中行氏为六卿,六卿倾轧,赵灭范与中行,后又联合韩、魏灭智,晋国公室名存实亡。至公元前403年,周威烈王承认韩虔、赵籍、魏斯为诸侯,之后韩哀侯、赵敬侯、魏武侯便瓜分了晋国,是为"三家分晋"①。"三家分晋"是春秋、战国之分水岭,当时社会极端失序、人的生活状态急剧恶化、人与人的关系极度紧张。孟子的仁政思想正是在这样的背景下提出,他承续了孔子的思路,思考人在社会中的恰当角色与应有位置。孟子曾与梁惠王有一段对话。梁惠王当时对晋、齐、秦、楚诸国的强劲深感忧虑与无奈,但也表示了"愿比死者一洒之"的坚定决心,孟子随即以鲜明的仁政思想予以回应。其言曰:

> 地方百里而可以王。王如施仁政于民,省刑罚,薄税敛,深耕易耨。壮者以暇日修其孝悌忠信。入以事其父兄,出以事其长上,可使制梃以挞秦楚之坚甲利兵矣。彼夺其民时,使不得耕耨以养其父母,父母冻饿,兄弟妻子离散。彼陷溺其民,王往而征之,夫谁与王敌?故曰:"仁者无敌。"王请勿疑!(《孟子·梁惠王章句上》)

孟子提出施仁政于民的具体措施是省刑罚、薄税敛、深耕易耨,关键是修孝、悌、忠、信。刑罚、税敛、耕耨是"仁政"的外在表现,孝、悌、忠、信则是"仁政"的内在基础,内外措施的结合,才能使人"入以事父兄,出以事长上",才能在诸侯崛起的时代立稳脚跟,所谓"仁者无敌"。

荀子与孟子的思路则有所不同。孟子发扬了孔子"仁"的思想,而荀子则偏重于"礼"的阐发。荀子言:"礼者,所以正身也。师者,所以正礼也。无礼何以正身?无师吾安知礼之为是也?"(《荀子·修身》)荀子强调"礼"的重要性直接与"正身"相关联,"正身"是一切人类活动的基础。诚如孔子所言:"其身正,不令而行;其身不正,虽令不从。"(《论语·子路》)《礼记》亦言:"古之欲明明德

---

① 司马光:《周纪》,《资治通鉴》卷一,北京:中华书局,1959年,第1页。司马光将"三家分晋"事件置于《资治通鉴》首篇,可见其对这一问题的重视。他对这一事件评论道:"天子之职莫大于礼,礼莫大于分,分莫大于名。何谓礼?纪纲是也;何谓分?君臣是也;何谓名?公、侯、卿、大夫是也。"司马光强调天子对"礼"的铺设,强调了名、分之纲纪,君臣有别,公、侯、卿、大夫的秩序也不能乱,他的思路跟孔子的思想基本上是一致的。

于天下者,先治其国;欲治其国者,先齐其家;欲齐其家者,先修其身。"而"礼"的内容即是"正身","礼"是先王之道隆盛的体现,而所谓的"道"不是天之道,也不是地之道,而是人之道,君子之道。"正身"而至于"礼"是人的道德完善的过程,"礼"不是无所不包,无所不能的,而是"比中而行",知其限度而有所止。

在荀子看来,"礼"不仅是具体的规范,更重要的是一种原则。社会问题总是具体的,为了使"礼"融入每个人的心灵中,就要把"礼"抽象化,使其成为一种普遍的原则。当然,"礼"的抽象化并不是将"礼"的具体内容抽离出来,这种原则的普遍性是以现实问题为前提的。"虽王公士大夫之子孙也,不能属于礼义,则归之庶人。虽庶人之子孙也,积文学,正身行,能属于礼义,则归之卿相士大夫。"(《荀子·王制》)由此荀子认为,"礼"可以是社会分化的标尺,对王公士大夫之子孙与庶人之子孙的标准是一致的。

与孟子推"仁"为了巩固王者之政一样,荀子隆"礼"的目的是阐明王制与王霸。"君臣上下,贵贱长幼,至于庶人,莫不以是为隆正,然后皆内自省,以谨于分。是百王之所同也,而礼法之枢要也。"(《荀子·王霸》)这在荀子看来便是天德,是礼法之枢要,是王者之政。荀子对"礼"的内生性并不十分强调,他更多关注的是"礼"的外在教化。其曰:

> 情安礼,知若师,则是圣人也。故非礼,是无法也;非师,是无师也。不是师法,而好自用,譬之是犹以盲辨色,以聋辨声也,舍乱妄无为也。故学也者,礼法也。夫师以身为正仪,而贵自安者也。(《荀子·修身》)

孟子认为,情能安礼、知由师出,这样社会才能在正常的法度内运转。"礼"的原则是可以通过教化来实现的,教化是"礼"的关键路径。

孔、孟、荀是先秦儒家的代表,与他们不同,墨子面对社会问题的解决进路则是"兼爱""非攻"的策略。墨子目睹了天下诸侯以坚甲利兵攻伐无罪之国,"芟刈其禾稼,斩其树木,堕其城郭,以湮其沟池,攘杀其牲口,燔溃其祖庙,劲杀其万民"(《墨子·非攻下》)。诸侯征战,土地荒芜,社会动荡,天道晦暗,不仅使百姓流离失所,朝不保夕,也没能给诸侯自身带来多少实际的利益,反而使他们的处境更加窘迫。如齐、晋、楚、越等好战之国,本就是人不足而地有余,但皆相贼而争地,致使民不聊生,越陷越深。也许诸侯有"兴天下之利,除天下之害"的初衷,但"繁为攻伐,此实天下之巨害"(《墨子·非攻下》)。因此,墨子提出了"非攻"的主张,"非攻"的出发点是为了推行圣王之道,为了国家百姓之利。弥兵息战、休养生息是当时知识界的普遍诉求。

那么"非攻"何以可能?即何以改变天下诸侯既有的观念和做法而采取"非攻"的政策呢?墨子又提出了"兼爱"的理论予以支持,他认为,只要天下兼相爱,国与国便不会相互攻陷,君臣父子皆能孝慈,各得其所,各安其所,天下便能大治。所谓"天下兼相爱则治,交相恶则乱"(《墨子·兼爱上》),"欲天下之治,而恶其乱,当兼相爱、交相利"(《墨子·兼爱中》)。这是天下治理的根本路径,只有这样才能"为人君必惠,为人臣必忠,为人父必慈,为人子必孝,为人兄必友,为人弟必悌"(《墨子·兼爱下》),君、臣、父、子、兄、弟都能找到自己恰当的位置,社会秩序才能理顺,百姓生活才能安宁。墨子主张"非攻""兼爱",旨在"兴天下之大利,除天下之大害",其理论皆以百姓、国家之利为枢要。

不同于儒、墨两家,管仲、商鞅等人从法治的角度切入思考、解决社会问题,确立了法家的基本精神。《论语》有四次提及管仲,可见孔子对管仲的重视。子路、子贡等人都认为管仲不仁,因为在公子纠与桓公争立角逐中,管仲先是辅弼公子纠,而后公子纠被桓公杀死,管仲又转而成为桓公之相。他们认为,公子纠死,管仲当随其而死,不可再俯首于仇仇而为"贰臣",但孔子的看法完全出乎他们所料。孔子言:

> 管仲相桓公,霸诸侯,一匡天下,民到于今受其赐。微管仲,吾其被发左衽矣。岂若匹夫匹妇之为谅也,自经于沟渎而莫之知也?
> (《论语·宪问》)

因管仲"官事不摄""树塞门""有反坫",孔子也曾认为管仲不节俭,不知礼,而且气量狭小。法家处理问题的方式的确不同于儒家。儒家从道德论出发,强调原则的重要性;法家依据法治精神,更重视处理问题的实际效率和最终结果。法家的措施的确有一定的效果。管仲曾依法"夺伯氏骈邑三百",使得伯氏粗饭疏食,生活拮据,无以为继,但伯氏至死也没有丝毫怨言。管子言:"不法法,则事毋常;法不法,则令不行。令而不行,则令不法也;法而不行,则修令者不审也;审而不行,则赏罚轻也;重而不行,则赏罚不信也;信而不行,则不以身先之也。"(《管子·法法》)他强调法令的制定,更重视法令的施行;法治是一种举措,不可巧以诈伪,不可欺以轻重。管仲法治措施主要有三个方面:一是法制不议;二是刑杀毋赦;三是爵禄毋假。如果将这三者施于国则成风俗,其他方面的治理问题便能迎刃而解。尽管管仲有诸多不足,但孔子并不否认他解决现实问题的独到之处,认为他是仁者。"桓公九合诸侯,不以兵车,管仲之力也。如其仁,如其仁。"(《论语·宪问》)

管仲在齐国推行法治,商鞅在秦国施行变法。虽然商鞅随着秦国君主的更替而身殁,但其法却得以保留。商鞅认为"当时而立法,因事而制礼"(《商君书·更法篇》)。法治依据的是现实问题,可见变法在一定程度上有助于对当时秦国社会问题的解决,这是其法被保留的根本原因。"治世不一道,便国不法古。汤武之王也,不循古而兴;殷夏之灭也,不易礼而亡。"(《商君书·更法篇》)除管仲、商鞅外,法家尚有慎到、申不害、韩非等人,共同构成了先秦时代改变社会现状的重要力量,尽管后期法家有极端化的倾向,出现无教化,去仁爱,专任刑法,伤恩薄厚的现象。譬如司马迁对商鞅的评述是"天资刻薄人也"[1],说他在秦国的名声不好。

班固《汉书》列诸子十家,认为孔、孟、荀儒家出于"司徒之官",以仁义为核心,旨在顺阴阳而明教化;墨子开创的墨家则出于"清庙之守",以贵俭、兼爱、尚贤、非攻为旨归;管仲、商鞅、慎到、韩非为代表的法家出于"理官",信赏必罚,以辅礼制。[2] 除儒、墨、法之外,尚有道、名、阴阳、纵横、杂、农、小说各家。班固言:"诸子十家,其可观者九家而已。皆起于王道既微,诸侯力政,时君世主,好恶殊方,是以九家之术蜂出并作,各引一端,崇其所善,以此驰说,取合诸侯。"[3]班固认为,诸子学术虽然各有差异,但是相灭相生的,各家各推所长,穷知究虑,以明其指,但合其要归,皆是六经之支流。

的确,诸子理论总体上是延续了孔子由六经而引入的话题,都是为了解决当时的社会实际问题。他们的学说虽各有侧重,各有进路,但"知行合一"是共同的理论特质,"谐和安宁"是一致的社会诉求。所谓"天下同归而殊涂,一致而百虑"(《周易·系辞下》)。诸子学说开启了中国哲学的全新意境,其后两汉经学、魏晋玄学、宋明理学等无不以此为思想源头。

还需要谈及的是诸子十家中的道家,其出于史官,记述成败存亡之事,省思祸福古今之道,清虚自守,卑弱自持。老子讲"无为",庄子任"逍遥",他们的思路似乎完全不同于其他流派。儒、墨、法、名、阴阳、纵横、杂、农、小说等诸家

---

① 司马迁:《商君列传》,《史记》卷六十八,北京:中华书局,1959 年,第 2237 页。
② 班固:《艺文志》,《汉书》卷三十,北京:中华书局,1962 年,第 1728-1746 页。
③ 班固:《艺文志》,《汉书》卷三十,北京:中华书局,1962 年,第 1746 页。

都是以"知识"为理论基础,而道家主张"绝圣弃智""和光同尘"。老子言:"大道废,有仁义;智慧出,有大伪。"(《老子》第十八章)儒家认为仁义是基本的道德和智慧,但在老子看来世俗的仁义不是真正的仁义,只有废弃世俗的观念才能体悟真实的道德之境。因为眼、耳、鼻、舌、身等感官给我们带来的知识是片面的、局限的,甚至是有害的,"五色令人目盲;五音令人耳聋;五味令人口爽"(《老子》第十二章)。因此,在老子看来我们常常在病态之中而不自知,"知不知,尚矣;不知知,病矣。圣人不病,以其病病。夫唯病病,是以不病"(《老子》第七十一章)。圣人能够"病病",能够找到问题的根结,对症下药。圣人的处方便是"无知无行而无为","不出户,知天下;不窥牖,见天道。圣人不行而知,不见而明,不为而成"(《老子》第四十七章)。但"无为"不是终结,"无为"是为了"无不为","为学日益,为道日损。损之又损,以至于无为。无为而无不为"(《老子》第四十八章)。

老子认为,依"无为"而行,社会便能得以很好治理。所以,道家的目的不是要使人无知无欲,在看似匪夷所思的言论中其实隐藏着天下大治的诉求,这是与春秋战国时代的大语境一致的,只是道家思考的路径、解决问题的方案与众不同而已。老子言:"绝圣弃智,民利百倍;绝仁弃义,民复孝慈;绝巧弃利,盗贼无有。"(《老子》第十九章)绝圣弃智、绝仁弃义、绝巧弃利的目的还是民利百倍、民复孝慈和盗贼无有,还是使百姓能够甘其食、美其服、安其居、乐其俗。庄子有名篇《逍遥游》,其对道家精神有极尽艺术化的描述,言曰:"北冥有鱼,其名为鲲。鲲之大,不知其几千里也。化而为鸟,其名为鹏。鹏之背,不知其几千里也。怒而飞,其翼若垂天之云。"庄子借鲲、鹏之意象写自然逍遥之境,而鲲、鹏意象的隐喻实则是对和谐家园的追求。真正的逍遥是自然与和谐,这是道家的真实心声,他们不是从"知行合一"的视角,而是从"无知无行",或者说"非知非行"的路径,试图探寻谐和安宁的社会及自在无羁的生命境域。老子道法自然的良好初衷,庄子逍遥游的美好愿景,都是当时社会问题的直观反映。

道家思想对中国传统文化生成、发展、演化的影响颇大,汉初有所谓的"黄老之学",倡导"无为而治",对当时社会经济的稳定恢复有一定的积极作用。后至曹魏正始时期,何晏、王弼等人又吸收道家的一些思想,提出"名教出于自然"的主张,开启了"魏晋玄学"的哲学新形态。何晏、王弼以《周易》《老子》等为文本依据和理论基础,极言"贵无",盛唱"言不尽意"。但后世对何、王的批评较多,如司马光言:"何晏性自喜,粉白不去手,行步顾影。尤好老、庄之书,与夏侯玄、荀粲及山阳王弼之徒,竞为清谈,祖尚虚无,谓六经为圣人糟粕。由是天下士大夫争慕效之,遂成风流,不可复制焉。"①司马光对清谈之风是持保留态度的,不主张复制效仿。金末刘祁更认为王弼、何晏等人唯以谈论相高,争尚玄虚,"希高名而无实,以至误天下国家"②。玄学"名教出于自然"的重心在于"自然"而不在"名教",他们试图摆脱儒学的道德束缚,清谈便成了空谈,对社会国家的危害极大。

何晏、王弼之后,阮籍、嵇康等人对玄学进行了修正,提出"越名教而任自然"的主张,思想上与何、王对立。但总体而言,魏晋玄学仍是承续了孔子提出的话题,即如何思考与安排人在社会中的位置。关于名教与自然的辩论,是当时士人对思想出路的探寻,是对社会现实的理论反映。只不过魏晋玄学家们选择了绕开,甚至抛弃儒家的立场,依托道家的理论资源,并将道家思想极端化、片面化。虽然阮籍、嵇康等人有所矫正,但总体而言玄学对道家思想的发扬是不成功的,是建立在对"自然"本意的曲解基础上的,其作风、思想游离于现实社会,放浪形骸,背离名教。

鲁迅曾谈及魏晋风度及文章与药及酒之关系问题,他说:"魏晋时代,崇尚礼教的看来似乎很不错,而实在是毁坏礼教,不信礼教的。表面上毁坏礼教者,实则倒是承认礼教,太相信礼教。"③在鲁迅看来,阮籍、嵇康等人生于乱世,他们对传统道德的批判和偏离行径并非他们的本意,实乃不得已而为之,是对现实社会状况不妥协态度的奇特呈现方式,是社会生活异化的鲜明产物。他们表面上"越名教而任自然",言行极度怪诞,但深层的诉求是想在"自然"的生命状态中寻求"名教"(传统道德)的真实回归。他们接过了孔子的话题,但完全异于孔子的思考路径和解决方式,正因如此,与道家产生了心灵的共鸣,并援引切入了相关命题。只是他们比道家走得更远、更偏,很多后学依样画葫芦,只得其形而不得其神,致使产生很多负面效应,成为社会的巨大流弊,甚至误天下国家。

两晋南北朝之后,佛教思想在隋唐时代大兴,此处不做展开。而至赵宋,

---

① 司马光:《魏纪》,《资治通鉴》卷七十四,北京:中华书局,1959 年,第 1473 页。
② 刘祁:《归潜志》,北京:中华书局,1983 年,第 87 页。
③ 鲁迅:《魏晋风度及文章与药及酒之关系》,《鲁迅全集》第五卷,北京:人民文学出版社,1973 年,第 1384 页。

对传统道德,尤其是儒家思想的解读和阐扬又呈现出新的面貌。宋代儒学被称为新儒学,其在儒、释、道三家合流的思想背景下,引入了新的思维方式,使儒学及道德的讨论重新成为维系社会生活的重要因素。宋人处理思想的方式完全不同于晋人,宋代新儒学显得更自信、沉稳、大气。他们的讨论仍然承续了孔子提出的话题。人自身的处境如何,人如何与天道和合,这是宋儒思考的主要问题。

宋代新儒学的传统是探讨修养论上的"变化气质"与本体论上的"万物一体"如何契合。[①] 关于"万物一体"的讨论由周敦颐、张载发其端。周敦颐认为天地始于"无极","无极"即是"太极","太极动而生阳,动极而静。静而生阴,静极复动"[②],太极的动静生成阴、阳两气,阴、阳变化交融,由此而万物生生不息,而在万物之中只有人才得天地之灵秀。与周敦颐不同,张载则提出"天地之塞"与"天地之帅"的概念。"天地之塞"就人的自然属性而言,是人之体;"天地之帅"就人的社会属性而言,是人之性。张载认为天地万物是与人为一体的,人的自然属性与社会属性能够交融贯通,所谓"民吾同胞,物吾与也"[③]。由此,人在自然中的位置由人的社会属性进一步呈现,而不是脱离社会来空谈人与"自然"的关系。程颢、程颐兄弟将这种思想倾向更加推进一步,不仅认为"万物一体",而且把"万物一体"的重心落在人上,认为不必过多地着眼于对外在事物的探求,而应该把目光放在人身上,应该反求于己,在人的心体上下切实功夫,发现人心的无穷潜能,使人心与圣人之心相默契。程颐认为圣人之心"未尝有在,亦无不在"[④],这是因为圣人之心已与天地万物融为一体,所以能够此心遍在。人心与万物的交融根源于人心之"仁","仁者浑然与物同体"[⑤]。

显然,人心之"仁"是在现实社会的日常生活中彰显的,它又能够与万物相沟通,由此构成了"万物一体之仁"的理论逻辑。这个逻辑是宋儒的基本共识,也是宋代新儒家创新之处。周敦颐、张载、程氏兄弟等人的异见在于如何来把握"万物一体之仁"。程氏兄弟主张从人心的角度来体认,周敦颐是从万物的方面去参究,张载则是这两者的过渡与调和。这两种体认"万物一体之仁"的

---

① 钱穆:《阳明学述要》,北京:九州出版社,2010 年,第 2 页。
② 周敦颐:《太极图说》,《周敦颐集》卷一,北京:中华书局,1990 年,第 3-4 页。
③ 张载:《正蒙·乾称篇》,《张载集》,北京:中华书局,1978 年,第 62 页。
④ 程颐:《谢显道记忆平日语》,《二程集》卷三,北京:中华书局,1981 年,第 66 页。
⑤ 程颢:《元丰己未吕与叔东见二先生语》,《二程集》卷二上,北京:中华书局,1981 年,第 16 页。

不同路向是后来"朱陆之争"及宋明理学开展的理论源头,可以说整个宋明学术都是从这一问题出发的。朱熹认为世间万物"莫不因其已知之理而益穷之,以求至乎其极"①,格物致知的方式,能够使被蒙蔽的人心重新光明照彻,其全体大用亦能自然呈现。诚然,朱熹也认为"仁义"之心是人生而有之的,但是每个人的气质和禀赋不同,因此多数人的心性容易被后天的习染所蒙蔽,需要格致的功夫把遮蔽去除,而格致的功夫又非易事,此时必然需要"先觉"的引领,通过教化人复归本性之善。总体而言,朱熹的进路是依据人的自然属性"即物而格",这不同于陆九渊的反求于心、自觉自悟。陆九渊讲"我心即宇宙,宇宙即我心",将"万物"与"仁心"的通道完全打通,这种方式是内省式的,是个体化的生命体验,不具有普遍性,容易把问题消解,而不利于问题的解决。总之,对"万物一体之仁"的体认,承认"万物"与"仁心"之间的障碍,也都承认障碍是可以消除的,但一种路向认为障碍在外,格物心安,物我无碍;另一种路向则认为障碍在内,我心无碍,物我无碍。前者强调格之于外物,后者重视求之于己心,最后都会归于物我无碍,物我无碍便是"万物一体之仁"。"万物一体"与"变化气质"的相关问题是宋代儒学悬而未决的难题。② 至明代,王阳明致力解决的便是这一难题。王阳明重视对人心的"察省克治"与"扫除廓清"③,承续了宋明理学的思路与脉络,并以此为基础打开了"良知"学说的新境界。

王阳明认为"良知"即"天理"。与"良知"一样,"天理"也不是王阳明的首创,而是宋明理学的常见范畴。"天理"本无善恶、本非善恶,只是分别善恶的一种先天能力,这种先天能力不是外在的,而是内在的;是隐性的,而非显性的。它只存在于人心的昭明灵觉之处,因此"天理只从人心上发,除却人心,不见天理"④。进而作为天理本源的人心即与"良知"相呼应。王阳明认为,良知即是天理,天理即是人心,人心即是良知。王阳明言:

> 良知只是个是非之心,是非只是个好恶。只好恶就尽了是非,只是非就尽了万事万变。⑤

① 朱熹:《大学章句·格物补传》,《四书章句集注》,北京:中华书局,1983 年,第 7 页。
② 钱穆:《阳明学述要》,北京:九州出版社,2010 年,第 9 页。
③ 王阳明:《传习录》上,《王阳明全集》卷一,上海:上海古籍出版社,2011 年,第 18 页。
④ 钱穆:《阳明学述要》,北京:九州出版社,2010 年,第 57 页。
⑤ 王阳明:《传习录》下,《王阳明全集》卷三,上海:上海古籍出版社,2011 年,第 126 页。

　　"良知"是对是非、好恶的判断能力，由此与"天理"相契合，"良知""天理"又会归于"人心"，形成"人心""天理""良知"的逻辑链条。当然，此种逻辑是不假思维的，都是本体论层面的。至此，北宋以来，由周敦颐、张载等人提出的、悬而未决的难题，在王阳明这里以融会调和、易简直截的方式得以初步解决。

　　尽管"良知"即"天理"，即"万物一体之仁"，但是在现实生活场景中，人心往往被私欲功利所蒙蔽。虽然我们也不断接受各种熏习教化，但这种私欲功利之毒害深入心髓，习以成性，使得良知与天理都不得彰显。① 这是王阳明与宋儒所共同面对的问题，宋儒应对的措施是"存天理，灭人欲"②，认为只有革尽人欲，才能复尽天理，呈现良知，其路径是去除人的气质之偏、物欲之蔽以复归"天理"与人的本然心性。王阳明则区别了"人欲"与"天理"，一方面认为"心无内外"，另一方面则强调"事上磨炼"。就"天理"而言是"心无内外"，但就"人欲"而言是"事上磨炼"。王阳明深知人的心性是抽象的，但更是具体的，心性的体悟必然落实到现实的"事件"之中，而不是玄妙的空谈。所以体认"天理"，发明"良知"，贯通"万物一体之仁"，是在日常情境中下去尽功利私欲之弊的功夫。

　　总而言之，王阳明接续了宋儒讨论问题的传统，在宋儒的基础上折中了心之内外的理论判分。他坦承人心的"灵明"是天地万物的主宰，"心"与"物"是一气流通，无有隔断的，人须在事上磨炼才能有精进。因此，王阳明认为知行不可分离，其言曰："知行如何分得开？此便是知行的本体，不曾有私意隔断。"③此即所谓的"知行合一"说，即"致良知"的功夫。王阳明基本上完成了从"天人合一"到"万物一体"再到"知行合一"的理论转化，也用"致良知"调和了朱、陆关于"格物致知"的辩论，贯通了天与人、道与器，这是他的理论贡献。

　　尽管儒家"良知"之说在王阳明的阐扬下而得以进一步彰显，但王阳明殁后，其后学王畿、钱德洪、邹守益、罗洪先、聂豹、王艮等人对阳明心学基于各自的理解而多有发挥诠解，客观上激发了儒家伦理思想的调适转向。尤其至明季，思想界出现了一种所谓亦儒亦禅、非儒非禅的"狂禅"现象。如李贽、颜山农、何心隐、邓豁渠、管东溟等人，他们游离于儒佛之间，又偏离于儒佛之外，处境十分尴尬。他们对中国传统道德的理解、阐释及实践，一定程度上是明季社

---

①　王阳明：《答顾东桥书》，《王阳明全集》卷二，上海：上海古籍出版社，2011年，第63页。

②　朱熹：《朱子语类》第一册，北京：中华书局，1986年，第187页。

③　王阳明：《传习录》上，《王阳明全集》卷一，上海：上海古籍出版社，2011年，第4页。

会政治在思想困境上的折射。其所激荡的"狂禅"逆流带来了极大的负面效应，因此以顾宪成、高攀龙等人为代表的东林学派对其提出了强烈的批评。东林学派旨在扭转王学末流对心学所做的极端解读，不仅影响了明季思想界，而且也进一步加剧了明末社会政治的动荡。

就传统文化的整体视域而言，宋代理学、阳明心学乃至阳明后学、东林学派，依然承续着孔子的话题，以各异的方式游走于道器之间；依然探讨现实人生与理想境域的关涉问题，都是对儒家伦理的继承、修正、阐扬及发展。至明清易代之际，此种承续依然展现出强劲的活力，以积极的心态应对社会现实问题及士人严峻处境的强烈冲击。由于社会样态、政治生活的场景切换，明清之际的学术，其旨趣迥异于以往。明代以"心学"为盛，至清代则大谈"朴学"。与"心学"相较，"朴学"更关注对现实问题的观察、分析、研究与解决，以作为复兴家国的思想基础。因此"朴学"更具有实用性，它的道德规范往往不离事功，强调"学问不当求诸冥想，亦不当求诸书册，惟当于日常行事中求之"①。所谓"载诸空言，不如见诸行事"。

由顾炎武、黄宗羲、王夫之等人所倡导的"朴学"之风在很大程度上修正了明季以降的"狂禅"逆流对道德阐释、生命观照的极端趋向。如顾炎武主张温和的社会变革，强调在不变之中寓变化之制，由已变之势复创新之规。他认为在圣贤六经旨趣基础上要不断探究"国家治乱之源，生民根本之计"②，认为圣贤的学问就在日常生活的平易之处，而不是玄虚空洞的性命、天道及良知之中，或者说，圣贤所谈的性命、天道及良知是与日常生活密切关联的，是生活的鲜活呈现。与顾炎武一样，黄宗羲亦把学问与道德建立在"事功"之上，所谓"古之君子有死天下之心，而后方能成天下之事；有成天下之心，而后才能死天下之事。因此事功与节义，其理无二致"③。黄宗羲认为"事功"与"道德"（节义）是不相违背的，他对道德的议论旨在为"天下为主，君为客"的政治事功提供理论支撑。将传统伦理实用化旨趣推向极致的是王夫之，他倡言天理即在人欲之中，不能离开人欲而空谈天理；人欲是人的日常生活范畴，人不可能离

---

① 梁启超：《清代学术概论》，北京：中华书局，2010年，第10页。
② 顾炎武：《亭林佚文辑补·与黄太冲书》，《顾炎武全集》，上海：上海古籍出版社，2012年，第738页。
③ 徐开任：《明名臣言行录》，上海：上海古籍出版社，1995年，第231页。

开生活而存在。因此,在政治上他很自然地得出"平天下者,均天下而已"①的结论。

以上笔者对中国传统文化的精神形态进行了论述,依然是采用以点带面的方式,重点探讨了先秦子学、魏晋玄学、宋明理学、清代朴学等思想内容。我们在社会与人生的场景中,透过一层层思辨的哲学帷幕,发现了人的价值与道德属性。的确,中国传统文化精神形态必然具备这三个元素:一是社会与人生的现实场景;二是思辨的哲学语言;三是人的价值与道德。社会与人生的现实场景与传统文化的物质形态相关联,社会现实是人类直接面对的话语场景,一方面要与生存环境及自然沟通,以解决人类生存的基本物质问题,另一方面要与人类自身构建的客观社会联系,以便更有效地解决生活面临的诸多难题。思辨的哲学语言与传统文化的符号形态相关联,哲学语言是人类对客观世界抽象的言说方式,是传统文化物质形态的总结与延展。人的价值与道德是传统文化精神形态的核心部分,是哲学语言所要表达的本质内涵。人的意义,人的情感诉求,人的价值选择及其对世界的体认,反映了人在世界中的处境及生存状态,尤其是精神状态。

中国传统文化就是在不断地寻找、诠释道德良善的根基、可能与实现,这一命题首先由孔子明确提出与阐扬,他所提出的话题与采用的诠释路径贯穿着传统哲学乃至整个传统文化的发展。传统文化"知行合一"的道德诉求,实际上是和谐安宁的精神世界及现实生活,它是从最平实处生发出的思想样态,因此具有顽强的生命力与坚实的成长土壤。孔子以降的诸代思想家都在竭力呵护、创造、培育这一土壤,强调传统文化精神形态的教育功能,重视文化的生成及传承,他们往往既是思想家又是教育家。

概而言之,中国人"经世致用"的生活态度,"平和淡雅"的审美倾向,"知行合一"的道德追求构成了传统文化主要的思想内容,其务实而求真的精神、简约而宏大的格局、和谐而澎湃的品质贯穿其中。可以说,探求真理、创造美好、寻找良善是中国传统文化的根本基调。真、美、善都是围绕着人在自然与社会中的位置,人与人、人与社会的关系问题展开的,是一个问题的三个面向,中国传统文化从未将这三个方面割裂开来审视。麦金泰尔曾提出 after virtue 的命题,有理解为"追寻美德"的,也有解释为"美德之后"的。"追寻美德"强调的

---

① 王夫之:《宋论》,《船山全书》第十一册,长沙:岳麓书社,2011 年,第 135 页。

是道德的建立，"美德之后"则关注道德确立之后的问题。章学诚所言"即器以明道"凸显了道德的重要性及归属性，但"道""器"本不分裂，因此"明道"亦以"即器"，正如"追寻美德"与"美德之后"的关系一样，"明道"与"即器"没有时间的先后，只是问题讨论的逻辑先后而已。因此，"真"不是问题的开始，"善"亦非问题的终结。孔子曾有一则极易被误解的言论，曰：

> 君子谋道不谋食。耕也，馁在其中矣；学也，禄在其中矣。君子忧道不忧贫。（《论语·卫灵公》）

不是不谋食，而是在忧道的过程中食自然而然就实现了，所以讲"学也，禄在其中矣"。孔子尤其凸显了"道"之"善"，并将"器"之"真"蕴藏于"道"之"善"中，认为道德的完善必然导致物质层面的实现。所以孔子的思路是先"追寻美德"，"美德之后"自然有良好的社会秩序、谐和的日常生活、充实的精神生命。

孔子的议论代表了中国传统文化基本的表达方式和精神内涵，正如前文所言，这与西方文化有很大差异。西方哲学，尤其是古希腊哲学传统，其对话的形态制约了自身所获取的意识，并不具有孔子所代表的中国文化的精神。当然，本书对于连关于孔子的论述持不同的看法。于连认为，孔子言说的目的不是到达真理，所以不能够辩证地发展；孔子思想在人们把它改变成为话语时，就趋于消失，因为它没有任何要揭示的东西。于连进一步认为，孔子思想属于另一种不同于西方的类型，它并不是精神与物，而是行为与环境之间的适应。[①] 中国文化的确不同于西方文化，它的确是在不断寻求行为与环境之间的适应，但它是真实的精神与物，通过话语，揭示真理。黑格尔对中国传统文化亦颇有微词，他基于想象的"绝对精神"，不能理解像中国文化这般坚实地根植于现实生活及对自然宇宙观察而熔铸与升华的"精神"现象。加之中国传统文化固有的"迂回"表达方式，诸如前文于连所论述的，以及孔子"谋道不谋食"等的议论，可以理解黑格尔很难进入中国文化的语境之中，因而很难把握中国文化的精髓。于连的情况稍好一些，但他与中国文化的隔阂依然存在。中国传统文化是现实生活面向与精神生命面向的无缝交融，任何尝试将两个面向分开分析的尝试都必定是失败的，都将无法进入中国传统文化的真实意境。关于生活和生命的话题，本节只从文化形态的角度引出，待下文展开讨论。

---

① 于连：《迂回与进入》，杜小真译，北京：生活·读书·新知三联书店，1998年，第226页。

二、传统文化的存在条件及相关理论

人类文化的创造基于人类的生存及持续的活动,人类的生存与活动又依赖于一定的自然条件和社会条件,诸如地理、气候、经济、政治以及人类自身的发展。

这些因素是人类生存及活动的基础,不同的地理、气候、人种特征以及经济、政治环境对文化的形成和发展有重大的影响,甚至形成不同的文化类型,中西方文化的差异,在一定程度上即体现了这一点。

中国的地理环境客观上存在着由南到北的温度和湿度的渐次差异,以淮河、秦岭为第一条分界线,南方以水稻种植为主,北方以粟为主;秦汉长城为第二条分界线,分界线以北以牧业为主。① 中国地理、气候的区域性差异导致了区域生产、生活方式的差异,进而导致区域文化形态的差异,而各种不同的文化形态又不是孤立的。虽然有明显的地理分界,但中国的各民族是内聚的,经济是互存的,因而文化类型能够相互融合。就全球视野而言,中国东临沧海、三面环山的独特地理环境,使其在古代世界格局中能相对地独立,较长期地维持大一统的政治局面,使中国文化能够在复杂的历史变迁中不断积蓄发展的动力。另外,自古以来,中国的人口数量居世界首位,而绝大部分人口又主要集中在东南农耕区域,使得人口的增长与可耕土地之间的比例严重失调,因而中国向来重视精耕细作,最高效率地使用有限的耕地。这是古代农业社会影响发展的重要因素,也是凝铸安土重迁、乐天知命民族性格的物质基础。

中国传统文化是在中原农耕文化与周边游牧文化长期冲突交融过程中逐渐完善发展的。《诗经》对此有很多描写,其中《采薇》篇言:"采薇采薇,薇亦作止。曰归曰归,岁亦莫止。靡室靡家,猃狁之故。不遑启居,猃狁之故。采薇采薇,薇亦柔止。曰归曰归,心亦忧止。忧心烈烈,载饥载渴。我戍未定,靡使归聘。"《采薇》所述"猃狁之故"即《国语·周语上》所言"穆王征犬戎"之事,"犬戎"即《诗经》中常见的串夷、混夷、猃狁,是西部羌族,为周人西北边的劲敌。② 古代中原与边远地区在冲突中不断促进文化的交流与涵化,使传统文化的时

---

① 田广林:《中国传统文化概论》,北京:高等教育出版社,1999年,第18页。
② 徐中舒:《先秦史论稿》,成都:巴蜀书社,1992年,第167页。

空更开阔,元素更丰富,效应更深远。

诚然,自然环境与社会环境对传统文化的塑造、发展有巨大影响,其路径多元、程度深远,构成了传统文化存在的重要条件,但地理、气候、人口等不是传统文化存在的决定性因素,经济、政治本身又是人类活动的产物。关于文化存在和发展有两种典型的错误理论:一种是地理环境决定论,另一种是人口决定论。

地理环境决定论可以追溯到古希腊的希波克拉底(Hippocrates),他认为人类的特性源于气候因素。其后,亚里士多德(Aristoteles)也认为地理、气候、土壤等条件能影响民族的特性与社会的组织形式。这一论点在一定程度上解释了当时希腊半岛各民族的历史发展进程,但如果将其普遍化,广泛地用以解释各种社会发展以及文化现象则是偏隘的,甚至是荒诞的。至启蒙时期,孟德斯鸠(Montesquieu)还持此种地理环境决定论,认为宜人的气候能带来坦诚的风尚,产生和善的法律。[①] 之后的巴克尔(Buckle,1821—1861 年)在《英国文明史》也认为个人和民族特征服从于自然法则,人类只不过是自然的一部分,人类历史同样受自然规律的支配。文明冲突论的倡导者亨廷顿(Huntington,1927—2008 年)也提出"文明与气候"的相关理论。更有日本学者田家康撰《气候文明史:改变世界的八万年气候变迁》认为气候变动催生了文明。[②] 总之,地理决定论者将地理环境、自然条件作为社会发展的决定性因素,人同植物一样是自然环境的产物,人的生理、心理,以及人口分布、种族特征、文化样态皆受制于自然环境。

另一种理论是马尔萨斯(Malthus,1766—1834 年)的人口决定论,他认为"人口的增殖力无限大于土地为人类生产生活资料的能力。人口若不受到抑制,便会以几何比率增加,而生活资料却仅仅以算术比率增加。懂得一点算术的人都知道,同后者相比,前者的力量多么巨大"[③]。人口增长的因素是极为复杂的,不一定出现几何比率的增加,因此所谓的"马尔萨斯陷阱"也不一定出现。人口与人类活动,尤其是与本书所讨论的人类文化活动之间的关系显然不会以马尔萨斯所提出的原理的方式呈现。当然,马尔萨斯的人口理论是在

---

①　孟德斯鸠:《论法的精神》,张雁深译,北京:商务印书馆,1961 年,第 72 页。

②　田家康:《气候文明史:改变世界的八万年气候变迁》,范春飚译,北京:东方出版社,2012 年,第 67 页。

③　马尔萨斯:《人口原理》,朱泱、胡企林、朱和中译,北京:商务印书馆,1992 年,第 7 页。

法国革命所引起的政治争论背景下提出的。他的旨趣并不在于研究具体的人口原理,而是为了适应政治斗争的需要。

与两种决定论不同,马克思所主张的是能动的反映论。诚然,能动的反映论是认识论的范畴,但它的某些特征用以解释文化现象显然较为有效。马克思强调物的因素,认为"物质生活的生产方式制约着整个社会生活、政治生活和精神生活的过程。不是人们的意识决定人们的存在,相反,是人们的社会存在决定人们的意识"①。马克思此处主要讨论的是存在和意识之间的关系以凸显物之存在的关键作用,我们尚无法判断其与地理环境决定论及人口决定论的区别,因为决定论者所依据的地理、气候、人口也是物的因素,但马克思不止于此,他所指明的物的因素不是脱离人之外的,或者说他更强调物质基础上的人的因素,认为宗教、道德、艺术、法律、科学、家庭、国家等人类文化也是生产的特殊方式,也受普遍规律的支配。② 马克思和恩格斯认为,人不仅是物质资料的生产者,还是自己的观念、思想的生产者,而且这里的人是现实的人,是从事具体活动的人。现实的人受两种因素制约,一是生产力,二是人与人之间的交往。③ 因此,马克思和恩格斯所讲的人是立体的人,而不是决定论者所说的平面的、纯粹物理的人。人的立体性关键在于社会现实生活中的具体生产活动。

我们考察传统文化的主要形态、存在条件及精神,都应关注对人的立体性的考量,在社会现实生活中的具体生产活动的视野下把握传统文化存在条件的能动特质。中国人的能动性是传统文化存在的决定性因素,尽管地理、气候、人口在很大程度上影响着文化的塑形、变迁和发展。中国人的能动性不仅体现在对自然和社会的改造方面,自然和社会是人类活动的直接对象,对它们的调适、改造是顺理成章的;更重要的是,中国人有极强的自我革命即自我改造的能力,这种能力源于自我省思的冲动,是文化前进和发展不可或缺的动力。

① 马克思:《政治经济学批判》,《马克思恩格斯全集》第十三卷,北京:人民出版社,2006 年,第 8 页。

② 马克思:《1844 年经济学哲学手稿》,《马克思恩格斯全集》第四十二卷,北京:人民出版社,2006 年,第 121 页。

③ 马克思、恩格斯:《德意志意识形态》,《马克思恩格斯全集》第三卷,北京:人民出版社,2006 年,第 29 页。

自我改造依据教育的作用而导致"气质"的变化,是自身"良知"发现的有效途径,具体落实到自然改造和社会改造的行动之中。自我、自然、社会三大改造是内外联动的机制,是"知行合一"的过程。传统文化讨论的"心""物"关系正是在此意义上而言的,它们所表征的"意识"和"存在"从来不是孤立的。从这一视角来看,传统文化的精神能与马克思的理论相契合。问题的关键在于如何解释或体认"心"(意识)"物"(存在)之间的联系。传统文化诉诸人心向善的"良知"功能,一种类似于先验论的诠释方法。但正如前文所论,传统文化的先验性是不完全的,它的基础仍然是后天的经验,根植于现实的日常生活,在人的具体的活动之中,仍然是"心—物"互动的逻辑。在互动当中,人的能动性得以展现。按照恩格斯的理解,"我们自己创造着我们的历史"[①],诚然,这种创造是在十分确定的前提和条件下进行的,譬如经济、政治、传统等,其中经济的前提和条件是决定性的。我们所创造的历史自然包含我们所创造的文化。

历史知识并不只是关心遥远的过去的事件,更是关于心灵在过去所做的事情的知识,同时也是这些事情的再现,并使其在当下的语境中发挥效应。[②]文化从某种程度上讲是历史知识的积淀,人在历史轨迹中的活动所体现的能动的创造性成就了文化的动态特性。每一种元素交互作用,交织成绚烂的文化图景,呈现出美好的人类心灵和精神。前文所言的章学诚"即器以明道"的方法正是精准地把握了文化的这种动态特性。文化的动态性解释了传统文化的变迁与发展,发展的每一个阶段所具备的特征,以及之所以导向特定境域的原因都能与历史的轨迹符契相合。传统文化从历史的角度解读是纵向的动态性理解,如果从文化交流或文化涵化的角度考察则是横向的动态性理解,这是理解传统文化需要关注的两个重要维度。既然传统文化是运动的,不是静止的,那么促使其运动发展的动力是什么,途径是什么? 传统文化发展的动力就是以劳动形式呈现的中国人的不懈奋斗,发展的途径则是"创造性转化"。本书将在下文设专章论述传统文化创造性转化、创新性发展的相关问题。

---

① 恩格斯:《致约瑟夫·布洛赫》,《马克思恩格斯全集》第三十七卷,北京:人民出版社,2006 年,第 461 页。

② 柯林伍德:《历史的观念》,尹锐、方红、任晓晋译,北京:光明日报出版社,2007 年,第 168-169 页。

第二节　传统文化在生活情境中的还原

马克思和恩格斯在《德意志意识形态》中有一段关于意识与存在的经典论述,笔者摘引于此以进一步分析传统文化的现实生活性。此段文字出现在第一章"费尔巴哈:唯物主义观点和唯心主义观点的对立":

> 思想、观念、意识的生产最初是直接与人们的物质活动,与人们的物质交往,与现实生活的语言交织在一起的。人们的想象、思维、精神交往在这里还是人们物质行动的直接产物。表现在某一民族的政治、法律、道德、宗教、形而上学等的语言中的精神生产也是这样。人们是自己的观念、思想等等的生产者,但这里所说的人们是现实的、从事活动的人们,他们受自己的生产力和与之相适应的交往的一定发展——直到交往的最遥远的形态——所制约。意识在任何时候都只能是被意识到了的存在,而人们的存在就是他们的现实生活过程。[①]

在这段论述中,马克思和恩格斯认为,思想、观念、意识及它们的表现形式政治、法律、道德、宗教、形而上学等都直接源于人类的物质交往和现实生活。思想、观念、意识等人类精神的创造者是人,而不是其他。人不是抽象的,是现实的、从事活动的具体的人。人类的活动能力和创造能力似乎是无限的,但依然受生产力和与之相适应的交往所制约。生产力是现有的物质状态,决定了当下能力的边界;人类交往则能提供一个通道,使信息、知识等以文化的形态得以传递和传承。所以马克思和恩格斯认为"意识在任何时候都只能是被意识到了的存在",这种存在的限制性正是现实生活的体现,人类能够通过自身的能动性使限制的边界不断扩张,正如马克思和恩格斯所说的"人们的存在就是他们的现实生活过程"。

诚然,《德意志意识形态》并非直接论述文化问题,而是旨在通过对青年黑格尔派和费尔巴哈人本主义的批判,以进一步发展《神圣家族》和《关于费尔巴

---

① 马克思、恩格斯:《德意志意识形态》,《马克思恩格斯全集》第三卷,北京:人民出版社,2006年,第29页。

哈的提纲》的思想逻辑,进而系统阐述唯物史观的基本原理。我们的视线则将由《德意志意识形态》聚焦到对传统文化现象的探讨,进一步分析传统文化为什么具有现实生活性,如何具有现实生活性,传统文化现实生活性的特质是什么。通过对这些问题的探讨,试图发现现实生活的文化基因,并最大限度地还原此种情境,因为只有在生活情境中才能恰当地理解源于现实生活的传统文化的诸多现象,包括传统文化的形态、生命观照及基本精神。

一、现实生活的文化基因发现

传统文化不仅是以物质形态或非物质形态表现的历史遗存,诸如古代建筑、器物、服饰、文字、语言、技术、习俗等都是传统文化的范畴;更以精神形态融入现实生活之中而得以传承,在生活情境中我们可以发现传统文化的基因。这种基因似乎有一定的先验性,我们往往能够与其不期而遇,浑然不觉地使用着它,接受着它,传递着它,似乎与我们的生命形成了某种同构。我们能真切地感受到文化基因的存在,但要认识它、了解它则只有在现实生活的具体情境中才有可能,因为文化的根源在现实生活,在生活中呈现着它完整的面貌,它的温度,它的人文关切。

在此,我们仍以《论语》切入对现实生活文化基因问题的讨论。《论语》记载有一则孔子家中马房失火的事件,其文字极其简练,但意味尤为深长。其文曰:

> 厩焚。子退朝,曰:“伤人乎?”不问马。(《论语·乡党》)

此则文字文义并不艰涩,易于理解。孔子家中马房被火焚毁,他退朝回到家中,第一件事便是询问有没有伤到人,而并未询问马匹的情况,这非常形象地体现了孔子的“仁爱”之心与极大的人文关怀,与孔子一贯的思想是一致的。但众所周知,中国古代文献极为特殊,此则原始文句应是无句读的“厩焚子退朝曰伤人乎不问马”,那么问题便产生了,此则文句是否还有其他的句读可能性?的确,我们可以将其句读成另一种形式:

> 厩焚。子退朝,曰:“伤人乎?”不。问马。(《论语·乡党》)

这时的句读是将“不问马”断开。孔子询问“伤人乎”,家人回答“否”(“不”通“否”)。孔子得知未伤到人后接着询问了马匹的情况。同一个“厩焚”事件,两种句读呈现了两种有较大差异的场景。那么,两种句读,或两种场景,哪一种更真实呢? 或者说,哪一种场景是当时的真实生活场景呢? 随着文句意思的变化与推进,我们找到了重新审视孔子思想的切入口。旧句读给我们的提示是孔子当时是"问人而不问马",新句读则是"先问人,后问马"。显然,这是两种完全不同的心灵状态。

那么,除了这两种状态之外,是否还有其他的情况呢? 另外有三种情境:一是"先问马,后问人";二是"问马而不问人";三是"既不问人,也不问马"。这三种加上前面的"问人而不问马"和"先问人,后问马"两种,共五种情境反映了人类心灵(人性)呈现的五种状态。"先问马,后问人"是不近人情的,我们往往不喜与此种人交往,避而远之,因而导致文化的互动受到阻碍;"问马而不问人"是泯灭人性的,我们怀疑能否在"人"的意义上来定义此种人;"既不问人,也不问马"则是既泯灭了人性,也泯灭了兽性,此种人必定是冷酷的,麻木不仁且没有丝毫人的温度,不具有"人"这一范畴的基本元素。此种人似乎此心如如不动,给人以"超然物外"的假象,但"超凡入圣"肯定不是如此。我们设想的这三种人在现实生活场景中都是存在的,但他们必然为孔子所摒弃与批判,也必然不是中国传统文化的基因要件。那么,孔子的态度也许就在"问人而不问马"与"先问人,后问马"之中,中国传统文化的主流精神也在这两者之中。"问人而不问马"是"仁爱"的,有人情的温度,是人性的直接反应,是接近于人的"良知"的,若能达到这一程度已经是难能可贵,但孔子或许不处于这一状态。孔子的状态大概率是前文的第二种句读,即"先问人,后问马"。"先人后马"的状态也是"仁爱"的,或许更有"博大"的成分,这种状态相较于"问人而不问马"更加从容、更加开阔,更接近于真实的生活。立体的孔子形象非常自然地呈现在我们的面前,他是一个真切的、真实的、真诚的人,能够感动我们,而没有丝毫的刻意与慌张,一切都是自然而然的"良知"流露。"问人而不问马"是直接将一个圣贤、一个超然的高人形象放在我们面前,语境是虽有问而无答,但这样的情景略显突兀、刻意。"先问人,后问马"则是把一个真实的人放在我们面前,在有问有答的生活场景中,我们可以通过与他的对话交流感受到其人格的伟大。这是"由人而圣""由凡入圣"的路径,更符合中国传统文化的生活与生命逻辑。传统文化的逻辑是不会也不能脱离现实的、真实的生活场景来理解的。圣贤之所以为圣贤,是因为圣贤同样是人,具有人的品格,而不是超然物外、远离烟火的生命存在。

《论语》中有很多文句可以印证真实的孔子形象,他的现实生活性和"由凡入圣"的精神品格,譬如《宪问》中的一则,其文曰:

> 或曰:"以德报怨,何如?"子曰:"何以报德? 以直报怨,以德报德。"(《论语·宪问》)

此则是关于"报怨"与"报德"的讨论。"报德"部分没有争议,必然是"以德报德",而"以怨报德"显然是不可取的。那么何以"报怨"呢? 是"以怨报怨",还是"以德报怨"? "以怨报怨"显然是孔子所不赞同的,而学生所说的"以德报怨"也未被孔子所认可,孔子的方案是"以直报怨"。"以怨报怨"更多的是不必要的情感的宣泄,而事件的真实面貌容易被"怨恨"所蒙蔽,往往做出不恰当的抉择和行动;"以德报怨"看似理性,满溢着"仁德",但这易于偏向原则的缺失,进而导致立场的失守。在"仁德"的名义下,"仁德"会无形地泛化,很难形成"仁德"的事实和结果。在这种情况下,"怨"不但不会抚平,甚至可能纵容和培育出更多、更大的"怨",促使事情进一步恶化,而无法根本性解决问题。孔子"以直报怨"的方案非"怨"非"德"而取"直",他在"怨"和"德"之间寻找了一条更理性、更真实的道路。"直"是事实和现实,是事件的真实面貌。"以直报怨"即依据实际情况来解决"怨",该"以德"便"以德",该"以怨"便"以怨"。这是孔子一贯的风格与智慧,是源于现实生活的真实的孔子形象。他依事实判断,用事实说话,用现实的方法解决现实的问题。

孔子家中马房失火事件折射了中国传统文化基因根植于现实生活的特质,传统文化是与现实和事实直接相关的,是在解决现实问题的过程中逐渐凝练、积累和发展的。诚然,孔子只是儒家文化的典型代表,不足以说明中国传统文化的全貌,但随着考察的深入,我们会发现传统文化基因的现实生活性是普遍的。譬如老子、庄子这类看似逍遥无为、自觉远离社会的思想家,也是以现实问题为切入点,去寻求社会现实难题的解决方案。整个先秦思想界如此,乃至整个古代中国思想界亦如此。中国人向来不是为了思想而思想,也不是为了文化而文化。中国人的创造,无论是物质的,还是符号的和精神的,都有"经世致用""知行合一"的特质。传统文化追求和谐,人的现实社会生活与心灵精神的平衡和谐。

前文以孔子家中马房失火事件为例,通过语言文字分析了传统文化的现实生活性。但语言文字的"歧义性"或"不可读性"对文化传递具有一定的功能限制,使人无法准确地传递或无法准确理解文化的含义。因此,我们需要尝试各种方法,试图再现当时的真实场景。我们需要融入场景之中,找到生活的现实依据才能恰当地理解传统文化,才能感受到传统文化的精神生命。由此,生活情境(场景)的主体参与显得尤为重要。主体的参与即主体的"在场"(Anwesenheit)。主体不是被动的,而是在互动中彰显无限的能动性。我们作为主体,既是传统文化的接受者、理解者和解读者,也是参与者、创造者和传递者。

海德格尔(Heidegger,1889—1976 年)对主体的"在场"概念有系统的论述,认为"此在的世界所开放出来的有这样一种存在者:它不仅根本和用具与物有别,而且按其作为此在本身存在这样一种存在的方式,它是以在世的方式在世界中,而同时它又在这个世界中以世界之内的方式来照面"[①]。我们可将海德格尔的"此在"(Dasein)理解为"主体"(Subjekt);"世界"(Welt)理解为由现实生活所建构的传统文化世界;"照面"(zu Angesicht)理解为"主体"与"传统文化世界"的沟通互动,是主体融入现实生活情境,融入传统文化语境的行动。海德格尔强调了"照面"的方式是"在这个世界中以在世界之内的方式"。我们对传统文化的体认也应以"在传统文化之内"的方式,而不是作为旁观者"在传统文化之外"。

我们也曾提及把握传统文化精神的章学诚的方法,他的"即器以明道"的思想似乎与海德格尔的理论在此产生了交集。我们也许可将"即器"诠释为主体的参与及"在场","明道"则是对传统文化的精神把握,并将此种精神进行时代性转化,进而有效地应用于现实生活,并通过教育使其得以传承。

二、传统文化的生活情境还原

在海德格尔看来,人类主体于世界的在场是认识世界的有效方式。这对体认传统文化的启示是我们必须融入传统文化之中,在传统文化的情境中在场。传统文化是可以被体认的,它不是康德所说的自在之物(Ding an sich)。康德认为物自身(自在之物)是不可认识的,在康德的先验反思中,任何时候如

---

① 海德格尔:《存在与时间》,陈嘉映、王庆节译,北京:生活·读书·新知三联书店,1987 年,第137 页。

果仅仅是感性条件下的概念把握,那都将不是空间和时间的物自身的规定,而只是显像的规定。"物自身可能是什么,我不知道,也不需要知道,因为毕竟除了在显像(Erscheinung)中之外,一个事物永远不能以别的方式呈现给我。"① 即使我们能够通过纯粹知性去阐释物自身,也必然是徒劳的,因为我们所阐释的仅仅是显像,而不可能是物自身。的确,传统文化是一种显像,而不是物自身,但这不影响我们对传统文化的理解与把握。

为了认识世界,康德诉诸纯粹理性,认为"意识的综合统一是一切知识的一个客观条件,不仅我自己为了认识一个客体而需要这个条件,而且任何直观为了对我来说成为一个客体也都必须从属于这个条件,因为以别的方式,没有这种综合,杂多就不会在一个意识中结合起来"②。康德将纯粹理性规定为"意识的综合统一",物自身则是"对我来说成为的一个客体"。那么,对我们而言这个客体就是传统文化。传统文化不仅不是自在之物,而且是与我们共在的存在和客体。

海德格尔拓展了康德对物自身的探讨,提出了此在的概念,此在是与他者共在(Mitsein)的存在,它消融在对象客体之中,能感知对象传递的精神而又能保持其自身独立的思想特质,主客体的消融而不消失是两者共在的生存机制。海德格尔认为"这个存在者既不是现成的也不是上手的,而是如那有所开放的此在本身一样,它也在此,它共同在此"③。共在是对世界的分有,"由于这种有共同性的在世之故,世界向来已经总是我和他人共同分有的世界。此在的世界是共同世界。'在之中'就是与他人共同存在。他人的在世界之内的自在存在就是共同此在"④。他人不局限于人,而是更广泛的他者,也包括我们所讨论的传统文化现象。

我们与作为他者的传统文化照面,会经历相遇、融入、互动、回归、还原的共在过程。主体(我们)与传统文化(他者)的这种共在过程是动态的,各种信息在共在动态中汇聚交流,产生崭新的力量。此时文化精神得以创造与分有,

① 康德:《纯粹理性批判》,邓晓芒译,北京:人民出版社,2004年,第260页。
② 康德:《纯粹理性批判》,邓晓芒译,北京:人民出版社,2004年,第121页。
③ 海德格尔:《存在与时间》,陈嘉映、王庆节译,北京:生活·读书·新知三联书店,1987年,第137页。
④ 海德格尔:《存在与时间》,陈嘉映、王庆节译,北京:生活·读书·新知三联书店,1987年,第138页。

种种新的元素不断地汇入传统文化之中,而传统文化的诸多信息也因我们的"同情"①而与我们的生命产生联系,甚至形成某种同构。一方面主体对传统文化的达成体认,另一方面传统文化又对主体的形成涵养,在互动与融合中构建共在状态,但这一状态是一个以主体为主导的,"对他人来照面的情况的描述却又总是以自己的此在为准"②。因此,主体要具有开阔的文化视野,以接纳更丰富、更真实的文化基因;亦要养成敏锐的文化自觉,以更开放的姿态培筑文化发展的土壤。

康德认为感性所认识的对象在一定的空间和时间中,据此,我们所融入的文化场景也具有时空(space-time)的多维性,而时空的多维性又决定了传统文化情境的多维性,具体而言应有三个维度:一是古代中国社会的生活情境;二是当下中国社会的生活情境;三是未来中国社会的生活情境。传统文化虽溯源于古代,但其效应显然突破了古代的时空限制而对当下和未来产生深远影响,因此不仅有对古代中国社会生活情境的体认,更有对当下中国社会生活情境的把握,也有对未来中国社会生活情境的展望。我们与古人处于不同的时空,但两者是共在的,可以通过情境的"同情"进行交流。但我们对他者的情境"同情"不可避免地存在不可读的因素,或者说传统文化古代形态的回归与还原,有一定的认知边界。当然,我们不满意于这种边界的限制,所以一直寻求突破,希望去感知最真实的传统文化,以及最真实的自我。传统文化的当下解读和融摄及传统文化的未来预期和铺设便是这种边界拓展的有效尝试。

关于传统文化场景考察的视域(世界)问题我们已清晰地给出了结论,我们是融入传统文化多维情境的在场,是此在,更是共在。我们是传统文化时空交汇的见证者和创造者,多个场景的交汇与融合造就了我们的文化品格,也熔铸了自身的精神特质。当下的我们以积极的文化自觉去体认过往,把握当下,展望未来。传统文化的当下解读和融摄无疑是非常关键的,在与传统文化的共在中以当下的我们为主导,我们依据现实生活去解读传统文化,无论是有意识的,还是无意识的,都是我们与传统文化的"同情"。尽管当下情境最先与我

---

① 斯密:《道德情操论》,余涌译,北京:中国社会科学出版社,2003 年,第 3 页。斯密认为,由于我们对他者的感觉不可能有亲身直接的经验,所以也就不可能有他们所感受的情境的概念,除非通过想象在类似的情境中我们会有什么样的感觉。这便是"同情",即情感之所同。

② 海德格尔:《存在与时间》,陈嘉映、王庆节译,北京:生活·读书·新知三联书店,1987 年,第137 页。

们"照面",但往往最易被忽视。一方面是文化的自觉,另一方面是主体的无意识。我们尝试去窥探我们在传统文化中的消融,而未察觉我们早已消融在日常的现实生活中。海德格尔认为,我们是日常生活中的常人,"日常生活中的此在自己就是常人自己。一作为常人自己,任何此在就涣散在常人中了,就还得发现自身"①。自身的发现也并非易事,因为我们往往与被遮蔽的自身错失。"在其日常存在方式中的存在建构其本身就是那个最初错失自身和遮蔽自身的东西。"②"自身"在海德格尔看来即是"本真",它是与日常生活中的常人相区别的。"本真的自己存在并不依栖于主体从常人那里解脱出来的那样一种例外情况;常人在本质上是一种生存论上的东西,本真的自己存在是常人的一种生存变式。"③

日常生活中的常人自身与本真的隔阂造成了当下的迷失,因此,必须把握生活情境的转换及其中的角色。苏轼在《礼论》中谈及上古之世与他所处时代器物使用的不同情况,我们可以发现文化共在过程中人与他者的融合与剥离,以及自身的坚守。

> 昔者上古之世,盖尝有巢居穴处、污樽抔饮、燔黍捭豚、蕢桴土鼓而以为是足以养生送死,而无以加之者矣。及其后世,圣人以为不足以大利于天下,是故易之以宫室,新之以笾豆鼎俎之器,以济天下之所不足,而尽去太古之法。……盖三代之时,席地而食,是以其器用,各因其所便,而为之高下大小之制。今世之礼,坐于床,而食于床上,是以其器不得不有所变。虽正使三代之圣人生于今而用之,亦将以为便安。④

"器用各因其所便",因此随着生活情境的转换而"不得不有所变",即使是三代之圣贤处于当下的情境也"将以为便安",其原因是常人自身与本真虽有隔阂但又有共同的生活根源。

---

① 海德格尔:《存在与时间》,陈嘉映、王庆节译,北京:生活·读书·新知三联书店,1987年,第150页。
② 海德格尔:《存在与时间》,陈嘉映、王庆节译,北京:生活·读书·新知三联书店,1987年,第151页。
③ 海德格尔:《存在与时间》,陈嘉映、王庆节译,北京:生活·读书·新知三联书店,1987年,第151-152页。
④ 苏轼:《礼论》,《苏轼文集》第一册,北京:中华书局,1986年,第57-58页。

　　诚然,传统文化的当下解读和融摄以对古代社会生活情境的体认为基础。古代社会生活情境是我们解读的文本和融摄的对象,当下社会生活情境则是解读和融摄的参照,在解读和融摄过程中只有通过对象与参照者的沟通才能消融彼此的某些特质。按照中国传统文化的言语逻辑,体认解读是"知",融摄铺设是"行",主体(我们)与他者(传统文化)的共在过程实际上是"知行合一"的过程。传统文化源于日常生活,又要回归于日常生活。回归到当下现实生活的语境中来理解传统文化现象,与传统文化共在。我们对情境的还原不是对古代文化的简单重现和重复,也不是脱离根源的全新再创,而是一种创造性转化、创新性发展。共在过程主体情感、精神和生命的融入,是对古人生命、精神和情感的承续,但当下主体现实地处在一个崭新的语境之中,新的语境又赋予了文化新的情感、精神和生命。

　　那么如何回归,如何还原?传统文化生活情境还原不仅是形式的还原,更是精神的还原。所谓的传统文化生活情境还原不是还原到传统文化的原始样态,而是试图还原到现实生活。只有回归现实生活才能把握我们自身,进而把握我们的本真和文化的本真。因此,这不仅是理论层面的回归,更是实践层面的回归。传统文化符号表征的意义是当时的生活情境,当下的我们则被当下的生活情境所环绕,所以对传统文化的考察和理解必须结合当下的生活情境。在两个情境中切换,找到不同情境得以交融共在的窗口,并使传统文化符号实现现代性转化,应用于当下我们的现实生活。

　　传统文化符号的转化与应用是对传统文化视域的拓展,是对其内容的丰富,既包含文化的形式又包含文化的精神内容。这两个层面是我们理解传统文化的方式和路径,也是传承传统文化的重要内容。传承传统文化的未来预期和铺设,是上文所讲的传统文化的第三个情境维度。对未来的预期,可以通过文化的教育来实现。下文会以新时代思政教育的调适为例,尤其以阳明文化创造性转化、创新性发展实践为案例,专节讨论传统文化在新时代语境下的传承教育问题。

第三章 传统文化的基本精神及其现代诠释

我们已论述了传统文化的现实生活来源及其生活情境的还原,可以清晰地看到我们(主体)与传统文化(他者)所构建的共在结构,以及它的本体论意义与认识论的效应,即我们在认识、研究传统文化时无法回避这一结构的依据。但我们的分析并不止步于此,还需要再往前推进。我们将进一步探讨传统文化生命观照的相关问题。这一层面的问题在谈论传统文化形态时已有涉及,尤其传统文化的符号特性和精神特质是此处探讨生命观照的理论准备。

黑格尔曾将研究历史的方法概括为三种,基于文化是人类历史进程中的现实生活创造,或许我们可以借鉴其研究传统文化的方法论。黑格尔所讲的三种方法:一是原始的历史;二是反省的历史;三是哲学的历史。他认为,采用第一种方法的历史学家,其叙述的内容往往是他们亲眼所见的事件,而且他们与这些事件的精神有着休戚与共的关联。历史学家会把演变的事件简单地移植到精神观念的领域,使得外在的现象演变成内在的观念。[①] 反省的历史范围不限于历史学家所叙述的那个时期,其精神是超越时代的,可以是普遍的、实验的,也可以是批评的。[②] 黑格尔认为,所有在感觉、知识和认识方面,在我们的本能和意志方面,只要是属于人类的,都含有一种思想,所以历史又是哲学的历史。原始的历史和反省的历史无须解释,它们的观念是显见的,而哲学的历史则是思想的和精神的。

根据黑格尔对历史研究所概括的三种方法,我们也可概括出文化研究的三种方法,即原始的文化、反省的文化和哲学的文化。原始的文化研究主要是

[①] 黑格尔:《历史哲学》,王造时译,上海:上海书店出版社,1999年,第1页。

[②] 黑格尔:《历史哲学》,王造时译,上海:上海书店出版社,1999年,第4-7页。

对传统文化现象和事实的描述,借以勾勒现象与观念之间简单的联系。反省的文化研究是对传统文化现象的符号抽象,符号的形式更利于传播和传承。哲学的文化研究是对传统文化的精神凝练,但这种研究不是纯粹的形而上学研究,而是"即器"与"明道"之间的平衡。事实描述、符号抽象、精神凝练是同一文化现象的三种探讨路径,这与前面分析传统文化物质形态、符号形态、精神形态的思路是相契合的。

第一节　传统文化的生命意蕴:知识、意境及家园

传统文化本质上是有理解力的,能够把发生的事件同步转化为历史的、精神的表现。它是精神的发展,及其理想的现实化。因此,这一节以"哲学的文化"为视角进行探讨。我们研究传统文化的目的不仅在于提供理解传统文化的某种通道,使其绚烂的形式得以展现,更重要的是我们的理解以及它的展示能为现代社会生活带来什么,传统文化能否通过合时宜的、恰到好处的转化而得以恰当地应用发展。这是问题的一个方面。另外,传统文化传播的是文化事实和符号,但传递和传承的却是精神。也就是说,传统文化转化、应用、发展的内容不是单纯的"描述的事实"和"抽象的符号",必然地包含"凝练的精神"。

文化的理解力在于人的理解力,文化的精神是人的精神的表征。当然,人的精神不是指空洞的、抽象的形而上学,如果是这样,那我们创造的文化将显得毫无意义。它是现实生活中行动力的体现和产物,与具体的事件紧密相连,因此,事物、事件以及世界的意义才能显现出来。总之,我们可以看到传统文化由生活到生命再到精神的清晰的内在逻辑,生活情境的还原、主体生命的观照都充溢着强劲的精神动力。海德格尔晚年引荷尔德林"这是人的尺规/人充满劳绩,但还/诗意地安居于这块大地之上"[1]的诗句提出"诗意地栖居"的哲学范畴,他以人类的主体性及文化的基础性为视域,赋予人类"栖居"的诗意性。"诗意地栖居"是人类生存的精神状态,他认为诗性与人性相通,因而能构筑"诗意地栖居",进而解读文化的意义、人的生命本意。人的诗意栖居是对诗性思辨空间的实践演绎,即对人的此在状态生活的、知识的、生命的及精神的

---

[1]　荷尔德林:《荷尔德林诗集》,王佐良译,北京:人民文学出版社,2016年,第213页。

诠释。在"诗意地栖居"有生活的物质形态描述,有知识(诗)的符号形态抽象,有生命意境的精神形态凝练,最后实现家园的现实回归。这是一个由现实的人到知识、意境、家园的文化历程,同时人的此在性也得以完整诠释。

"诗意地栖居"就是精神的栖居,"诗艺以典型的行为过程和人物性格体现这个社会的各种理想。相像受着心灵的共同性的制约,从这种心灵的共同性出发,个人在说话,在思考,在行动,在创作"①。那么我们的生活和生命栖居于何处?我们的心灵和精神安放在哪里?"家园"问题是人类必然遭遇的,而且是不得不面对的问题。"曰归曰归,岁亦莫止。"(《诗经·采薇》)"家园归属"是中国古人一贯探讨的话题。

一、传统文化的哲学省思:知识的结构与文化的意义

中国人对"家园"的体认完整地体现在传统文化之中。我们从哪里来,我们到哪里去?这是文化隐含的问题。我们会回答"如何生活与生存",也会回应"如何安顿生命与心灵"问题。这种归属感的体认隐晦地反映在我们对事物及事件的理解之中,我们看世界的同时世界已经融入我们的视域,包括生活、生命及精神的各个领域。我们是与世界融合的,对世界的认知过程就是人类精神呈现的过程,而对世界的理解程度决定了我们知识或智性的疆域。知识的边界极其遥远,因此我们的精神能力有无限发展的可能。

中国传统文化有两种典型的知识反思路径,一种是可知论,另一种是非知识论。道家思想偏向于非知识论,即采用否定知识的去知识化原则;儒家思想则倾向于可知论,即保有一种对知识的肯定态度。这种差异与两者的生命态度有关,儒家对生命的态度普遍是积极的,而道家则显得消极得多。我们可以通过《庄子》记载的一则故事窥见道家的生命态度。庄子妻子去世后,惠施前往吊唁,但令惠施诧异的是,庄子不但未有丝毫悲怆,反而"箕踞鼓盆而歌"。惠施对庄子不无质疑,认为妻死而不哭已经很过分,如今反而"鼓盆而歌",实在是太过分了。当然,庄子自有他的说辞,言曰:

---

① 狄尔泰:《体验与诗》,胡其鼎译,北京:生活·读书·新知三联书店,2003年,第3页。鲍桑葵在其《美学史》中也曾讨论过类似的话题,即"一个富于诗意的世界的创立以及它和思想界的第一次接触"的问题。参见鲍桑葵:《美学史》,张今译,北京:商务印书馆,1997年,第15页。

不然。是其始死也,我独何能无慨然? 察其始而本无生。非徒无生也,而本无形;非徒无形也,而本无气。杂乎芒芴之间,变而有气,气变而有形,形变而有生。今又变而之死。是相与为春秋冬夏四时行也。人且偃然寝于巨室,而我嗷嗷然随而哭之,自以为不通乎命,故止也。(《庄子·至乐》)

庄子认为人的初始是无生、无形、无气的,自然规律的流变使得人有气、有形、有生,然后走向死亡,这与春、夏、秋、冬四时的运行一样,所以没必要嗷嗷然而哭之。因此,庄子讲"有始也者,有未始有始也者,有未始有夫未始有始也者;有有也者,有无也者,有未始有无也者,有未始有夫未始有无也者。俄而有无矣,而未知有无之果孰有孰无也"(《庄子·齐物论》)。在一定程度上,他打破了始末、有无、生死的界限,认为始末、有无、生死只不过是自然规律,如果能够体认这一规律便能"通乎命"。"通乎命"便很容易导致"相呴以湿,相濡以沫,不如相忘于江湖。与其誉尧而非桀也,不如两忘而化其道"(《庄子·大宗师》)的生命态度。面对现实的此在问题,庄子的策略是"忘"与"化",实际上是搁置和消解问题,而不是分析和解决问题。这是道家"挫锐解纷,和光同尘"(《道德经》第四章)的典型做法。

道家对生存状态(此在)的理解基本上是消极的,他们感受到萨特所说的"存在的虚无"(Le néant de l'existence),那种主体与他者割裂的沉重的"孤独感"萦绕着他们的心灵,促使他们在理论上进一步消解此在与世界的共在。维特根斯坦(Wittgenstein,1889—1951年)认为"人的身体是人的灵魂的最好图画"[1],但道家试图抛弃"身体",不再关注生死等现实生活问题。海德格尔通过"诗意地栖居"使此在诗意化,或者说将知识符号化、情感化为精神,而道家则有将生命虚无化的倾向。道家的生命态度决定了他们看世界的基本方法,即采用一种非知识论的方法。他们认为世界是不可言说的,"道可道,非常道;名可名,非常名"(《道德经》第一章)。在维特根斯坦那里也能找到类似的表述,他认为"我们的语言最初描述的乃是一幅图景。但这幅图画该用来做什么以及如何使用它,仍是不清楚的"[2]。世界有太多的不确定性和不可知性,知识是无限的,但个体生命是有限的,因此以有限的生命去管窥无限的知识显然

---

① 维特根斯坦:《哲学研究》,李步楼译,北京:商务印书馆,1996年,第272页。
② 维特根斯坦:《哲学研究》,李步楼译,北京:商务印书馆,1996年,第280页。

是徒劳而无益的。①　在老子看来,不可知是道的基本特质,"古之善为道者,微妙玄通,深不可识。夫唯不可识,故强为之容"(《道德经》第十五章)。正因为不可知,我们才勉强采用不清楚的图景描述世界。

道家认为世界"强为之容"(图景化)的原因在于知识会带来一系列消极的后果,五色、五音、五味等感官体验都会妨碍我们绝类离伦,优入圣域。因此,圣人主张物质层面的满足,而不是去寻求知识上的突破。②　"大道废,有仁义;智慧出,有大伪。六亲不和,有孝慈;国家昏乱,有忠臣。"(《道德经》第十八章)由于知识的消极后果,道家构建了与儒家截然不同的道德规范,他们对家庭、社会、国家的看法极为独特。既然知识是妨碍意境证成的源头,那么最有效的方法便是去知识化。老子言:

> 绝圣弃智,民利百倍;绝仁弃义,民复孝慈;绝巧弃利,盗贼无有。
> 此三者以为文,不足。故令有所属:见素抱朴,少思寡欲,绝学无忧。
> (《道德经》第十九章)

在老子看来,绝圣弃智,绝学无忧的去知识化手段是推进社会治理的唯一有效路径。"为学日益,为道日损。"(《道德经》第四十八章)老子通过绝、弃、损的努力进一步夯实"无为"的功夫。诚然,"无为"不是目的,老子的最终意图是"无不为"。他把问题转化、揉碎、消解,试图在知识之外找到解决的方法,这样世界与知识分离,直接导致去知识化。

需要澄清的是,老子的倾向是去知识化,而不是反知识论。他没有否认知识的客观存在,即未持有"无知识"的立场。老子也不是反知识论者,他虽然强调知识的后果,但未走到"反知识"的极端。"不出户,知天下;不窥牖,见天道。其出弥远,其知弥少。是以圣人不行而知,不见而明,不为而成。"(《道德经》第四十七章)他试图竭力促使此在与现实世界的剥离,从而致于圣人的境界,他做的其实是"去知识"的工作。鉴于他的这种剥离性,我们将这称为"非知识"的路径。

> 无有入无间,吾是以知无为之有益。不言之教,无为之益,天下希及之。(《道德经》第四十三章)

---

①　庄子在其《养生主》中言:"吾生也有涯,而知也无涯。以有涯随无涯,殆已!"

②　老子在《道德经》中言:"五色令人目盲;五音令人耳聋;五味令人口爽;驰骋畋猎,令人心发狂;难得之货,令人行妨。是以圣人为腹不为目,故去彼取此。"

倡导不言之教,与知识保持距离,脱离语言与文化,以实现此在的生命独立性,进而达成"无为之益"。总之,老子主张的不是反知识论,他所要寻求的是"不知之知"。老子采取的策略是"故以身观身,以家观家,以乡观乡,以邦观邦,以天下观天下"(《道德经》第五十四章)。他抛开了知识的中间环节,直接以"世界"观"世界",以此达到知天下万物的目的。因此,老子讲"夫唯无知,是以不我知。知我者希,则我者贵"(《道德经》第七十章)。他认为他的理论很容易理解,也很容易实践,但很少有人能真正理解,更很少有人能够去实践。老子言:

> 古之善为道者,非以明民,将以愚之。民之难治,以其智多。故以智治国,国之贼;不以智治国,国之福。(《道德经》第六十五章)

可见治民、治国的社会治理问题仍然是老子所关注的,只是并不是通过知识的增长,而是通过知识的剥离,间接地去解决问题。去知识化而非知识化,"不知而知"以至于"无为而无不为",这是道家的基本思路。

去知识化的原因也许在于知识的局限性。《周易》亦言:"书不尽言,言不尽意。"言语和知识并不能使我们真正认识世界,或者说我们所认识的世界并不完全能用语言和知识恰当地表达。那么人与他者共在的世界的本质如何呈现出来呢?《周易》的方案是"立象以尽意",用"象"来描绘世界,进而确定世界的意义。《周易》"以象观世界"是对老子"以世界观世界"的形象化,指明了认识世界的入口,在理论上有所突破,操作性也更强,不至于导致其言"甚易知,甚易行",但天下"莫能知,莫能行"(《道德经》第七十章)的悖论。

魏晋玄学家承续了道家的思想,又从《周易》中汲取理论元素,进一步阐发"言不尽意"的旨趣。"言不尽意",所以"立象以尽意"。玄学家们进而认为,得象应该忘言,得意便可忘象。王弼曾言:

> 夫象者,出意者也。言者,明象者也。尽意莫若象,尽象莫若言。言生于象,故可寻言以观象;象生于意,故可寻象以观意。意以象尽,象以言著。故言者所以明象,得象而忘言;象者,所以存意,得意而忘象。①

言不尽意,但言能尽象,象能尽意。象因言以明,所以得象便可忘言;意因

---

① 王弼:《周易略例》,嘉靖四年(1525)范氏天一阁刊本,第11-12页。

象以存,所以得意便可忘象。王弼"言—象—意"的认知模式比老子的非知识论要温和得多,"言"虽然不能直接尽"意",但通过"象"可渐次呈现出来。我们可以将他的认识论界定为"温和的非知识论",他用"象"的范畴巧妙地置换了言语和知识,但"象"的诠释范围还是有限的,有"能尽者",亦有"不尽者"。"能尽者"只是世界的现象,是我们现实生活的内容;"不尽者"是世界的精神,是我们(此在)与世界(他者)共在的生命内涵。世界的现象是我们可以认知的,也是可以用言语传达的,但世界的精神则是不可认知的,我们的言语也无法恰当地表述它,只能以个体的生命体验去感知。

诚然,也有玄学家倡言"言尽意论"。"言""意"之间的隔阂在于现象界与本体界的"一事两观","言尽意论"者试图消解这两者之间的隔阂,如欧阳建曾言:

> 名之于物,无施者也;言之于理,无为者也。而古今务于正名,圣贤不能去言,其故何也? 诚以理得于心,非言不畅;物定于彼,非名不辩。言不畅志,则无以相接;名不辩物,则鉴识不显。……名逐物而迁,言因理而变。此犹声发响应,形存影附,不得相与为二矣。苟其不二,则言无不尽矣。吾故以为尽矣。①

世界之现象是所现之"象",因此可以以"象"明之;世界之精神是所隐之"理",而"理"得之于"心",因此须用"心"去体证。欧阳建认为"名逐物而迁,言因理而变","言"与"理"是不二的,因此知识与精神之间必然是联系的,精神可以用言语来传达、传承。

概而言之,知识的结构是由"世界之现象"和"世界之精神"两个因素决定的。知识不是只揭示单纯的感官现象规律,而不去追问事物的本质,也不是"为了预见而认识"(voir pour prévoir),以便支配未来。② 中国古人在现实生活中的信息交往构建了复杂的互动结构,在互动结构中事物与事物之间得以联系,包括主体与他者的联系,这是知识形成和增长的基础。从某种程度上讲,知识是精神与现象互动的产物,知识就是联系。它不是现象界的现象本

---

① 欧阳询:《艺文类聚》卷十九,明嘉靖天水胡缵宗刻本,第4页。

② 舍勒:《哲学与世界观》,曹卫东译,上海:上海人民出版社,2003年,第100页。舍勒(Scheler,1874—1928年)在该书中批判了孔德(Comte,1798—1857年)实证主义知识理想(das positivistische ideal des wissens)的两种认识目的。

身,也不是精神实体,而仅仅是两者的联系。就传统文化而言,传统文化现象和传统文化精神的联系有两个层面需要厘清:一是"联系"本身,这是普遍性的,各种事物之间都有这种"联系",现象界如此,精神领域亦然。唐代李绅有诗言:"春种一粒粟,秋成万颗子。四海无闲田,农夫犹饿死。"[①]"春种粟,秋收子"是现象界事物本身的联系,而"农夫犹饿死"背后所体现的社会问题及思想则涉及精神领域。二是我们"知其联系",我们也随之成为"联系"的一部分。所以在传统文化面前,我们不是旁观者,必然是参与者和创造者。我们掌握了"春种粟,秋收子"的知识,便会在现实生活中将其付诸实践;我们了解了"农夫犹饿死"的社会现象,会进一步分析造成这种现象的原因及本质,以及思考解决这类问题的方案和措施。传统文化的内容和内涵会随着这种联系的拓展而不断丰富。

第二个层面的"联系"含义与"共在"的观念相关。我们(主体或此在)与世界、传统文化(他者)处于"共在"状态,是一个联系的共同体。在这个共同体中,此在不是像道家所说的那样被抛离。此在不是孤独的,而是在一个联系的世界中。此在与世界的联系纽带是知识,所以此在也不是道家所说的去知识化。

我们对传统文化的探讨应该考量此在与他者联系的共在语境及其知识的产生和增长状况,同时应关注传统文化的现象部分和精神部分。传统文化是生活的,有坚实的现实基础,构成芜杂繁多的现象界。知识是精神与现象互动的产物,因此文化也是精神与现象互动的产物。传统文化也是有生命的,是民族心灵的呈现,体现中国人的思想与哲学。现象之境是我们遭遇的现实意境,心灵之境则是我们寻求的真实意境,它的真实在于我们与他者的现实联系及其产生的知识与精神。

二、传统文化的生命观照:意境的证成与家园的回归

前文从生命态度的视角重点探讨了道家的非知识论,尽管道家去知识化的倾向有其合理的理论旨趣,但这种倾向不是传统文化精神的主流。知识实际上是进入意境的有效途径,意境的证成需要通过知识的获取来完成。意境

---

① 李绅:《古风二首》,《全唐诗》第八册卷四八三,北京:中华书局,2013年,第5530页。

是多层次的,先秦儒、道、墨、法、名、阴阳家等都从不同的角度予以证成。诚然,传统文化也有佛教的内容,佛家也有佛家的意境。佛教于东汉明帝永平年间传入中国,先后经历了与道家、儒家等本土思想的融会,逐渐成为中国传统文化的重要构成元素。各家的思想旨趣迥异,但他们的终极关怀是一致的,面对纷繁动荡的社会现实,试图寻求安宁的、美好的、恒常的"家园",可以说基于生命观照的"家园意境"是中国传统文化的关键论题。

　　"家园"是最根本的意境,是现象之境与心灵之境的交融。现象之境是经验的,经验又往往能通过语言、艺术等手段符号化。卡西尔曾以原始人为例分析这种符号化的过程,认为原始人会感到自身被各种可见和不可见的危险包围,但不指望仅仅以物理的手段来消除这些危险。在他们看来,这个世界并不是无声无息的死寂世界,而是能够倾听和理解的世界,所以在很多情况下他们能体验到语言的社会力量,并使其成了一种自然的甚至超自然的力量。[1] 经验的符号化实际上是生活的符号化,因此卡西尔认为人是符号的动物,语言则是最基本的符号形式。然而语言或知识所能涉及的边界是有限的,原始人在现实生活中总是遭遇无情的自然,也认识到自然的无情并非因为它不愿意满足人的需求,而是因为它不理解人的语言。于是人类发现自己处在深深的孤独之中,被极度的寂寞感和彻底的绝望感所笼罩,陷入了沉思,并逐渐进入了心灵之境。[2]

　　心灵之境亦以经验为基础,而不是卡西尔所说的纯粹的先验精神。米德(Mead,1863—1931 年)认为,心灵涉及的是人对事物特征的某种理解,而这些特征存在于事物之中,外部刺激能够唤起某种意义上存在于有机体身上的反应,但这些反应是对有机体身外的事物做出的,而并非心理的产物。心理只是有机体与所遭遇的情境的关系,它以成套的符号为联系。[3] 因此,在米德看来,语言符号、心灵境域都是行动和经验的组成部分。

　　心灵与现象的遭遇产生不同的情境,形成不同的生命态度,进而导致对"家园"的认知与规定的不同。道家"绝学无忧,绝圣弃智",竭力去知识化。随后,魏晋玄学"得意忘象,得象忘言",修正了道家的非知识论立场。先秦诸子中名家则倡言语言符号表征的有限性。公孙龙言:"物莫非指,而指非指。天

---

①　卡西尔:《人论:人类文化哲学导引》,甘阳译,上海:上海译文出版社,2013 年,174-175 页。

②　卡西尔:《人论:人类文化哲学导引》,甘阳译,上海:上海译文出版社,2013 年,第 175 页。

③　米德:《心灵、自我与社会》,赵月瑟译,上海:上海译文出版社,1992 年,第 111 页。

下无指,物无可以谓物。非指者天下,而物可谓指乎?指也者,天下之所无也;物也者,天下之所有也。以天下之所有,为天下之所无,未可。"(《公孙龙子·指物论》)

他认为"指"(语言符号)不能有效地描述"物"(客观世界),"以天下之所有,为天下之所无"是不可能的。公孙龙强调了语言描述的有限性和符号的不确定性,虽然没有得出世界不可知的结论,但他的观点很容易导向不可知论。

与道家、名家、玄学家形成鲜明对照,儒家对知识持有积极的、肯定的态度。道家绝学弃智,儒家则强调"学为圣贤,学以致道"。"道"是可"学"而致的,而不是不可道的。"道"是形而上的,但不是神秘主义的内容,它是此在与他者共在的状态,这个状态包括两个方面:一是物理的;二是人伦的。物理和人伦的境遇成为儒家的知识关注点,成为其"为学"的内容。物理即"物之理",是事物具体的现实属性和规律;人伦即"人之伦",是人与人、社会、国家的关系协调。儒家一方面重视人伦的施设,另一方面也不排斥物理的掌握,但重点还是从人伦的角度切入探讨和解决人类社会的问题。儒家的理想人格在于君子之风的养成,君子的要务不在于"谋食",而在于"谋道"。君子的现实活动不仅是为了解决生存问题,更是为了精神意境和人生使命的达成。

"学为圣贤,学以致道"的思想在《论语》中体现得淋漓尽致。我们可以结合孔子的生平,深刻体认"学""道"范畴的理论旨趣及思想意蕴。孔子弟子子夏曾言:

> 百工居肆以成其事,君子学以致其道。(《论语·子张》)

"学以致道"是子夏对孔子方法论的吸收和总结,体现了孔子对知识的态度及人生追求,也构成了儒家伦理思想的知识论基础。孔子所说的"道"强调的是事物规律和人伦规范的统一,"谋道"必然落实到对社会义务的承担。如果君子志于这样的"道",那么"朝闻道,夕死可矣"也未尝不可。君子"闻道""忧道""谋道"还须"行道",即通过参与社会活动,其道义良知得以彰显。因此,"坐而论道"不是以孔子为代表的儒家知识分子的风格,儒家有极强的忧患意识和紧迫的社会使命感,这构成了儒家伦理思想的基本维度。

虽然儒家主张"贵德不贵食,忧道不忧贫",但"谋道"与"谋食"是不矛盾的。有"百工居肆"的谋食之事,然后有"君子学以致其道"的可能。孔子用"为人"来规范"行道",其后,荀子亦有类似的表述。荀子言:

君子之学也，入乎耳，着乎心，布乎四体，形乎动静。端而言，蝡而动，一可以为法则。小人之学也，入乎耳，出乎口；口耳之间，则四寸耳，曷足以美七尺之躯哉！古之学者为已，今之学者为人。君子之学也，以美其身；小人之学也，以为禽犊。（《荀子·劝学》）

"古之学者为己，今之学者为人"（《论语·宪问》）是孔子的区分方式。荀子在孔子基础上又提出君子之学与小人之学。他认为君子之学在于"美其身"，而小人之学在于"禽犊"。"美其身"就是"修身"，是道德方面的修养；"禽犊"就是饮食之欲。小人专注于饮食之欲，结果偏离君子之道，而君子成身以备天下国家之用，完成主体价值的实现。再者，从本体论讲虽是"仁义行"，而非"行仁义"，但从修养论的角度来看则是"人能弘道"，而非"道来弘人"。因为"道"只有通过我们（此在）的现实活动才能呈现，离开了此在的活动，"道"便只是一个空虚的、无意义的概念而已，所以"道由人兴，亦由人行"，人类发展的历史实际上是人类智德日成，文化日备的历史，如此"人能弘道"的命题便水到渠成。《论语》"学以致道"之意，正是"人能弘道"之旨。王夫之言："行可兼知，而知不可兼行。君子之学，未尝离行以为知也。"①荀子"君子之学也，入乎耳，着乎心，布乎四体，形乎动静"亦与《论语》契合。

概而言之，儒家的"道"是不离百姓日用的，其"学以致道"所学习的是经世致用之"道"，而不是独善其身之"术"。儒家并不主张摒弃人类的基本需求，他们关心衣食问题，更加忧患"德之不修"与"道之不行"。如果社会风尚和精神状态表现出不好礼、不可义、不可信，那么人民就容易畔衅，社会管理将会混乱，这是儒家真正担心的，正是在此意义上孔子进而提出"古之学者为人，今之学者为己"的观点。他将"为学"与"为人"联系起来，"学以致道"所致之"道"就是在"为人"的具体事务中呈现出来的。"为学"与"为人"的结合，是儒家伦理不同于道家思想的鲜明特质，而"为学"的具体展开又是其方法论的运用与知识论的基础和内容。

儒家思想浩瀚博杂，"为学"与"为人"的贯通是入其门庭的有效途径。"君子学以致其道"，而"致道"须先"修身"。"修身"是自身道德提升的过程，是"为仁"的路径，是"为学"的主要内容。我们发现，儒家为学、为人、为仁、为道形成一个严谨的理论自洽过程。《论语》充分诠释了儒家的伦理精神，而孔子"累累

---

① 王夫之：《尚书引义》卷三，同治四年（1865）曾氏金陵刊，第215页。

若丧家之狗"①的艰难一生,则是"为人与为学"的生命演绎与现实书写。

那么"为学""为人"孰先孰后呢?对此后学多有讨论,如元代吴澄便认为,"为学"须"自得",自身道德的提升与完善是"为学"的根本,"反求诸己"则是"为学"的主要方法。吴澄发挥《中庸》"君子尊德性而道问学,致广大而尽精微"之意,认为道德修养须反身切己,君子当以"尊德性"为主,"道问学"次之,因为知识是无限的,"道问学"有很大的不确定性,而"尊德性"正好能够弥补"道问学"的这种缺陷。

《中庸》将"为学""为人"的话题转化成了"尊德性"与"道问学"的问题。赵宋以降,朱熹和陆九渊进一步拓展了对这一问题的探讨。朱熹认为"道问学"是首要的,在他的语境中,"道问学"是与具体的事物规律及道德规范相对应的,只有通过泛观博览、即物穷理的路径才能体证"天理"。与朱熹不同,陆九渊则强调"尊德性"。他认为先要"立乎其大",抓住根本,明确"为人"与"为学"的目的,才能做到读书应物"自立自重,不随人脚跟,不学人言语"②。总之,在儒家看来,不仅要呈现天赋的良善本性,而且要努力把握物理及人伦知识,并且能把两者有机结合起来,充分巩固与发挥固有的道德本性,臻于不偏不倚的圣贤意境。

那么物理及人伦知识如何获取?"学以致其道"之"学"如何展开?孔子曾言:

> 学而时习之,不亦说乎?有朋自远方来,不亦乐乎?人不知而不愠,不亦君子乎?(《论语·学而》)

这则文字向我们展示了"为学"的三种重要态度与方法:一是学习;二是交游;三是省思。"学而时习之"是一体两事,即"学"之事与"习"之事。"学"是学关于"仁"的理论知识,"习"则是将所学的理论知识付诸实践。《中庸》对学、习的含义做了更详尽的阐释,言曰:

> 博学之,审问之,慎思之,明辨之,笃行之。有弗学,学之弗能,弗措也;有弗问,问之弗知,弗措也;有弗思,思之弗得,弗措也;有弗辨,辨之弗明,弗措也;有弗行,行之弗笃,弗措也。人一能之,己百之;人

---

① 司马迁:《孔子世家》,《史记》卷四十七,北京:中华书局,1982年,第1921页。
② 陆九渊:《陆象山先生全集》卷三十五,雍正六年(1728)刊本,第38页。

十能之,已千之。果能此道矣,虽愚必明,虽柔必强。(《礼记·中庸》)

《中庸》将"为学"的过程概括为学、问、思、辨、行(习)。"学"不是浅尝辄止,而是深入学,这必然包含审问、慎思、明辨的过程,但这不是"为学"的完结,"博学"必须转化为"笃行",这与"学而时习之"的旨趣是一致的。博学、审问、慎思、明辨、笃行构成了"为学"的完整内容。诚然,"为学"先须立志,如孔子弟子子夏言:"博学而笃志,切问而近思,仁在其中矣"(《论语·子张》)。子夏强调了博学与笃志的关系,以及博学的方法——切问与近思,更重要的是这些都以"仁"为主线。儒家以"仁"为志,笃志之"志"是弘道之大志。由此可见,为学有立志、博学、笃行三个重要环节,其中博学又包括审问、慎思、明辨等方法。立志、博学、笃行三者缺一不可。志不立,学、行将无有目的;学不博,志、行将无有方法;行不笃,志、学将成空谈。孔子之志在"复礼",孔子之学在"仁义",孔子之行在"克己"。他一生奔波,旨在恢复西周礼乐制度,以实现其仁政德治的理想。总之,"为学"当"学而时习之",此其一也。

"为学"还应"有朋自远方来",此其二也。"有朋自远方来"就是交友,通过相互交流切磋,从而见贤思齐,提升自身道德。孔子言:"三人行,必有我师焉。择其善者而从之,其不善者而改之。"(《论语·述而》)选择其中贤德之人追随之,并虚心向他学习,而对于那些德才不足者则应反观自省,并及时予以纠正,这是对"见贤思齐,见不贤而内自省"(《论语·里仁》)方法的运用。孔子承认自己并非生而知之,只是勤勉好学,对古人创造的文化保有浓厚的兴趣而已。曾子也强调"以能问于不能,以多问于寡"(《论语·为政》)的学习方法。总之,与人交游,无论贤与不贤、知与不知,都是有启发和帮助意义的。儒家之学以"人道"为重,必学以人才能成其道。

"为学"还应"人不知而不愠",这是省思的功夫,此其三也。"为学"的目的在于解决现实问题,但解决问题的途径是多元的,并不是所有人都能知道和理解我们的德行和方法,因此需要"不愠"的态度。"不愠"才能冷静思考与分辨,厘清问题,发现不足,进而改正提升。孔子言:"学而不思则罔,思而不学则殆。"(《论语·为政》)只是勤学而不用心思考,就会迷惑而无所获;只是空想而不苦学,就会懈怠而无所得。曾子曾强调:"吾日三省吾身:为人谋而不忠乎?与朋友交而不信乎?传不习乎?"(《论语·学而》)与曾子相似,荀子也提出了君子须博学并"日参省乎己"的主张,"省思"方法的运用实际上是儒家的普遍共识。

"学而时习之""有朋自远方来""人不知而不愠"是"为学"的三重境界,也是孔子自身经历的自述。孔子一生重教,其教重在学。孔子之教人以学,又重在学"为人"之道。总之,以孔子为代表的儒家,"为学"的终极目的是弘道,而其中间环节必然是"为人",即对社会现实问题的思考和解决。

虽然道家倡导"绝学无忧,绝圣弃智",但作为传统文化主流的儒家则强调"学以致道,学为圣贤",通过知识的获取,进而实现健全的人格,以及圣贤意境的证成。圣贤之境的具体化便是家园意境,如前文所述,家园意境是现象之境与心灵之境的交融。所以,中国传统文化从知识、意境、家园的多重视域诠释着生命的意义——人的现实生活、心灵和精神。伽达默尔认为,意义的意向(Bedeutungsintention)和意义的充实(Bedeutungserfüllung)在本质上属于意义统一体,每一个对我有效的事物都相关地和本质必然地具有一种"实际经验和可能经验的所与方式的理想普遍性"[①]。他进而认为,一个真实世界的无限观念不能在历史经验中,从人类历史世界的无限进展中被有意义地创造出来。[②] 本书不打算采用伽达默尔的思路,因为传统文化的意义是真实的。知识作为事物的联系可以被发现、运用,成为我们认识世界的窗口。透过这个窗口,我们看到了所期望的意境,无论是儒家的、道家的,还是佛教哲学所构建的形态。我们借着传统文化的华美霓裳,其实一直在寻找那个安宁的家园。它的现象之境是我们的安身之所,它的心灵之境是我们的安心之处。黑格尔曾分析中国传统文化的"家庭的精神",认为这是中国传统文化的普遍原则,是在"实体精神"和"个体精神"的统一中演绎出来的,"家庭的精神"摒弃了"主观性"因素,即个人意志的自我反省与"实体"(即束缚个人意志的力量)的对峙,也就是说"家庭的精神"是自由的,是与"实体"融为一体的。[③] 黑格尔"家庭的精神"概念有助于我们从另一个侧面理解"家园意境"。

家园有家庭的含义,更有社会和国家的内容。在当下语境,"家园意境"还可拓展到对人类命运共同体构建的思考。它的实现需要"知"(学)和"行"(习)

---

① 伽达默尔:《真理与方法:哲学诠释学的基本特征》,洪汉鼎译,上海:上海译文出版社,1999年,第315页。

② 伽达默尔:《真理与方法:哲学诠释学的基本特征》,洪汉鼎译,上海:上海译文出版社,1999年,第318页。

③ 黑格尔:《历史哲学》,王造时译,上海:上海书店出版社,1999年,第126页。

两条路径的并进,下文将从传统文化的精神角度具体讨论"知"的"忠""孝"伦理及"行"的"智""勇"精神。

第二节　传统文化的基本精神:以儒家伦理思想为例

前文解读了梁漱溟对人类生活三种路向的分析,尤其针对他对中国传统文化的判断,本书提出了不同的看法,梁漱溟对中国文化调和持中性格的判断是片面的。调和持中的确是中国文化精神的一个方面,但中国文化还有积极进取、奋发有为的另一方面,中国文化精神是在心态的平和持稳中笃定前行、知行一贯的。传统文化有积极的问题意识,它的发展伴随着对问题的理解和解决。先秦子学的繁兴基于礼崩乐坏的时代大背景,儒、墨、道、法、名诸家虽进路有殊,但无不孜孜以求寻找现实社会治理的有效方法。其后,两汉经学、魏晋玄学、隋唐佛学、宋明理学都以此为理论旨趣。问题意识是生命意识的冲动,即自我(此在)在生活情境中实现的冲动。自我(此在)在这个世界是与他者共在的,自我是他自己,但构成这个特定个体的原料不是一个自我,而是在他作为某一个成分的共同体中与他人的关系,一种持续的理性的社会交往。但自我又都有自己特有的个体性,在共在结构中从自己的独特立场出发,反映其整个行为过程。[①] 因为自我的社会共在属性,他是在与他人的关系中实现自我的,因此,自我实现的冲动是必然的,即文化必然地呈现出生命意义。

传统文化的生命意识与生命意义,上文已从知识、意境及家园的视角予以论述。家园意境的现实化实际上是自我与国家、社会的关系固化,因此,家园意境要想呈现需要进一步转化为家国情怀,即从忠孝伦理到家国情怀,从智勇精神到孝亲报国展开。以忠、孝、智、勇为特征的传统文化精神是"天人一体"观向"知行合一"转变的理论表征,深刻蕴含了中国人坚毅醇厚的家国情怀和奋发有为的爱国实践,这是与梁漱溟对于传统文化意欲调和、持中的论断完全不同的。

---

① 米德:《心灵、自我与社会》,赵月瑟译,上海:上海译文出版社,1992 年,第 179-182 页。

一、从忠孝伦理到家国情怀的涵养

众所周知，"仁"和"礼"是儒家伦理的基本原则。孔子用"人"来界定"仁"，所谓"仁者，人也"。"为学"之道与"为人"之道贯通，"为人"之道即人之所以为人，及其在现实生活中自我实现的途径。"仁"正是孔子所要说明的"为人"的途径，是儒家思想的核心，所以"造次必于是，颠沛必于是"（《论语·里仁》），是须臾不可舍离的。诚然，"仁者，人也"的诠释较为隐晦与迂回，致使我们对它的理解始终有一定的障碍，众说纷纭，无有准的。有人认为"仁"是一种行为，是"与名词性的'人'相对应的状态性动词"[①]。也有人认为"仁"是一种情感，"仁"的现实基础就是人的"真实情感"[②]。但在孔子的语境中，"仁"不仅是行为和情感，而且是一种原则。"仁"是一个本体论和修养论结合的范畴，不仅蕴含了"是什么"，而且回答了"怎么样"，是一种存在状态表现为现实目的性的动态过程。因此，当樊迟请教孔子什么是"仁"时，孔子便用"爱人"两字来回应。可见，孔子用来界定"仁"的"人"不是普遍意义上的人，而是能够"爱人"的人。沿着这一思路，孟子提出了"仁者爱人"的观点。孟子曰：

> 君子所以异于人者，以其存心也。君子以仁存心，以礼存心。仁者爱人，有礼者敬人。爱人者，人恒爱之；敬人者，人恒敬之。（《孟子·离娄下》）

君子存心，以仁存心，存爱人之心，这是君子异于常人之处。人能爱人，仁者爱人。儒家"爱人"思想不是抽象晦涩的理论，而来自现实生活的具体情境。根据不同的情境，孔子对"仁"的表述也会调整，有时他用"刚毅木讷"来规定"仁"，有时则用"恭、宽、信、敏、惠"来诠释"仁"。总之，"仁"的内涵极其丰富，蕴含了多个方面的内容和要求，但这些内容和要求都是与人的具体生活情境相关联的，是在情境中的有效互动，通过互动来沟通、理解和调适，而不是远离人的活动的抽象概念，所以孔子言："我欲仁，斯仁至矣！"（《论语·里仁》）

当然，如前文所论，"仁"尽管是内在的原则，但也需要外在的涵养与呈现，

---

① 葛瑞汉：《论道者：中国古代哲学论辩》，张海晏译，北京：中国社会科学出版社，2003年，第24-25页。

② 冯友兰：《中国哲学史新编》，北京：人民出版社，2007年，第130页。

这就需要通过"博学笃志,切问近思"把握和运用知识。"仁"有向外呈现的冲动、趋向和可能,所以在某种程度上"仁"有一定的自为性,即自我实现的能力,但这并不足以说明"仁"的呈现的现实性,因此有必要引入"为仁"的概念。孔子认为,"为仁"有两条原则,即"忠"和"恕"。"忠"就是"己欲立而立人,己欲达而达人"(《论语·雍也》),是从肯定的方面来讲的;"恕"是"己所不欲,勿施于人"(《论语·颜渊》),则是从否定的方面来讲的。这两条原则被概括为"忠恕之道",即要求从自我出发,推己及人,由内而外,与他者和世界形成情境的互动,达成有效沟通和理解。"此在"的生存状态是"自我"与"他者"的"共在"状态,而不是两者孤立和敌对的排他性状态。对他者的尊重和敬畏,也是对自我的理解和认同。通过不同层次的仁的实践,尤其是"忠恕之道"的践行,我们逐步臻于圣人之境。

除了对"仁"的规定,儒家还强调"礼"的作用。如果说"仁"与"人"是内在同构的,"仁"与"学"是外在契合的,那么"仁"与"礼"则是内在原则与外在形式的有效统一。内在原则虽有自为性,但它的呈现不是自然而然的,而是需要通过"礼"的外在形式来实现。"礼"作为"仁"的外在形式,有稳定的结构,但需要随着情境的转化而转化,它是人文进化的产物,所以孔子言:"克己复礼为仁。一日克己复礼,天下归仁焉! 为仁由己,而由人乎哉?"(《论语·颜渊》)"复礼"是恢复周礼,方法是"克己",就是克服私心,在视、听、言、动诸多方面都符合"礼"的要求和规范。"克己"而"归仁",所以讲"为仁由己",而自我(己)是在社会情境中的存在,必然需要同社会情境互动,如此才能彰显自我的存在状态、意义及价值。在儒家看来,理想的社会是和谐安宁、秩序井然的社会,而理想的秩序是以周代为典范的"礼乐"秩序。儒家认为,"礼"是社会秩序得以维系的依据,它作为自我与他者互动的行为规范,并不制约自我的个性发挥。它不仅是自我情感表达的有效形式,更是社会稳固和发展的坚定动力,还隐含着自我的生命关怀,是生命意境展开的必要路径。

"仁"和"礼"是儒家的伦理原则,原则的展开则是伦理的具体规范。儒家的伦理规范集中体现在"忠"和"孝"两个方面。"孝"与"家"相对应,"忠"与"国"相关联。我们试图把抽象的伦理原则具象化和生活化,因为自我(此在)本质上并非是抽象的概念,而是有具体的生活内容的。本书以司马迁的《史记》为问题探讨的切入点,分析忠孝伦理与家国情怀的关系及其效应。《周本纪》中载有上古周部落领袖古公亶父的行状,言曰:

公叔祖类卒,子古公亶父立。古公亶父复修后稷、公刘之业,积德行义,国人皆戴之。薰育戎狄攻之,欲得财物,予之。已复攻,欲得地与民。民皆怒,欲战。古公曰:"有民立君,将以利之。今戎狄所为攻战,以吾地与民。民之在我,与其在彼,何异。民欲以我故战,杀人父子而君之,予不忍为。"乃与私属遂去豳,度漆、沮,逾梁山,止于岐下。豳人举国扶老携弱,尽复归古公于岐下。及他旁国闻古公仁,亦多归之。于是古公乃贬戎狄之俗,而营筑城郭室屋,而邑别居之。作五官有司。民皆歌乐之,颂其德。①

古公亶父为西伯君主,周武王的太祖父,他在周朝发展史上是一个上承后稷、公刘之基业,下启文王、武王之伟业的关键人物。他主要在豳(今陕西彬市和旬邑县一带)活动,为周王朝的创立奠定了基础。司马迁称古公亶父积德行义,深受国人拥戴,但是西北戎狄屡犯豳地,抢掠财物,甚至土地与百姓。百姓都很愤怒,准备与戎狄决一死战,而古公亶父表示:"民之在我,与其在彼,何异。民欲以我故战,杀人父子而君之,予不忍为。"②古公亶父的这一言论自然是他真实内心的呈现,是他积德行义的具体表现。他以百姓为中心,以人民的幸福安康为福祉,深受国人爱戴,这是他成功的根本原因。百姓最迫切的事务在于生存与生活,在于日用的经营。因此,诚如古公亶父所言,从百姓的视角观之,百姓由我来管理与由戎狄来管理没有什么本质区别。这是值得深思的第一个层面的问题。第二个层面的问题是,当古公亶父率姬姓私属,渡漆水、沮水,翻越梁山来到岐山之下时,为什么豳人,甚至其他地方的百姓,都扶老携幼来归附?百姓的这一选择定然不是理论分析的结果,而是直觉使然,是对美好生活的向往与追求。而古公亶父恰好能给他们提供这样的机会。他以他的仁心,获得了人心,充分彰显以人为本、以民为本的社会治理之道。在司马迁的这则记载中,我们能看到戎狄先欲得财物,进而欲得地与民。财物、地、民的顺序与社会管理是密切关联的,是一种递进的关系。财物是地与民的产物,地是重要的劳动对象,而民是劳动者、主导者,是社会生产和历史的创造者。民无疑是社会的核心,是社会管理的关键。古代社会围绕着民(人)展开,而现代社会也是如此,社会主义精神的核心同样在于解决人的问题。人的解放、人自

---

① 司马迁:《周本纪》,《史记》卷四,北京:中华书局,1959年,第80页。
② 司马迁:《周本纪》,《史记》卷四,北京:中华书局,1959年,第80页。

由而全面的发展是人类社会不变的主题。

儒家伦理的内容丰富庞杂，但其基本精神相对精要。古公亶父的案例涉及仁、德、义的伦理概念。虽然司马迁并非儒家，但仁、德、义的谱系确是儒家伦理的基本逻辑。仁是核心，是本体；德是仁的具体展开与描述；义是行为，是仁德的现实化。司马迁在《史记》中曾提出伯夷、叔齐之问，间接地探讨了道德问题。其曰：

> 伯夷、叔齐，孤竹君之二子也。父欲立叔齐。及父卒，叔齐让伯夷。伯夷曰："父命也。"遂逃去。叔齐亦不肯立而逃之。国人立其中子。于是伯夷、叔齐闻西伯昌善养老，"盍往归焉！"及至，西伯卒，武王载木主，号为文王，东伐纣。伯夷、叔齐叩马而谏曰："父死不葬，爱及干戈，可谓孝乎？以臣弑君，可谓仁乎？"左右欲兵之。太公曰："此义人也。"扶而去之。[①]

伯夷、叔齐是商周易代时期的著名逸民，其父为孤竹君，欲传位于叔齐，但当孤竹君去世后，叔齐想将首领之位让于伯夷，伯夷认为叔齐继位乃是父命，而父命不可违，于是逃去。即便如此，叔齐也不肯继位，同样离开了部落。最后，国人只好立孤竹君的中子为首领。这里体现了远古禅让传统逐渐向孝悌秩序过渡的张力。在伯夷、叔齐的观念中，孝和仁的道德规范已相当明确。他们对武王"父死不葬""以臣弑君"的质问正体现了这两种品德，而他们自己始终践行孝和仁的原则，前有"谨遵父命"，后有"不食周粟"，实在是仁、德、义恰当结合的典范。在《论语》中，孔子对伯夷、叔齐有间接的肯定评价。其文曰：

> 冉有曰：夫子为卫君乎？子贡曰：诺。吾将问之。入曰：伯夷、叔齐何人也？曰：古之贤人也。曰：怨乎？曰：求仁而得仁，又何怨？出曰：夫子不为也。（《论语·述而》）

孔子认为伯夷、叔齐求仁得仁，适得其所。在孔子的话语体系中，以仁来统摄忠、孝。仁上升为本体，是更抽象的范畴；忠、孝是具体的道德规范，直接与道德践行相联系。孝和忠都体现了伦理秩序，而这种秩序从某种程度上又有赖于一定的等级规定，具体由长幼之间，君臣之间的严格区别来实现。伯夷、叔齐求仁得仁，其结局是采薇而食，饿死于首阳山，但其真正的归宿乃是

---

① 司马迁：《伯夷列传》，《史记》卷六十一，北京：中华书局，1959年，第2123页。

仁,以仁为依归。正如孔子所言:"朝闻道,夕死可矣。"(《论语·里仁》)司马迁《史记》称伯夷、叔齐及饿且死时作有一歌,其辞曰:

> 登彼西山兮,采其薇矣。以暴易暴兮,不知其非矣。神农、虞、夏忽焉没兮,我安适归矣? 于嗟徂兮,命之衰矣。①

当伯夷、叔齐饿死于首阳山时,武王早已平定殷乱,自是周有天下。先时,伯夷、叔齐往西岐,是听闻西伯昌善养老,然而其结果是不食周粟,采薇而食,终于饿死首阳山。

> 采薇采薇,薇亦作止。曰归曰归,岁亦莫止。靡室靡家,猃狁之故。不遑启居,猃狁之故。……昔我往矣,杨柳依依。今我来思,雨雪霏霏。行道迟迟,载渴载饥。我心伤悲,莫知我哀。(《诗经·小雅·采薇》)

此篇《采薇》不一定与伯夷、叔齐有必然联系,但"我心伤悲,莫知我哀"的心声应该可以与伯夷、叔齐产生共鸣。我心为何伤悲? 世人为何莫知我哀? 显然,伯夷、叔齐并非悲其身死,"不食周粟"是其理性的自由选择,"求仁得仁"而当无怨。他们所哀的是"以暴易暴""不忠不孝"的道德紊乱,道德紊乱则社会秩序不复存在,所谓"命之衰矣"。伯夷、叔齐闻道而死的抉择不同于豳人归附古公亶父的抉择,后者更多是出于对个体生命的忧患,前者则将视域聚焦于社会和国家,聚焦于公共空间,这是两个层面的追问与抉择。诚然,个体生命的安危与国家社会的稳定是没有任何冲突的,社会安定是个体安全的前提,而个体安全又是社会安定的必然要求。豳人的案例更多在于道德的直觉,而伯夷、叔齐的案例更多在于伦理的抉择。当然,对于伯夷、叔齐而言,此种抉择不会构成困境,因为他们的选择完全出自内心的灵明,出自仁的本体,而不是利益的考量。

与伯夷、叔齐不同,当时商纣王的长兄微子选择了朝周。尽管如此,孔子认为微子也是仁者,其言:"微子去之,箕子为之奴,比干谏而死,殷有三仁焉。"(《论语·微子》)不同的伦理选择出于不同的伦理境遇,对道德的评判,不仅要考量选择所导致的结果,还应考察做出这一选择的原因与条件。任何伦理行为都不是孤立的、单一的,而是一个复杂的系统。就儒家伦理而言,其基本旨

---

① 司马迁:《伯夷列传》,《史记》卷六十一,北京:中华书局,1959年,第2124页。

趣在于重视伦理主体的内心,认为伦理行为是主体内心的呈现。当然,这并不是说行为的结果不重要。《尚书》描述了微子面对纣王恶政选择出走的复杂内心,其文曰:

> (微子)曰:"父师、少师,我其发出狂?吾家耄逊于荒?今尔无指告,予颠隮,若之何其?"……父师曰:"商今其有灾,我兴受其败;商其沦丧,我罔为臣仆。诏王子出迪。我旧云刻子、王子弗出,我乃颠隮。自靖!人自献于先王,我不顾行遁。"(《尚书·商书·微子第十七》)

微子"若之何其",可见其内心的焦虑与彷徨,他试图从箕子(父师)和比干(少师)那里得到可行性建议。箕子的回答非常直接,他认为"王子弗出,我乃颠隮",但是每个人的处境不同,做出的选择也会不同。他建议微子出走,而自己"不顾行遁"。司马迁认为:"微子故能仁贤,乃代武庚,故殷之余民甚戴爱之。"[1]微子之行异于伯夷、叔齐,但微子之仁与伯夷、叔齐无异。可见,儒家的伦理体系不是只包括简单的纲常,而要结合具体的语境,具体的道德实践。

宋元易代之际,这种伦理抉择也摆在了赵孟頫(1254—1322 年)面前。同微子朝周的境遇相仿,赵孟頫乃是以宋朝皇族身份改节事元,所以后人对他不乏微词。纪昀读到赵孟頫《和姚子敬韵》"同学故人今已稀,重嗟出处寸心违。自知世事都无补,其奈君恩未许归"[2]之句颇为感慨,认为赵孟頫虽然文采风流,冠绝当时,但其晚年对"改节事元"是有悔恨的。[3] 柯劭忞在其《新元史》中据《大雅》"殷土肤敏,裸将于京"(《诗经·大雅·文王》)之句,感叹世人可以理解微子之朝周,那为什么不能理解赵孟頫之改节事元呢?[4] 当然,能够理性分析的人不会对赵孟頫有过多责难,而会更加同情赵氏王朝。但纪昀的评判,更多透露着政治的、道德的导向。对于道德的评判和伦理的规范而言,贰臣始终充满争议。如果对他不加批判地肯定的话,无疑会导致舆论的混乱,不利于社会意识形态的管理。所以,尽管赵孟頫才华横溢,但其书法往往被人冠以一"媚"字,原因即在于此。

---

① 司马迁:《宋微子世家第八》《史记》卷三十八,北京:中华书局,1959 年,第 1607 页。

② 赵孟頫:《和姚子敬韵诗》《松雪斋集》卷十,北京:中国书店出版社,1991 年,第 156 页。

③ 纪昀等:《四库全书总目提要·集部十九》卷一百六十六,海口:海南出版社,1999 年,第 765 页。

④ 柯劭忞:《新元史·列传第八十七》卷一百九十,上海:上海古籍出版社,2017 年,第 4326 页。

　　社会需要正能量,人们需要正面形象,这种正面形象往往充满气节,具有高尚的道德。明清易代之际,甲申政变之后,刘宗周(1578—1645 年)正好担当了这样的角色。南明弘光元年(1645)五月,清兵攻破了南京,福王朱常洵被俘遇害,之后潞王朱常淓监国,退居杭州。同年六月十三日,杭州也毫无悬念地失守。潞王在彷徨中降清。两天之后,刘宗周接到了这一消息。其实他早已给自己安排了"正命之时",面对惨淡的人生,轰然倒塌的家国,身为御史大夫,他自知唯有一死,才能不为所辱。崇祯之变,当死;南京失守,当死;监国纳降,又当死。① 刘宗周认为当时江南士子降清之举是对名教的玷污,是对人格的辱没。他倡导"慎独"之学,希冀通过对内在道德本体的探求,寻求道德实践的现实架构,并逐步向外扩充,达到超验本体与日常功夫的合一,完成由诚意而正心、修身、齐家、治国、平天下的成人之道。他毅然效仿伯夷、叔齐,绝食两旬而死。

　　后人多认为刘宗周承当了儒家的基本精神,认为他逝后绝无儒家。儒家的这种精神被称为士大夫精神。士大夫的气节是儒家伦理的重要呈现。"士"是古代社会的重要阶层,是社会的精英,这一阶层在一定程度上承载着民族的灵魂。

　　通过一些案例的分析,可知儒家伦理具有深厚的文化底蕴。气节体现的是一种关系,尤其是个体与国家的关系。它能维系与稳定大秩序,能够将国家利益推向更醒目的位置,进而彰显仁义的道德情怀。蕺山后学黄宗羲(1610—1695 年)"天下为主,君为客"的思想,正是对古代道德实践和社会管理经验的总结,是对儒家忠孝观念的理性诠释,体现了对天下百姓的无限眷念。其文言:

> 　　古者以天下为主,君为客,凡君之所毕世而经营者,为天下也。今也以君为主,天下为客,凡天下之无地而得安宁者,为君也。是以其未得之也,屠毒天下之肝脑,离散天下之子女,以博我一人之产业,曾不惨然,曰:"我固为子孙创业也。"其既得之也,敲剥天下之骨髓,离散天下之子女,以奉我一人之淫乐,视为当然,曰:"此我产业之花

---

① 吴光主编:《刘宗周全集》第三册,杭州:浙江古籍出版社,2007 年,第 2013 页。

息也。"然则为天下之大害者,君而已矣。①

黄宗羲对于君权的思考,无疑带有对明末政治社会经验总结的意味。士大夫的气节在于能够胸怀天下苍生,而不是一己之私利。当然,个体与天下依存关系的强化不是自然而然的,而是不断地熏陶与教化的。虽然仁的本体人人具足,但是忠孝的伦理呈现是后天经验的产物,而不是先验的预设。如果脱离经验,仁的本体则无法彰显。所以黄宗羲在《明夷待访录》中一方面强调君臣的本分,另一方面十分强调学校教育。明清之际,甚至从古至今的圣贤都是教化的产物。士人的气节共同体构成了一个民族的气象,也铸就了一个民族的精神。《论语》记载了一则孔子到武城考察的案例,较充分地体现了儒家对教化的重视。其言曰:

> 子之武城,闻弦歌之声。夫子莞尔而笑,曰:"割鸡焉用牛刀?"子游对曰:"昔者偃也闻诸夫子曰:'君子学道则爱人,小人学道则易使也。'"子曰:"二三子!偃之言是也。前言戏之耳。"(《论语·阳货》)

教化是儒家伦理得以展开的重要环节。孔子到武城听到的弦歌之声乃是教化的象征。弦歌之声是乐教,除此还有礼教、诗教等多项内容。《诗经》《尚书》《礼记》《周易》《乐经》及《春秋》是孔子教授弟子的重要文本,也是儒家传统一脉相承的文化载体。孔子的教化不是呆板的,有灵活多变的方式与形式,譬如"前言戏之耳",他用生动活泼的语言,充满幽默的智慧,使教化洋溢着愉悦的气氛。孔子之教应机而化,他注重教育的时机,注重学生的资质。"前言戏之耳"的方式是针对子游的。在不同的时间,不同的地点,面对不同的对象,给予不同形式的教化。正因如此,弟子对孔子精神的领会不尽相同,这也导致孔子殁后,其门人意见的分歧,有所谓子游之儒、颜氏之儒等。《礼记》记载了子游与曾子关于小敛之奠的分歧:

> 小敛之奠,子游曰:"于东方。"曾子曰:"于西方,敛斯席矣。"小敛之奠在西方,鲁礼之未失也。(《礼记·檀弓上》)

"小敛之奠在西方"是颜氏之儒曾子的观点,这一礼制在鲁国得以推广传承。而子游在与曾子的竞争中未能脱颖而出,他的思想在北方并不流行。于

---

① 黄宗羲:《明夷待访录·原君》,《黄宗羲全集》第一册,杭州:浙江古籍出版社,1985年,第10页。

是,子游离开了鲁国,向南而行,到南方传扬孔子学说,致使在"周之季世,列国争雄,功私是尚"①的时代,吴人竟能独悦周公、仲尼之道。虽然子游和曾子对孔学的领悟不同,其主张也不同,但他们都极力阐扬儒家思想,使儒家伦理教化发挥最大限度的作用,使"君子学道则爱人,小人学道则易使"(《论语·阳货》)。这里"君子"指士子,指知识阶层;"小人"指百姓,而不是指道德有欠缺的人。"君子"与"小人"的区分不一定是等级或阶级的区分,而更强调的是一种伦理秩序与社会秩序。君子(士子)是管理者,或社会的精英阶层,能够引导社会舆论及社会风气;小人(百姓)是被管理者,是社会生产的引领者,是历史的创造者,是国家事务的中心。因此,就儒家伦理的语境而言,既然"君子爱人",那么"小人易使"是没有道德偏见的。君子的"爱人"是其内在道德直觉的灵明,而不是利益的考量。"爱人"是社会管理的目的,"易使"只是社会管理的手段。

教化的结果如此,那么教化的次第如何?《礼记·大学》用三纲领、八条目来融摄教化的过程。所谓三纲领即明明德、亲民及止于至善;所谓八条目即格物、致知、诚意、正心、修身、齐家、治国及平天下。三纲领与八条目有严格的内在逻辑,而不是简单的概念罗列。

大学之道即教化之道,所明之明德就是以忠、孝为核心的伦理规范,孝是私人空间的延展,忠是公共空间的扩充,亲民所蕴含的是对家园的眷念与家国的情怀。家园眷念与家国情怀陈述的是个体与社会的关系,解决生活与生存的基本问题。家园眷念与孝对应,家国情怀与忠对应;其所止之至善即性灵,是人的灵性。性灵是体,家园眷念与家国情怀是思,思具体展开为忠与孝,然后形成教化之行。思与行构成性灵本体之用。明明德、亲民、止于至善的大学之道是人之道。人是最大的前提与目的,所以诚意正心、格物致知的大学之道就是学以成人之道,这是从人的视角来看的。与人相对应有物的存在,人与物便是太极演化的内容。物的特性是自然,自然之体展开为时空与运动变化的规律,规律构成物理空间,具体以生、灭为内容,由物理空间延伸到人文空间便是审美与生产的转化过程(见图 3-1)。

---

① 尤麒、陈露辑:《嘉靖武城县志》,嘉靖二十八年(1549)刻本,第 35 页。

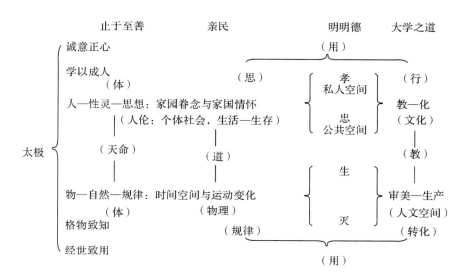

图 3-1 《大学》教化

《大学》原是《小戴礼记》的第四十二篇,相传为曾子所做,实出于秦汉时期儒家之手。后经北宋程颢、程颐竭力推崇与阐扬,又有南宋朱熹撰《大学章句》,而入"四书"之列。《大学》总结概括了儒家的伦理旨趣,以及关于道德践行的原则和方法,其谈人的灵性尚用"止于至善"的间接描述,而《中庸》对性灵的探讨则更具体。其文曰:

> 天命之谓性,率性之谓道,修道之谓教。道也者,不可须臾离也,可离非道也。是故君子戒慎乎其所不睹,恐惧乎其所不闻。莫见乎隐,莫显乎微,故君子慎其独也。喜怒哀乐之未发,谓之中;发而皆中节,谓之和;中也者,天下之大本也;和也者,天下之达道也。致中和,天地位焉,万物育焉。(《礼记·中庸》)

人的性灵是天命,天命的展开称为率性,率性就是道,对道的体认与修行就是教化。道德的教化具体而言就是处理"君臣""父子""夫妻""兄弟""朋友"之间关系的"五达道",以及"五达道"所依据的智、仁、勇"三达德"。"五达道""三达德"又是通过"慎独自修""至诚尽性"的功夫来实现。"慎独"才能达到"天地位焉,万物育焉"的"致中和"之境,即"喜怒哀乐之未发,发而皆中节"。"至诚"才能"尽性",才能"赞天地之化育"。

> 自诚明谓之性。自明诚谓之教。诚则明矣,明则诚矣。唯天下至诚,为能尽其性;能尽其性,则能尽人之性;能尽人之性,则能尽物之性;能尽物之性,则可以赞天地之化育;可以赞天地之化育,则可以与天地参矣。(《礼记·中庸》)

人是儒家伦理的出发点,而人的性灵则是儒家伦理的核心。"至诚"的目的是"尽性",尽人之性,而对人之性的把握和呈现有助于对物之性的理解和体认,人和物构成了天地宇宙的基本秩序。

那么人的性灵从何而来?人为什么会有灵性?孟子对人与禽兽的差别做了辨析:

> 人之所以异于禽兽者几希;庶民去之,君子存之。舜明于庶物,察于人伦,由仁义行,非行仁义也。(《孟子·离娄下》)

孟子认为,人与禽兽的差异微乎其微。这微乎其微之处即是"仁义","仁义"的具体化就是"庶物"与"人伦"。"天命之性,率性之道,修道之教"的逻辑次序是不容混乱的。于是,孟子又区分了"仁义行"与"行仁义"。"仁义行"是由体而用的自然流露,"行仁义"则是由用而体的造作过程。儒家伦理教化之道在于强调自然,在于性灵本体的呈现,而不是人为施设。

儒家的主流是典型的性善论,认为仁义的道德直觉本具,而不是外在作用的结果。与性善论相对,还有典型的性恶论(荀子)、性无善恶论(告子)、性善恶混论(扬雄)、性三品说(韩愈)、性善情恶说(李翱)等。荀子曾言:

> 故圣人化性而起伪,伪起而生礼义,礼义生而制法度。(《荀子·性恶》)

荀子"化性起伪"的观点正是孟子所讲的"行仁义"。在孟子看来,性可率,而不可化。可化者非性,而是伪,是人为教化。教化的结果是礼义的产生和法度的制定。孟子的思想是基本贯彻"天命之性,率性之道,修道之教"的《中庸》逻辑的,而荀子似乎不承认"天命之性",认为"性"是可化的,可改变的。荀子以"化"判"性",而倡导性无善恶论的告子则是以"率"判"性"。其曰:

> 性犹湍水也。决诸东方则东流,决诸西方则西流。人性之无分于善不善也,犹水之无分于东西也。(《孟子·告子上》)

告子认为性是"无善无不善的","人性之无分于善不善也,犹水之无分于东西"。但是,现实的情况是水是分东西的,人是有善恶的。那么东西和善恶是怎么来的呢?显然是"决"和"分"的结果。所以告子乃是在"率性"的层面上探讨"天命之性"的本体问题,理论上与荀子有相同之处,实践上不具有建设性,不利于(也不可能)解决现实问题。儒家对人性的探讨,其目的在于"率性",在于"修道",在于道德实践的具体展开,在于对社会国家的管理,在于百姓的安居乐业。

对于人性争论的善恶混论(扬雄)、性三品说(韩愈)、性善情恶说(李翱)等观点,此处不再赘述。但争论的结果看他们在什么层面上探讨,是先天的层面,还是后天的层面。概而言之,性善论倾向于人心之本体,性恶论则倾向于物理之自然。性善论肯定人心向善的可能性,所以强调伦理道德与人文教化;性恶论则肯定人心向恶的可能性,所以强调契约的订立和暴力机构的设置。总之,如何在人伦与物理之间达到平衡始终是问题探讨与解决的关键。孟子在"心"的层面上来说明"性灵",以及"性灵"的展开,似乎继承发挥了孔子之学。

> 人之所不学而能者,其良能也;所不虑而知者,其良知也。(《孟子·尽心上》)

良知良能就是人的性灵,就是天命。这个良知良能又通过什么来呈现呢?孟子提出"四心说"来阐释。其言曰:

> 人皆有不忍人之心。先王有不忍人之心,斯有不忍之政矣。以不忍人之心,行不忍人之政,治天下可运之掌上。……由是观之,无恻隐之心,非人也;无羞恶之心,非人也;无辞让之心,非人也;无是非之心,非人也。恻隐之心,仁之端也;羞恶之心,义之端也;辞让之心,礼之端也;是非之心,智之端也。(《孟子·公孙丑》)

不忍人之心是性之所率,恻隐、羞恶、辞让、是非"四心"是不忍人之心的具体化,有四心,然后有仁、义、礼、智的道德施设。四心与四德之间,孟子用"端"来联结。恻隐是仁之端,羞恶是义之端,辞让是礼之端,是非是智之端。孟子这里的"仁"的概念不同于孔子所说的"仁",孟子是在道德规范的层面来使用"仁"的。当然,孟子又说"仁"是"人心",与"人路"之"义"相对。其曰:

> 仁,人心也;义,人路也。舍其路而弗由,放其心而不知求,哀哉!人有鸡犬放,则知求之;有放心而不知求。学问之道无他,求其放心

而已矣。(《孟子·告子上》)

孟子以"鸡犬之放"比喻"人心之放",又以"人心之放"来说明道德的缺失。所放之心是人的良知之心,所求者是仁、义、礼、智之道德。"求"是道德之教化,通过仁、义、礼、智的道德教化。所以孟子认为,学问是涵养道德的学问,学问之道的关键在于"求其放心",将缺失的道德重新涵养起来,使人的良知良能、性灵本体的光芒重新散发出来。

王阳明(1472—1529年)的学问在很大程度上发挥了孟子之学,他将性灵推向极致,但他强调的是人心(人伦)与物理的沟通,而不是人心(人伦)与物理的等同。譬如《传习录》中著名的"岩中花树"案例很能说明他的这一思想特质。其文曰:

> 先生游南镇,一友指岩中花树问曰:"天下无心外之物,如此花树在深山中自开自落,于我心亦何相关?"先生曰:"你未看此花时,此花与汝心同归于寂;你来看此花时,此花颜色一时明白起来,便知此花不在你的心外。①

王阳明这番关于"花树"的议论旨在说明人心的功能,以及物理世界对人的意义,而不是为了诠释物理世界的客观实在性。王阳明"不在心外之花"是从"花"对人的意义而言,"此花颜色一时明白起来"实是"人的心一时明白起来",由此"人心"才有人的情感,才有人的关系,才有人的社会。人心的灵明就是良知,就是天命。天命即性即良知,率性则是致良知。良知之道在修为,教化能合知与行。的确,儒家伦理的旨趣在于探讨与建立秩序,秩序是由关系构成的,主要是人与人的关系,人与物的关系。诚然,在秉持儒家精神的前提下,王阳明的叙述方式发生了变化,吸收了道家,乃至佛教哲学的方式。这与他早年学道、学禅的经历有关,也导致了阳明学在王阳明殁后的分张。

儒家伦理从春秋肇端,经两汉魏晋至隋唐,再发展到宋明,尤其是明清以降,出现了重大的思想转向。这种思想转向是随着阳明良知之学的进一步理解、王门后学的逐渐分化、狂禅现象的滥觞、东林学派的崛起,以及清初一些思想流派的鼓吹而产生形成的。这种转向是思想结构的重建,产生了极其深远的思想效应。从孔子、孟子等先秦儒家以"仁"和"礼"为中心的结构转向了朱

---

① 王阳明:《传习录》下,《王阳明全集》,上海:上海古籍出版社,2011年,第72页。

熹、王阳明及阳明后学以"心"和"性"为中心的体系。但是我们可以发现,中国传统文化忠孝伦理的主题没有变,家园意境与家国情怀并未消退;忠孝伦理、家国情怀始终贯穿在传统文化的发展进程之中。

二、从智勇精神到孝亲报国的践行

清光绪《慈溪县志》载有"汲水奉母"之事,记述东汉时人董黯之孝行。本书以"汲水奉母"为例,进一步讨论忠孝伦理的现实化问题,以及智勇精神在现实化进程中的作用。董黯家贫,早年丧父,奉养母亲,极尽孝道。母亲患疾时喜饮大隐溪水,但路途遥远,汲水殊为不易,于是董黯就在溪旁筑室,以便每日获取水源。董黯孝行却招来邻人忌恨,引起了争端。《慈溪县志》载曰:

> 比舍有王寄者,富而不孝。二母各言其子,寄闻而衔之,伺孝子出,苦辱其母。孝子知之,恐贻母忧,默而不言。母既葬,斩寄首以祭母墓,自囚以告有司。和帝释其罪,召为郎。不就,以寿终。[1]

董黯是孝子的典范,备受关注与重视。关于"汲水奉母"之事的记载也颇多,早在唐大历十二年(777),明州刺史崔殷便已为董黯庙撰写碑文,记述其事。后宋代张津乾道《四明图经》、罗濬宝庆《四明志》、元代袁桷延祐《四明志》、明代杨实成化《宁波府志》、张时彻嘉靖《宁波府志》,以及清代康熙《鄞县志》、雍正《宁波府志》、光绪《鄞县志》等都载有其事,文本大同小异。文本叙述是传统文化的符号形态,前文已有论述,此处不赘。这里我们要关注的是"孝心"如何现实化为"孝行"。有心无行不是真心,有行无心不是真行。心、行之间必然要建立一种联系,形成有效的沟通。那么忠孝伦理和家国情怀,就必须转化为或落实到孝亲报国的具体实践中去,如董黯的孝心就是在日常的"采薪供养,甘果美味,奔献于母"行为中呈现出来,不然所谓的忠孝伦理和家国情怀就会空洞化和虚无化。

"孝亲报国"的实践不是盲目的,而是需要有"智勇精神"的支撑,即一要勇,二要智。实践是对现实问题的解决,需要面对和化解不同的矛盾和冲突,这便需要勇气和智慧,如董黯的案例中就出现了两种明显的矛盾与冲突。一

---

[1]　杨泰亨、冯可镛:《慈溪县志》卷二十四,清光绪二十五年(1899)刊本,第1-2页。

是道德与法律的评价冲突。董黯"斩寄首"的行为明显触犯了法律，这一点董黯也明确知晓，所以他"自囚以告有司"，投案自首。但董黯没有得到应有的法律制裁，而是被无罪释放。王寄苦辱董黯之母在前，故有董黯斩王寄首级以祭母墓的行为。在汉和帝看来这是孝道的体现，出于道德的考量，他释董黯之罪，道德与法律的冲突就这样被化解了。二是忠孝伦理的内在冲突。汉和帝不但释董黯之罪，而且召他为郎，但出乎意料的是董黯并未应召。这是违逆圣心的不忠行为，但按传统伦理，双亲亡故须守孝三年。慎终追远、民德归厚是传统社会治理的基础，因此，当董黯的忠、孝发生冲突时也未招来汉和帝的谴责与降罪。

从传统社会治理的理论逻辑来看，它的根基是忠、孝同源，家、国一体的固有思路，所以，忠、孝之间不存在根本性的、不可调和的冲突。大忠即孝，大孝亦是忠。在传统文化中，忠、孝往往能够两全，家、国必然可以无忧。总之，从董黯的案例分析，我们可以明确冲突的化解需要智慧与勇气，这是从忠孝伦理、家国情怀到孝亲报国实践展开不可或缺的精神。

我们再将视线转向《论语》。在《论语》中孔子曾与子路有一段关于"勇敢"的对话，我们以此为切入点进一步讨论忠孝伦理、家国情怀的现实化，以及进一步说明中国传统文化的精神在于由仁、礼开出的忠、孝、智、勇精神及家国情怀。

> 子曰："道不行，乘桴浮于海，从我者其由与？"子路闻之喜。子曰："由也，好勇过我，无所取材。"（《论语·公冶长》）

"道不行，乘桴浮于海"是孔子想逃离现实社会，放下一切事务吗？他的内心是否有矛盾，是否有无奈？的确，孔子的真实心境到底如何是值得深入分析的。孔子曾对"天下有道"和"天下无道"做了区分，认为"天下有道，则礼乐征伐自天子出；天下无道，则礼乐征伐自诸侯出"（《论语·季氏》）。那么孔子所处的时代是"有道"还是"无道"呢？当时的社会状况是"道之不行""道之不明"（《中庸》第四章），这是孔子所观察到的，也对其有深刻认识。不仅是儒家，其他学者也普遍有这样的判断，如道家老子亦言："天下有道，却走马以粪。天下无道，戎马生于郊。"（《道德经》第四十六章）诸侯混战、社会失序、天下无道是当时思想家所共同面对和亟须解决的问题。

孔子的志向便是解决当时的社会问题，他选择的途径是恢复周朝的礼乐制度，因为在孔子看来周朝的礼乐制度是非常完善和完美的，所谓"郁郁乎文哉，吾从周"（《论语·八佾》）。孔子进一步认为"复礼"需要"克己"，需要克制自己的思想和行为，在自身道德的完善和提升上下功夫。概而言之，"克己"即无论生活情境如何变化，始终不违背仁的原则，"无终食之间违仁，造次必于是，颠沛必于是"（《论语·里仁》）。为了仁德的呈现和志向的实现，孔子甚至可以不惜牺牲自己的生命，"朝闻道，夕死可矣"（《论语·里仁》）。其决心不可谓不大，其意志不可谓不坚。但孔子为什么会抛出"道不行，乘桴浮于海"的话题呢？他也曾提出"天下有道，丘不与易也"（《论语·微子》）的观点，即如果"天下有道"，就不会这么殚精竭力地从事社会活动了，也即"天下无道（道不行），丘与易也"，这与"道不行，乘桴浮于海"是否矛盾呢？孔子内心的真实想法是什么呢？"邦有道则仕，邦无道则隐"（《论语·泰伯》）的抉择是不是一种逃离社会的态度呢？这里需要明确的是，"归隐"不是怯弱和退缩，而是极具智慧的待时而动。《周易》言："君子藏器于身，待时而动。"（《周易·系辞》）孟子对此亦有总结性的论述，其言曰：

> 天下有道，以道殉身；天下无道，以身殉道。未闻以道殉乎人者也。（《孟子·尽心上》）

如果"天下有道"的话，自己便能出仕，实践自己的理想和学说，"道"也就随着出仕而得以推行。如果"天下无道"的话，自己便选择归隐，力求以身守道，而不可为了"道"而屈从于世俗，因为这恰恰是违背"道"之原则的。孔子"乘桴浮于海"与孟子"以身殉道"都是战术上的无奈转为战略上的建设与巩固，其"以身守道"的策略具有长远的战略意义，而不是简单的退缩和逃避。

孔子的选择是在呼唤一种"勇气"，这是中国知识分子的"勇气"。他的选择具有一定的代表性，尤其是在儒家学者群当中，前文谈及的赵孟𫖯的纠结也根源于此。我们往往把"勇气"和"英雄"放在一起考量，认为"勇气"是"英雄"的特质，或者说"英雄"必然是有"勇气"的。那么孔子、孟子等儒家学者，乃至中国传统文化中出现的诸多思想家都是"英雄"吗？英雄和英雄崇拜是一个历久弥新的话题,甚至有人认为"整个世界历史的灵魂就是这些英雄的历史"①,这当然是片面的,但也能说明"英雄"和"勇气"的重要性,所以我们能够理解孔子对"勇气"的委婉呼唤。诚然,孔子所呼唤的"勇气"不是一个单一的、平面的概念,或者说"勇气"除了通常意义上的英雄的"孔武之力"外还具有极丰富的内涵。

"勇"不是无所畏惧,一往无前。孔子曾明确给出君子的"三畏",即"畏天命,畏大人,畏圣人之言"(《论语·季氏》)。"天命"是万事万物的自然流行,"大人"是有德有位之人,"圣人之言"是道德之教化,对这三者孔子不是惧怕,而是敬畏。"天命"是"道","大人"是依"道","圣人之言"是说"道"。孔子"三畏"实是敬畏"天道",因敬而畏,而不是因惧而畏。孔子言:"用之则行,舍之则藏。……暴虎冯河,死而无悔者,吾不与也。必也临事而惧,好谋而成者也。"(《论语·述而》)孔子的"勇"是有谋略的勇,而不是有勇少谋,正因为如此,孔子认为子路"好勇过我,无所取材"。孔子还曾提出"君子三戒":"少之时,血气未定,戒之在色;及其壮也,血气方刚,戒之在斗;及其老也,血气既衰,戒之在得。"(《论语·季氏》)子路之"勇"是血气方刚之"勇",这正是孔子所要戒除的。

柏拉图也曾在《拉凯斯》中谈论勇敢与知识的问题。《拉凯斯》是拉凯斯、尼西亚斯、苏格拉底三个人的对话。在对话中,苏格拉底将勇敢规定为美德的一种,而我们必须首先知道勇敢(美德)的性质,因为如果不了解事物的性质的话,就不可能获得关于该事物的任何知识。苏格拉底认为,有些人在抗拒快乐中表现出勇敢,有些人在忍受痛苦中表现出勇敢,有些人在克制欲望中表现出勇敢,有些人在克服恐惧中表现出勇敢。勇敢的表现形式很多,但我们依然无法把握勇敢的普遍性质,因此并不真正地拥有关于勇敢的知识,我们只是给出了勇敢的行为,而真正的勇敢必然是与知识相关联的。② 勇敢是智慧的,而不是盲目的。对知识的恰当应用是勇敢的内在要求,也是智慧的体现。

如前文所论,知识有两个方面的内容:一是关于"物理"的知识,主要是对

① 卡莱尔:《英雄和英雄崇拜》,张峰、吕霞译,上海:上海三联书店,1988年,第1页。马克思和恩格斯认为卡莱尔把英雄崇拜说成是解救绝望的现状的唯一办法,说成是一种新的宗教。这是基于当时资产阶级观念、趣味和思想在英国居于绝对地位的背景,而卡莱尔的言论在一定程度上反对了资产阶级,具有一定的革命性。参见马克思、恩格斯:《马克思恩格斯全集》第七卷,北京:人民出版社,2006年,第301页。
　　② 柏拉图:《拉凯斯篇》,《柏拉图全集》第一卷,王晓朝译,北京:人民出版社,2002年,第168页。

事物性质及自然规律的认识;二是关于"人伦"的知识,主要是对道德原则及伦理规范的体认。"物理"知识要解决的是"自我"与"他者"的有效联系问题,"人伦"知识则将视线转向"自我"本身,处理人与人之间的关系。"物理""人伦"两种知识的交汇便构筑了我们对共在(世界)的立体理解和把握。朱熹"格物致知"的方法论就是从"物理"的进路去体认"天理",而王阳明"致良知"的方法论则是从"人伦"的视角去呈现"天理",两种进路不同,但最终要解决的问题是一致的。我们可以进一步推论,对"物理"知识的探索有利于自然科学和各类技术的发展,社会发展的速度因此得以加快,[①]而对"人伦"知识的探讨有助于良好社会秩序的建立,使得社会发展保持明确的、清晰的、稳固的方向。诚然,儒家的路径主要是从"人伦"的视角,试图从"人伦"出发把握"天道"的整个知识体系。

知识是事物之间的联系,而智慧是对知识的现实应用。显然,知识的获取和智慧的开发需要持续的学习。孔子曾提出"六言六蔽"强调"好学"的重要性,其言曰:

> 好仁不好学,其蔽也愚;好知不好学,其蔽也荡;好信不好学,其蔽也贼;好直不好学,其蔽也绞;好勇不好学,其蔽也乱;好刚不好学,其蔽也狂。(《论语·阳货》)

"六言"是仁、知、信、直、勇、刚等六种品德,这六种品德的养成需要通过"好学"来实现。所谓"人无远虑,必有近忧"(《论语·卫灵公》),在强烈的忧患意识推动下,知识的学习逐步展开,并贯穿整个生命过程。孔子曾概括自己的生命历程:"吾十有五而志于学,三十而立,四十而不惑,五十而知天命,六十而耳顺,七十而从心所欲不逾矩。"(《论语·为政》)孔子"十有五而志于学",所学何事?立、不惑、知天命、耳顺、从心所欲不逾矩等五个方面是"志于学"的效果,"志于学"的内容则是"道",具体是仁和礼。

孔子的生命历程实际上是学而近道的过程,"七十从心所欲不逾矩"是对"道"的充分体认,完全不违背仁和礼的原则,其所不逾越的是孝、忠、义等方面

---

① 有些思想家对当代技术发展现状持悲观态度,譬如贝尔纳·斯蒂格勒(Bernard Stiegler)认为人类学与技术学之间的关系越来越紧张,当今技术的力量具有毁灭整个人类的危险,技术造成了种族的非区域化,新的知识、自然、政治、经济、时间和空间的变迁等现象将摧毁劳动、家庭等传统的社会模式。参见斯蒂格勒:《技术与时间:爱比米修斯的过失》,裴程译,南京:译林出版社,2000年,第103-104页。

的具体规定。"从心所欲不逾矩"需要"勇气"和"智慧","智慧"能够为"勇气"找到方法和方向,"勇气"所具体指向的事务主要体现在仁和礼原则规定下的四个方面:孝、忠、义、省。子夏曾言:"贤贤易色。事父母,能竭其力。事君,能致其身。与朋友交,言而有信。"(《论语·学而》)侍奉父母能够竭尽所能,侍奉君王能够不计生死,与朋友交往能够诚实守信。这样的人是有勇气、有智慧的,值得我们尊重和学习。"事父母"为"孝"。传统文化讲百善孝为先,可见孝的重要性,但"孝"并非易事,"有事,弟子服其劳;有酒食,先生馔"都不见得是"孝"。"孝"之难,难于"色",即难在侍奉父母始终做到和颜悦色。"事君"为"忠"。君王只是国家的表征而已,因此,"忠"不仅忠于君王,更核心的则是忠于国家。"与朋友交"为"义"。孔子认为"君子义以为上",如果君子有勇而无义就会作乱,小人有勇而无义就会成为盗贼。荀子也曾对"勇"有所论述,他将"勇"分为四种,其言曰:

> 有狗彘之勇者,有贾盗之勇者,有小人之勇者,有士君子之勇者。争饮食,无廉耻,不知是非,不辟死伤,不畏众强,牟牟然惟利饮食之见,是狗彘之勇也。为事利,争货财,无辞让,果敢而振,猛贪而戾,牟牟然惟利之见,是贾盗之勇也。轻死而暴,是小人之勇也。义之所在,不倾于权,不顾其利,举国而与之不为改视,重死持义而不桡,是士君子之勇也。(《荀子·荣辱》)

"狗彘之勇"是动物性的勇敢,往往是出于生存和繁衍的本能。但人具有较好的社会组织性,其行为受人类文化和人类理性的制约,通常不表现为"狗彘之勇",当然,也不排除一些非理性的特例。"贾盗之勇"便是"狗彘之勇",人类的非理性表现,这种勇敢总是为了财物、利益而争斗,出于自私的、自我的目的。"小人之勇"不珍爱生命,包括自己的和他人的。他们会凭着自己的"意志"无所忌惮地行事,甚至是实施暴行,而不计任何后果。这种勇敢非常狭隘,也缺乏智慧。"士君子之勇"是真正的勇敢,特点是"以义为先",只要符合道义,任何困难都不能成为其退缩的理由,即使在生死抉择的情境下也毫不犹豫。如果不符合道义,面对任何利益诱惑,也不为所动。因此,在荀子看来,评判"勇"的标准只有一个,那便是是否与"道"契合。值得注意的是,他对"勇"的界定突出了"义之所在"的原则,"义"的约束成为"勇"的应有之义。

"勇"的实践对象包括父母、君王、朋友,还包括自我,尤其是自我省思的勇气。曾子日三省其身:"为人谋而不忠乎? 与朋友交而不信乎? 传不习乎?"
(《论语·学而》)反思日常生活情境中做得不足的地方,并加以改正。"过而不
改,是谓过矣。"(《论语·卫灵公》)省思而能改过,这是一种自我修复、自我完
善的勇气和能力。掌握这种勇气和能力便能坦坦荡荡,不忧不惧。"内省不
疚,夫何忧何惧?"(《论语·颜渊》)不忧不惧,而后才能勇猛精进,甚至是"死而
后已"。曾子言:"士不可以不弘毅,任重而道远。仁以为己任,不亦重乎? 死
而后已,不亦远乎?"(《论语·泰伯》)孔子亦言:"志士仁人无求生以害仁,有杀
身以成仁。"(《论语·卫灵公》)

　　总之,"勇气"不能孤立地理解,必须与"智慧"协调互动。"智慧"是对知识
的运用,更深层次地讲,"智慧"是通过仁、礼的原则,在现实生活中实现对"道"
的体认。因此,真正的"勇"是在仁、礼、义、学等原则约束下的勇,我们可称其
为"智勇"。无约束的"勇"则是"小勇",甚至是"恶勇"。"勇气"与"智慧"(仁、
礼、义、学)的关系,从某种程度上讲是它与仁、礼等约束因素的关系。没有仁、
智、义的约束,"勇"可能成为不确定的因素,这与孔子所处的生活情境有关,在
礼崩乐坏、社会失序的背景下,没有制约的"小勇"和"恶勇"被看作是社会不稳
定的直接推动力,因此孔子对子路言"好勇过我,无所取材",可见其对"勇"的
担忧甚于推崇。

　　儒家不排斥"勇",但在儒家的理论逻辑中"勇"的位置是靠后的。"仁者必
有勇,勇者不必有仁。"(《论语·宪问》)第一个"勇"是"智勇",第二个是"小勇"
或"恶勇"。"勇"在"仁"后,有"仁"必有"勇",但有"勇"不一定有"仁"。孔子
言:"好勇疾贫,乱也。人而不仁,疾之已甚,乱也。"(《论语·泰伯》)"人而不
仁"容易导致社会混乱,"好勇疾贫"是因为缺乏"仁"的约束,同样容易导致社
会混乱。"勇"又在"礼"之后。孔子言:"恭而无礼则劳;慎而无礼则葸;勇而无
礼则乱;直而无礼则绞。"(《论语·泰伯》)恭、慎、勇、直都是良好的品德,但都
需要用"礼"来约束。子贡曾问孔子君子是否有厌恶的人,孔子即称"恶勇而无
礼者"(《论语·阳货》)。可见"礼"在"勇"先。

　　"勇"也在"义"和"学"之后。"君子义以为上。君子有勇而无义为乱,小人
有勇而无义为盗。"(《论语·阳货》)"勇"作为一种德性更偏向于工具性的,而
缺乏内在的原则性,即"勇"有两种偏向,它可以偏向于"智勇",也可以偏向于
"小勇"或"恶勇"。这与"仁""礼""义"的范畴不同。"勇"也在"学"之后。"好
勇不好学,其蔽也乱。"(《论语·阳货》)也就是说,只有在仁、礼、义、学的重重

约束之下，"勇"才能呈现它的作用，不然容易偏离正常的轨迹而生乱。

"仁者不忧，知者不惑，勇者不惧。"（《论语·子罕》）三达德的约束结构决定了须取中道而行，这是孔子的"自道"，也普遍适用于儒家其他学者。《中庸》言："天下之达道五，所以行之者三，曰：君臣也、父子也、夫妇也、昆弟也、朋友之交也。五者，天下之达道也。知、仁、勇三者，天下之达德也。所以行之者一也。""所以行之者一也"，其"一"为何？"一"即"中道"。如果不依"中道"而行，必定走向"狂狷"，要么进取过头，要么谨慎有余。孔子的方法是"叩其两端"，取"中庸"之道：

> 吾有知乎哉？无知也。有鄙夫问于我，空空如也。我叩其两端而竭焉。（《论语·子罕》）

"中庸"之道是取中而用之道。儒家虽强调"中庸"，但"中庸"不是"平庸"。"君子之中庸也，君子而时中。"（《中庸》第二章）"君子时中"是指"中庸"有其具体的语境和条件，不会一味妥协和无原则退让。总之，中庸之道就是智勇精神的体现。"刚、毅、木、讷近仁。"（《论语·子路》）儒家在刚柔之间寻求一种力量的平衡，把仁、礼等外部约束，落实到自我的内在约束上。在不断省思的过程中完成"修身"，在被"束缚"的语境中释放"智勇"的无穷力量。

"智勇"是一种精神，更是一种实践。忠孝伦理的现实化需要智勇精神的参与，而家国情怀的落实也需要孝亲报国的具体行动。忠孝伦理和家国情怀是理论和知识层面的，这种理论和知识层面的内容，通过智勇精神转化为孝亲报国的实践。这是一个知、行的完整过程，传统文化不仅有理论层面的意义，更重要的是能转化为现实的行动力量。传统文化中"孝亲报国"的案例很多，可以说"孝亲报国"实践贯穿着我们的日常生活。

概而言之，中国传统文化的精神是由仁、礼开出的忠孝伦理与家国情怀，以及体现在孝亲报国实践中的智勇精神。冯友兰称"中国哲学家之哲学，在其论证及说明方面，比西洋及印度哲学家之哲学，大有逊色。此点亦由于中国哲学家之不为，非尽由于中国哲学家之不能"①。冯氏似乎未能跳出"西方中心论"的巢穴，大概是因为他未能真正把握中国传统文化的这种实践精神。中国哲学，或者说中国传统文化的思路一开始便不在于"论证"和"说明"，它要说明

---

① 冯友兰：《中国哲学史》，上海：华东师范大学出版社，2000年，第7页。

和论证的内容已无形地融入实践中,是在实践中解决现实的问题,而不是停留在玄虚的"论证"和"说明"。在这一点上,徐复观对中国传统文化的把握似乎更加允当,他认为春秋时代是以礼为中心的人文世纪,此发展倾向代表了中国文化发展的主要方向。[①] 徐复观进而认为,仁是性与天道融合的真实内容。礼是春秋时代统一的理念,而且礼出于义。孔子继承了这一思路,提出"义以为质,礼以行之"(《论语·卫灵公》),但孔子却是用仁来规定礼的价值,开辟了仁的全新视域,奠定了中国传统文化的基本性格,这是我们了解中国文化的大纲维之所在。[②]

诚然,不同类型的文化有不同的文化思路,问题在于我们自身的定位,这恐怕也是冯氏未意识到的。由于文化思路的不同,伦理定位、情怀所系、智勇发觉都会不同,其呈现的家园意境也自然不尽相同,甚至大相径庭。譬如,在俄国最深刻最重要的思想不是体现在系统的学术著作中,而是通过文学作品的形式表达出来。俄国的文学作品通常在反映历史生活、政治生活或文学生活的某一具体问题的同时,阐明深刻的、根本性的哲学问题。[③] 譬如,我们可以在菊花与刀的意象中得到日本文化的象征性表述。菊花的美与和善,刀的武士道精神所代表的勇气、征伐与忠义,两者构成了日本人及日本文化的矛盾性格,有它的思想情感、习惯和这些情感、习惯的表现模式。[④] 由于视角和定位的不同,我们对于某一文化的理解会出现偏差,这大概也在情理之中。

此处我们对于中国传统文化精神的把握主要是以儒家伦理思想为中心展开的,尤其是孔子的思想。虽然任何一个民族的任何一个思想家不能无条件地被当作民族精神的完全代表者或表达者,[⑤]但儒家伦理的视角代表了中国传统文化精神的主流,对这一主流的把握使我们对传统文化全貌的理解会显得容易得多。由儒家仁、礼开出的忠孝伦理、家国情怀、智勇精神贯穿着传统文化的历史发展,并对此后中国文化的转化、创新、应用、发展产生深远影响。

---

① 徐复观:《中国人性论史·先秦篇》,上海:上海三联书店,2001 年,第 40-41 页。

② 徐复观:《中国人性论史·先秦篇》,上海:上海三联书店,2001 年,第 80-89 页。

③ 弗兰克:《俄国知识人与精神偶像》,徐凤林译,上海:学林出版社,1999 年,第 4 页。

④ 本尼迪克特:《菊花与刀:日本文化的诸模式》,孙志民、马小鹤、朱理胜译,北京:九州出版社,2005 年,第 3 页。

⑤ 弗兰克:《俄国知识人与精神偶像》,徐凤林译,上海:学林出版社,1999 年,第 1 页。

第三节 传统文化的现代诠释：由新儒家的问题意识展开

诚如上文所言，视域与立场是我们理解传统文化必须考量的因素，任何离开视域和立场的理解都是无法想象的。视域和立场是对文化情境的观照。我们是在世界的情境中理解文化，同时构成了文化的一部分。由于此在与他者联系的多元性，文化情境也呈现多元化的特点，或者说文化类型的多元化。阿尔弗雷德·韦伯曾区分过几种理解和阐释文化的类型，即神魔主义、神话性质、象征性质、理智主义的理解和阐释。① 几种文化类型结合不同的日常生活情境，在历史发展的进程中扮演不同的角色。在宏大的历史尺度中，生活情境不断转化，构成历史叙述和文化叙述的双重语境。因此，对文化的理解，除了文化本身的视域之外，也无法跳脱生活的视域和历史的视域，这是文化的情境属性所带来的。显然，我们理解某种文化不得不融入情境，而不是马克斯·韦伯所倡导的"价值无涉"（Wertfreiheit）②。联系的世界不可能存在无联系的价值，价值必然是与世界相关联的；世界又是与人联系的世界，因此世界也不可能无价值。

情境的融入是一种互动，是人的在场或主体性参与，因而也是价值形成和呈现的过程。人在社会生活场景之中，建立多维度的联系和沟通，由"同情"而理解，并随着文化视域的转化及生活场景的更替而做出适时的调整。信息的互动是理解的前提，而理解又进一步促使了信息的互动。在互动中形成的知识是文化的主要元素，它能促进互动的顺利展开及互动范围的扩大，从而建立一个良性互动的螺旋过程。哈贝马斯曾分析资产阶级公共领域的确定、社会结构、政治功能等问题，他对资产阶级公共领域的研究其实是他的交往行为理论在社会与文化视域范围的拓展。资产阶级公共领域仍是社会与文化视域的范畴。哈贝马斯认为："资产阶级公共领域是在国家和社会间的张力场中发展

---

① 韦伯：《文化社会学视域中的文化史》，姚燕译，上海：上海人民出版社，2006 年，第 378-379 页。

② 马克斯·韦伯曾提出社会科学认识的三大原则，即客观性、批判性、价值无涉。他的三大原则在一定程度上抛弃了认识世界的视域和立场，也非常自然地剥离了人的情感温度，所以他的社会科学认识很难说是在人的意义上的社会科学认识，对人与世界的共在特性的理解启发不大。尤其是他的"价值无涉"的观点，有深远的西方文化渊源，也必将引向西方文化的不可逆转的畸形发展。参见韦伯：《社会科学方法论》，韩水法、莫茜译，北京：中央编译出版社，2008 年，第 136 页。

起来的,它本身一直都是私人领域的一部分。……但随着市场经济关系的扩张,社会领域便出现了。它要求建立公共权力机关的管理方式。于是,以交换为中介的生产逐步从公共权威的职能范围中解放出来。与此同时,公共权力也从生产劳动中摆脱出来。"①这一过程是私人领域与公共领域融合的过程。就社会文化而言,我们理解文化也必然有这种融合的过程。文化情境的融入与互动是"此在"意义得以呈现的必然途径,同时,文化的意义也将进一步得以诠释与释放。情境融入与互动的加深导致"此在"在"世界"中的消融,两者融合为真正的"共在"。这又能与哈贝马斯对社会领域与内心领域的分化问题的分析相契合。哈贝马斯认为,内心领域是私人领域的核心,但随着私人领域的私人特征的蜕化,内心领域便被动地退到了私人领域的边缘地带。另外,随着私人生活走向公共化,公共领域又染上了内心领域的色彩。因此,私人领域和公共领域的界限进一步退缩。② 这一过程可以描述为私人领域的"自我精神"与公共领域的"世界精神"的互动、沟通、融合,并表现为"文化的精神"。主体只有一种选择,那就是融入联系、互动、知识的"场"中,并自然地成为"在场"。

一、新儒家的问题关切与文化诠释范式的引入

主体的"在场"体现为强烈的问题意识,这是文化机能的一部分。中国传统文化也不例外,也有其现实观照与强烈的问题意识。我们对于传统文化的理解一般基于生活情境,但这远远不够。前文已经分析了情境的三个维度,即过去、现在、将来。我们是在这多元的情境维度中来理解文化现象的,并与文化形成良性互动,对具体的问题做出回应,对现象做出合理的诠释。诚然,诠释不完全是现代性的,而具有继承性,这种诠释的继承性本身就是传统文化的内容。譬如儒家有其历史的发展逻辑,从先秦原始儒家到宋代新儒学,再到现代新儒家,这一过程实际上是对儒学问题的不断诠释与深化。我们不妨以儒学为例,对文化的诠释问题做一分析,并试图说明文化诠释范式转化的可能性。

---

① 哈贝马斯:《公共领域的结构转型》,曹卫东、王晓珏、刘北城等译,上海:学林出版社,1999 年,第 170 页。

② 哈贝马斯:《公共领域的结构转型》,曹卫东、王晓珏、刘北城等译,上海:学林出版社,1999 年,第 185 页。

刘述先(1934—2016 年)曾对儒家概念做了三种分疏,即精神的儒家(spiritual Confucianism)、政治化的儒家(politicized Confucianism)、民间的儒家(popularl Confucianism)。[①] 便于问题的讨论,他以东亚发展的成就与限制为例,分析了三种儒家的关系、融合、应用,以及面临的问题、困境与发展趋向。他认为,传统的价值流失或在时代中的转向未必能有效避免与解决现代化带来的诸多难题,而精神的儒家从国家意识的角色中淡化出来,只是强调精神境界的提升和社会问题观察的功能。[②] 这是随着文化情境转化,现代新儒家主要关注的问题。作为"此在"的人不是简单的生命符号,他在完成自然人的生存功能的同时,需要与包括自然、社会与人在内的"他者"建立联系与沟通,形成一个称为世界的"共在"。这一过程是主体融入和参与的过程,并产生知识以加速融入、提升参与的效率。传统文化所谓的"道"就体现在这一过程中,而且"道"从来不曾远离人,嵌入在主体的日常生活之中。虽然"道"的意境与生活的现实是一体的,但两者毕竟在不同的层面。"道"的抽象意境如何真切地融入具象的现实生活之中,始终是我们面临的真实问题。

现代新儒家就是从这样的问题意识出发,试图重新阐释与运用传统儒家传承下来的思想资源。他们的进路各有不同,如冯友兰(1895—1990 年)的"新理学",就是吸收了新实在论(neo-realism)的某些观点,尤其是新实在论的逻辑分析方法在宋明理学阐释中的运用,使宋明理学呈现出新的面貌。显然,冯友兰的"新理学"是相对于宋明理学而言的,是对宋明理学的继承与发展。冯友兰称自己的学说之所以称为"新理学"的理由有两点:一是宋明以后的道学有理学和心学两派,而他的系统大体上承接了理学的一脉;二是所谓"新理学"是讲"理"的学说,但又与宋明理学有区别。[③]

再如熊十力(1885—1968 年)的"新唯识论"就是对传统儒学改造之后的产物。他提出"见体"的概念,旨在把握与生俱来的先验本心这一生命意义的源头,而不是像宋代儒家那样强调修养功夫。他重视科学实测之学(物理)与人文社会之学(人伦)的协调作用而提出"量智"与"性智"的范畴。由"量智"建立科学实测之学,由"性智"建立人文社会之学。"性智"与"量智"都属于知识,两者的协调作用则是智慧的领域。熊十力虽然强调先验本心的体证,但也重

---

① 刘述先:《儒家思想开拓的尝试》,北京:中国社会科学出版社,2001 年,第 16 页。

② 刘述先:《儒家思想开拓的尝试》,北京:中国社会科学出版社,2001 年,第 32 页。

③ 冯友兰:《新理学》,《三松堂全集》第四卷,郑州:河南人民出版社,2001 年,第 4 页。

视知识的现实发用。

又如牟宗三(1909—1995 年),他分析了"良知的坎陷"(self-negation)①,试图吸收西方哲学的一些思想,尤其是所谓的科学与民主,以重建儒家的道统、学统与政统。在他看来,人虽有限但能通达于无限,"天道"意境无限,并不妨碍经验层面的科学知识的追求与民主法制的建立。② 又如唐君毅、徐复观、张君劢等人批判当时西方汉学主流的趋势,并通过对康德哲学之缺陷的省思,重建中国哲学的知识系统。③

诚然,现代新儒家对传统儒家的现代性诠释的进路各有不同,但他们共同认为,儒家的伦理思想资源有其现代意义,不仅试图回归孔、孟传统,还尝试从宋明理学中汲取有益资源,并结合现实情境给予新的诠释与改造,以面对、回应及解决现代社会的问题,尤其是传统观念与价值的流失,以及主体的迷茫与"离场"。可见现代新儒家所主要关切的、所致力于解决的仍是传统文化如何与现实社会契合的问题。

我们再来看,冯友兰"新理学"的思想渊源宋明理学,它的问题意识又是如何呈现的? 宋明理学被称为"新儒学"(neo-Confucianism)是从西方学者肇始的,宋明儒家及其之后的学者并不以为他们倡言的是新儒学,而是圣贤的原有之意。④ 那么宋明新儒学之所以称为新儒学也有其合理的因素,它的"新"在于对圣贤提出的现实问题给予"新"的阐释与解决思路。牟宗三把宋明新儒学之"新"概括为两个方面:第一个方面是外在形式的新,具体又有两点:一是宋明新儒学对先前诸多学派并无一确定的传法统系,而开出一个新的统系,借以明确儒家生命智慧的基本方向,因而为新;二是相对于汉儒以传经为儒而为新,宋明儒家不像汉儒以经为标准,而是以孔子为标准,承续孔子的生命智慧的方向而言"成德之教",自觉地践行道德以澄澈生命,发展德性人格。

第二个方面是内在内容的新,大约有五点:一是宋明儒家普遍认为"仁"的

---

① 牟宗三认为,圣贤在体证自我完满意境之后,其良知出于悲悯而入世俗,以求"兼济天下",由此形而上的"本体"与形而下的现实生活产生勾连,使得形而上的"本体"之学不能纯粹。这被他称为"良知的坎陷",这一"坎陷"是中国传统文化内在逻辑所决定的。参见牟宗三:《从陆象山到刘蕺山》,上海:上海古籍出版社,2001 年,第 177 页。

② 刘述先:《儒家思想开拓的尝试》,北京:中国社会科学出版社,2001 年,第 34 页。

③ 唐君毅:《中华人文与当今世界》,台北:台湾学生书局,1975 年,第 865-929 页。

④ 牟宗三:《心体与性体》,《牟宗三先生全集》第五册,台北:联经出版事业股份有限公司,2003年,第 13 页。

内容的意义（intensional meaning）与"天"的内容的意义能够合一，或者说即是"一"。孔子倡言"践仁知天"，但未说"天仁合一"或"天人是一"。这是宋明儒家的创新。二是宋明儒家普遍认为心性与天是一。虽然孟子曾言尽心知性知天，心性是一，但他未说心性与天是一。三是宋明儒家认为天道性命通而为一。《中庸》言"天命之谓性"，但并未明言人之性与天命的同一，或者说并未言"天命"实体内在于个体即个体之"性"。四是宋明儒家认为《易传》所言"乾道变化，各正性命"，其所正之"性"就是"天道"实体内在于个体而为性，所正之"命"就是"天道"实体内在于个体之命，这是《易传》所未明言的。五是宋明儒家认为《大学》所言"明明德"之"明德"就是人之心性，这是《大学》所未阐发的。①

总之，宋明新儒学在先秦儒学基础上又推进一步，呈现出"新"的意境，甚至出现一些基本的转向。但这种"新"意境的呈现和阐释方向上的转型，其目的仍是理论问题及现实问题的解决。那么宋明新儒学要解决的问题是什么呢？据钱穆（1895—1990 年）的分析，宋初学者的共同目标就是重振中国的思想传统，建立一个人文、社会、政治、教育的理论中心，把私人生活和公共生活都融入这个新的传统之中，即复兴儒学以替代南北朝隋唐以来形成的以佛教哲学作为人生指导的学术倾向。② 宋代学者重点关注的是本体论领域的"万物一体"问题以及修养论领域的"变化气质"问题。"万物一体"是宋儒所公认的，但怎么去体认"万物一体"却有分歧，有的从吾心去体悟，有的从万物去参究，这是宋儒争论未决的重要难题。③ 明代的儒学，尤其是王阳明的"良知"之学，提出"人心即是天理"的主张，认为人心自然能明觉"天理"，这便贯通了"万物一体"与"变化气质"，也就简单直接地解决了宋儒遗留的难题。

宋明新儒学的强烈问题意识其实在原始儒家那里就可以找到理论的根源和对方法论的借鉴。众所周知，春秋时代国野制的崩溃和宗法制的动摇，催生了礼治思潮的兴起，正是在这样的社会变革背景下以孔子为表征的儒家思想孕育而生。孔子是在对当时存在的周、齐、楚、越、夏、商等不同形态的文化比较之后而最终选择周文化的。周代礼乐文化是在借鉴损益夏、商文化基础上

---

① 牟宗三：《心体与性体》，《牟宗三先生全集》第五册，台北：联经出版事业股份有限公司，2003年，第 13-21 页。

② 钱穆：《宋明理学概述》，北京：九州出版社，2010 年，第 26 页。

③ 钱穆：《阳明学述要》，北京：九州出版社，2010 年，第 9 页。

建立而成的,有进步的因素,因此孔子言:"周监于二代,郁郁乎文哉,吾从周。"
(《论语·八佾》)春秋时代在不同形态的文化之间如何抉择,如何建立一种新
的、适合社会发展趋势的文化成为当时知识界的重大理论课题。孔子的使命
即在于此,他放弃了殷商文化而承续了周代文化,这在当时的历史背景下具有
进步意义,促进了文化的统一与社会的稳定和发展。[①]

但孔子对周代文化不是简单的复制,而是在周文化的基础上进行了创造
性地发扬。孔子言:"齐一变,至于鲁;鲁一变,至于道。"(《论语·雍也》)齐、鲁
是两种不同性质的文化形态,齐文化在很大程度上保存了前封建时代的因素,
而鲁文化则典型地保存了周代的封建宗法文化元素。孔子虽然推崇周代文
化,但并未因此停留,所以"鲁一变,至于道"。周代文化还须变革以适应时代
的需要。那么周代文化变革到什么程度呢? 这便是"道",便是儒家理想中的、
超越周代文化的、最合时宜的文化意境。那么如何体道? 在孔子看来,体道要
确立新的君子人格,"新君子"之新重在强调君子的才能结构和道德水平,而不
是周代所言包括王、公、大夫的君子范畴。"以天为宗,以德为本,以道为门,兆
于变化,谓之圣人;以仁为恩,以义为理,以礼为行,以乐为和,熏然慈仁,谓之
君子。"(《庄子·天下》)新君子人格的确立,需要通过仁、义、礼、乐等诸多方面
的"克己"。礼、乐是旧的文化因素,而仁、义则是孔子开出的新的文化内涵。

总之,孔子继承周代文化,并广泛吸收各种传统文化元素,择善而从、因革
损益而创制一种超越周文化的新文化,这是他的基本文化态度和文化理想。[②]
据牟宗三的分析,宋代以前是周、孔并称,宋代以后是孔、孟并称,这是宋代儒
家对孔子及其思想的重新认识和定位。周、孔并称,孔子只是文、武、周公的注
脚,只是传经的媒介,他在思想文化史上的意义与作用并未凸显。而孔、孟并
称则是将孔子置于开启一个新的思想传统的创建者的位置,孔子开创的儒家
的意义才被完整地认识。[③] 孔子儒家的意义不仅在于他对周代文化的继承,
更重要的是他对周文化的改造和超越。他以崭新的诠释方式,开拓了生命智
慧的视域,开启了一个新的文化传统。

孔子对传统文化的态度是"因革损益"。"殷因于夏礼,所损益,可知也;周

---

① 吴龙辉:《原始儒家考述》,北京:中国社会科学出版社,1996年,第32-33页。
② 吴龙辉:《原始儒家考述》,北京:中国社会科学出版社,1996年,第38页。
③ 牟宗三:《心体与性体》,《牟宗三先生全集》第五册,台北:联经出版事业股份有限公司,2003
年,第16页。

因于殷礼,所损益,可知也。其或继周者,虽百世可知也。"(《论语·为政》)"损益"的方法实际上是一种文化诠释的方法,文化的诠释旨在解决现实问题。社会现实是动态的,尧、舜、禹的时代,夏、商、周的时代,以及孔子的时代都有不同,文化情境也随之转化变迁。我们与客观事实以及文化的互动也会相应地做出调整,对文化诠释的方法也会有创造性的转化、创新性的发展,以回应社会现实问题。文化诠释方法的转化是文化互动的内在需要,从先秦原始儒家到宋明新儒学再到现代新儒家的理论发展正说明了这一点。另外,就当下新时代语境而言,文化诠释方法的转化与文化教育传承的现代性相契合,旨在解决当下我们所"遇见"的现实问题。

文化诠释是对文化及其所处的世界的理解与解释。纷繁的人生与世界所呈现的多样性的事物和事件能否被理解? 如果能被理解,那么又该如何去理解? 面对这样的疑问,解释的方法应运而生,形成关于解释的理论,即所谓的诠释学或解释学。早在亚里士多德的古希腊时代,人们就已关注如何使隐晦难知的神意转化为可理解的语言的问题,这便是诠释学的发轫。但作为一门独立的理论加以研究,诠释学肇始于 19 世纪的施莱尔马赫(1768—1834 年)和狄尔泰(1833—1911 年)。施莱尔马赫的诠释学尚未摆脱神学的藩篱,仍属于圣经释义学的范畴,其意图在于使神学释义学成为普遍适用的解释理论。狄尔泰则借鉴了康德的手法,提出了类似于"纯粹理性批判"的"历史理性批判"的诠释学,试图为自然科学寻求哲学基础。而 20 世纪的海德格尔(1889—1976 年)用诠释学的方法讨论本体论的性质,从而使诠释学由方法论转化为形而上学,奠定了现代诠释学的基础。随后,伽达默尔(1900—2002 年)融摄了海德格尔本体论的诠释与古典诠释学,使哲学诠释学成为重要的思想流派。

另外,范式(paradigm)是库恩《科学革命的结构》中的核心概念,用以解释科学革命的结构。在人文学科领域,范式也有一定的借鉴意义。譬如,可以用以诠释阳明心学的发展、应用及其变化。当然,人文学科不同于自然科学,在范式概念的运用上必然有差异。范式虽然只是一个概念,但从本质上讲更是一种理论体系。库恩认为,他所谓的范式"通常是指那些公认的科学成就,它们在一段时间里为实践共同体提供典型的问题和解答"[①]。显然,范式因问题而产生,又因问题的解答而展开。

---

① 库恩:《科学革命的结构》,金吾伦、胡新和译,北京:北京大学出版社,2003 年,第 4 页。

范式基于对本体论（ontology）、认识论（epistemology）及方法论（methodology）的基本承诺，具体以假说、准则、理论等形式构成共同信念。库恩认为"按照其已确定的用法，一个范式就是一个公认的模型或模式（pattern）"①，而且，这种模式有一定的稳定性或确定性，这种稳定性又源于它独特而稳定的诠释结构。它有比较明确的诠释对象、方法、目的、旨趣及话语，乃至偏见。譬如传统文化中的典型阳明心学的诠释范式，其诠释对象为阳明心学及阳明心学的发展，包括阳明后学。当然，从某种程度上讲，阳明后学也是对阳明心学的诠释。阳明心学诠释的方法有古典范式、近代范式、现代范式、日本范式、欧美范式及新时代范式。阳明心学诠释的范式不同，其诠释的目的与旨趣也必然不同，甚至所使用的话语体系也各有特点。

范式居于一定的时间和空间，其稳定性又表现为一定的客观性。范式的这种客观性陈述又是可以被理解的。如库恩所言："我们已经知道，科学共同体取得一个范式就是有了一个选择问题的标准，当范式被视为理所当然时，这些选择的问题可以被认为是有解的问题。"②据实而言，范式只是一个标准，当这个标准被认为是理所当然时，那么标准就会被接受。标准又是针对问题而选取的。当问题能够被解释，就有可能被逐步理解。

范式虽然有一定的稳定性，但不是一个封闭的完整结构，而是一个开放的系统，诠释的对象、方法、话语、目的、旨趣都会随着社会环境、话语体系的变化而改变。库恩认为："这些类似的对范式的重新表述，在所有的科学中都曾一再出现，但它们的绝大多数都会导致范式的实质性变化。"③范式的变化源于它的开放性。范式不仅是开放的，而且是运动的。范式的运动又进一步导致范式的变化，从而引入诸多不确定因素，但这些不确定因素不会影响范式正常发挥作用。所以库恩讲："常规科学是一种高度确定性的活动，但它又不必要完全由规则所确定。规则导源于范式，但即使没有规则，范式仍能指导研究。"④

范式的运动很有可能不局限于局部，也很有可能不是一个渐进累积的过程，即远不是一个可以经由对旧范式的修改或扩展所能达到的过程。而是可

① 库恩：《科学革命的结构》，金吾伦、胡新和译，北京：北京大学出版社，2003 年，第 21 页。
② 库恩：《科学革命的结构》，金吾伦、胡新和译，北京：北京大学出版社，2003 年，第 34 页。
③ 库恩：《科学革命的结构》，金吾伦、胡新和译，北京：北京大学出版社，2003 年，第 30 页。
④ 库恩：《科学革命的结构》，金吾伦、胡新和译，北京：北京大学出版社，2003 年，第 39 页。

以转变到一个常规科学的新传统,并且可以从一个处于危机的范式,产生出新的范式。① 所以范式被赋予一定的超越性,它能超越旧的传统,超越旧的范式,以新的方法和话语面对新的对象,达成新的目标与旨趣。库恩用"科学革命"这一概念来强调科学进展的非积累性质,用他的诠释方法来理解文化现象也是适用的。文化的长期发展不仅包括确证的事实和规律的积累,也包括推翻一种范式,并用另一种相容的新范式取而代之。② 采用库恩的观点与方法,可以理解文化的发展不仅包括普遍规律的变化,而且包括认识"共在"方式的变化,以及用来评价某种文化理论的标准的变化。

总之,范式是基于某一学科领域,给予其研究对象以意向的范畴。它往往界定研究的对象、研究的问题、研究问题的方法,以及回答问题遵循的原则等。我们不妨以传统文化中"心物"关系的辨析为例,进一步说明诠释范式问题。就阳明心学领域而言,可以将"物生心动—心动物生"的方法论运用于心学的诠释,进而形成古典、近代、现代、日本、新时代等五种基本范式。五种心学诠释范式与揭示社会事实的模型、解释社会行为的模型、展开社会批判的模型、实现社会释义的模型交融借鉴,从不同的侧面反映阳明心学的当时,或凸显阳明心学的当下,完整而全面地阐释其思辨力、实践力及生命力。的确,对传统文化的考察,既要考虑文化诠释范式的转化问题,也要考虑视域融合的问题。视域是时间维度和空间维度的叠加,是一个多维的、纵深的观察视角。伽达默尔曾言:"如果没有过去,现在视域就根本不能形成。正如没有一种我们误认为有的历史视域一样,也根本没有一种自为的(für sich)现在视域。理解其实总是这样一些被误认为独立存在的视域的融合过程。"③同样,我们在对传统文化的理解过程中也需要产生一种真正意义上的视域融合(Horizontverschmelzung)。

儒家诠释范式的核心在于"天道"与"人心"的沟通模式的建立,但这一范式是随着时代和语境的转化而转化的。旧的范式不能应对新的情境与问题,因此需要新的范式的引入。现代新儒家就是新范式的探索尝试,虽然倡明回归传统,但却不是简单复制和抱残守缺。他们试图在传统范式的基础上,通过

---

①　库恩:《科学革命的结构》,金吾伦、胡新和译,北京:北京大学出版社,2003 年,第 78 页。

②　查尔默斯:《科学究竟是什么》,邱仁宗译,石家庄:河北科学技术出版社,2002 年,第 185 页。

③　伽达默尔:《真理与方法:哲学诠释学的基本特征》,洪汉鼎译,上海:上海译文出版社,1999 年,第 393 页。

对传统的重新阐释和改造,吸收借鉴西方哲学的理论方法,以重新恢复传统文化的活力。[1]

如前文所言,从施莱尔马赫到伽达默尔,无论是古典的还是现代的,都属于狭义的诠释学。但就广义而言,由性灵到教化,由自然到生产,其所涵盖的人伦世界与物理世界的所有事件与事物的联系、认识及解读都属于诠释学。所以,就这一层面而言,人文化及教化的过程就是诠释的过程。对世界与事物的解读一般有两种路径,即"物生"的路径及"心动"的路径(见图 3-2)。

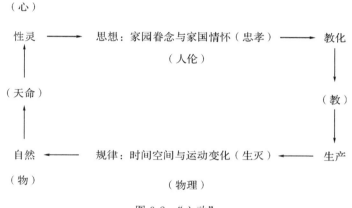

图 3-2 "心动"

以人心天命之性灵呈现家园眷念、家国情怀之思想,进而以忠、孝之观念教化民众,使社会生产得以有序开展,并在生产劳动中感知事物的生、灭,把握时间空间与运动变化的规律,以领悟事物的自然之本体,这是"心动"的过程,最终达到"天人一体"的境界。反之,以物之自然本体呈现时间空间与运动变化之规律,感知事物之生、灭,进而使社会生产有序展开,逐步追求审美及人文需求,并通过教化,忠、孝观念显现,家园眷念与家国情怀思想根植于人伦之中,最终人的性灵之光照亮野蛮的黑暗。这是"物生"的过程,其效果也是"天人一体"的境界(见图 3-3)。

"心动""物生"演进的顺序正好相反,但起点和终点并不固定,可以是"心动物生",也可以是"物生心动",是一个无始无终的动态循环过程。庄子曾对"始"有精辟的论述:"有始也者,有未始有始也者,有未始有夫未始有始也者。

---

① 刘述先:《儒家思想开拓的尝试》,北京:中国社会科学出版社,2001 年,第 10 页。

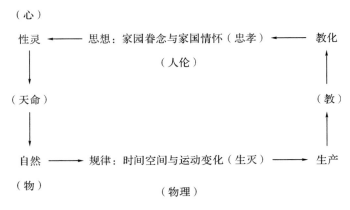

图 3-3　"物生"

有有也者,有无也者,有未始有无也者,有未始有夫未始有无也者。"(《庄子·齐物论》)庄子用晦涩的语言旨在阐明现实的起点是无法确定的。当然,诠释必须有起点与对象才能展开,而这个起点就是逻辑的起点,而不是现实的。从人的视角观之则是"心动"(王阳明岩中花树的案例,是典型的"心动物生"的视角),从物的视角观之则是"物生",只是视角不同而已。角度就是叙事的逻辑。有了一定的逻辑,世界才可被描述,才能在语境中分析它的因缘、效应及本质。"心动"是学以成人的人伦化过程,"物生"是格物致知的物理化过程,人伦、物理构成了世界的整个图景。"心动物生""物生心动"都要经过"教"的环节。如果"心动"不能通过"教"的环节而至"物生",那么就开创不出博大的物质文明。如果"物生"不能通过"教"的环节而至"心动",那么就开创不出绚烂的精神之光。总之,对人自身及对事物(他者)的理解与诠释都在"心动物生"或"物生心动"的范畴之内。

　　"物生心动"("心动物生")的诠释方法与传统的"太极"诠释系统是一脉相承的。这是方法论的自觉使然,而在本体论意义上也是适用的。周敦颐(1017—1073 年)曾做《太极图》(见图 3-4),并撰《太极图说》。他认为"无极而太极"[①](用〇表示)。太极是本体,无极是对太极的规定。太极有运动的属性,并且正是这种运动属性才有阴阳的产生,才有阳变阴合,而生水、火、木、金、土,才有乾道成男、坤道成女,有万物之生化。朱熹认为周敦颐所说的太极

---

　　①　周敦颐:《太极图说》,《周敦颐集》卷一,北京:中华书局,1990 年,第 3 页。

是天命,太极的动静是天命的流行。① 从某种程度而言,这是世界的客观性描述,即所谓"上天之载,无声无臭"②。因此,周敦颐对世界"无极而太极"的诠释基本上倾向于"物生心动"之"物生"的视角。当然,"物生"不是孤立的,它内在要求回归"心动",回归人的性灵之中。人心之动是世界的主观反映,是人与世界的沟通途径。如周敦颐所说,人是"常感通乎寂然不动之中"③的。寂然不动的本体,通过人的感通才能进入人的诠释视域,才会被人赋予意义。

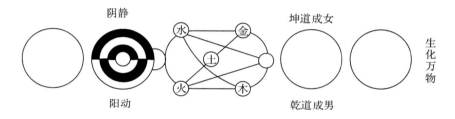

图 3-4　周敦颐太极图④

> 惟人也,得其秀而最灵。形既生矣,神发知矣,五性感动,而善恶分,万事出矣。⑤

人的特点在于"形"与"神"的统一,又能以其灵性感通世界,分善恶而构建人类社会之文明。周敦颐的这一描述完全落到了人的主体性,所谓"圣人之道,入乎耳,存乎心,蕴之为德行,行之为事业"⑥。事业是德之行,德是心之蕴。圣人之道无非如此。那么,怎样分善恶呢?周敦颐认为,分善恶的方法是"诚"。"诚"是圣人的根本。⑦ 周敦颐援引《周易》乾卦来说明"诚",认为乾道之元是万物资始,而"诚"亦有资始之意。乾道变化是"诚"之动,动而各正性命是"诚"之立。周敦颐又认为,元、亨是"诚"之通,利、贞是"诚"之复。通与复构成了"诚"之运动的循环。"诚"的目的在于"天下归仁",在于"道德高厚,教化

---

① 周敦颐:《太极图说》,《周敦颐集》卷一,北京:中华书局,1990 年,第 4 页。
② 周敦颐:《太极图》,《周敦颐集》卷一,北京:中华书局,1990 年,第 2 页。
③ 周敦颐:《太极图》,《周敦颐集》卷一,北京:中华书局,1990 年,第 3 页。
④ 周敦颐:《太极图》,《周敦颐集》卷一,北京:中华书局,1990 年,第 1 页。
⑤ 周敦颐:《太极图说》,《周敦颐集》卷一,北京:中华书局,1990 年,第 6 页。
⑥ 周敦颐:《通书》,《周敦颐集》卷二,北京:中华书局,1990 年,第 40 页。
⑦ 周敦颐:《通书》,《周敦颐集》卷二,北京:中华书局,1990 年,第 13 页。

无穷,实与天地参而四时同"①。就是人伦教化与物理自然的融摄,以及"心动"视角与"物生"逻辑的统一。

周敦颐对世界的诠释是以其太极图为基础,并依据《周易》而发挥演化的,这是通常的诠释方法,如明代来知德(1525—1604 年)也以太极图为基础(见图 3-5),展开对伏羲八卦、文王八卦的讨论,以此来说明世界的秩序。来知德的太极图与传统的太极图略有不同(见图 3-6)。来氏太极图的白色部分仍是阳仪,黑色部分仍是阴仪。阳极生阴,阴极生阳,其气机不息,即太极。中间的圆圈代表太极之本体。

图 3-5　来知德太极图②   图 3-6　传统太极图

来知德认为,太极是《周易》理论的根本,无论是理气象数、阴阳老少,还是往来进退、吉凶变化都蕴含其中。诚然,《周易》的诠释主要是以形上、形下的逻辑展开的。其言曰:

> 是故形而上者谓之道,形而下者谓之器,化而裁之谓之变,推而行之谓之通,举而错之天下之民谓之事业。(《周易·系辞上》)

形上是人之性灵的发现,是人文化成的过程;形下是物之自然的流行,是物理创造的过程。前者是"心动",后者是"物生",这两者的协调融摄构成了整个世界的基本秩序。秩序的维持离不开教化和生产,所谓"化而裁之,推而行之,举而错之",才能成就"民之事业"。教化和生产就是周敦颐所说的"诚"之"通""复",就是《周易》的元、亨、利、贞。教化与生产,"通"与"复",都是自然流行、无声无臭的动态过程。正如孔子所言:"天何言哉?四时行焉,百物生焉。天何言哉?"(《论语·阳货》)无论是"心动"的过程,还是"物生"的过程,都适用于"天何言哉"的规律。

如前文所述,诠释世界的模式并不是唯一的,但它们的目的都在于认识世

---

① 周敦颐:《通书》,《周敦颐集》卷二,北京:中华书局,1990 年,第 42 页。
② 来知德:《周易集注》卷之首上,北京:九州出版社,2012 年,第 25 页。

界，而认识世界的目的又是更好地与世界和谐共生，更好地开创伟大事业，更好地迎接美好的日常。周敦颐曾言："圣人之道，入乎耳，存乎心，蕴之为德行，行之为事业。"①这是在《周易》思想体认基础上的发挥，也是儒家伦理的基本面向。

　　清代章学诚（1738—1801 年）从史学的角度诠释儒家伦理教化及自然世界，他认为"即器以明道"②，所以"六经皆器"，进而认为"六经皆史"。"六经皆史"是就理事关系而言，"六经皆器"是就道器关系而言。章学诚言：

　　　　《易》曰："形而上者谓之道，形而下者谓之器。"道不离器，犹影不
　　　　离形。后世服夫子之教者自六经，以谓六经载道之书也，而不知六经
　　　　皆器也。③

　　章学诚引《周易》形上形下之说，认为道、器是不能分离的。他否定的不是六经之载道，否定的是只知载道而不知有器的学术倾向。他认为汉学宋学的交讧，训诂辞章的互诋，德性学问的纷争，都是因为学者离器言道，道器分离，知其然而不知其所以然。④章学诚认为，学术的目的在于经世致用，而不是空谈性命，不是"舍天下事物、人伦日用，而守六籍以言道"⑤。所以章学诚提出"即器以明道"，旨在"因其弊而施补救"，学术在于辟风气，而人心风俗不能历久无弊，所以在学术上难免有形下与形上的分裂，有物生与心动的隔绝，这是学者理解的视域与立场不同而导致的。孔子解释世界、发挥天道"必取征于事物，而非徒托空言"⑥。那些异端曲学则道其所道，德其所德，是不足取的。譬如宋儒，认为孔孟的诠释方式容易导向"溺于器而不知道"。舍器言道是宋儒最大的局限，尽管他们析理精微，践履笃实。章学诚的诠释方式则不同于宋儒，他以文史为源流，以道器为基础，目的在于"持世救偏"，以达乎"经世致用"的旨趣。

　　"经世致用"是浙东学术的基本倾向，是"物生"路径的经典呈现，也是开出现代文明的必要手段。当然，强调"物生"并不否定"心动"，而是"心动"与"物

① 周敦颐：《通书》，《周敦颐集》卷一，北京：中华书局，1990 年，第 40 页。
② 章学诚：《文史通义·与朱沧湄中翰论学书》，北京：中华书局，1985 年，第 837 页。
③ 章学诚：《文史通义·原道中》，北京：中华书局，1985 年，第 131 页。
④ 章学诚：《文史通义·天喻》，北京：中华书局，1985 年，第 310 页。
⑤ 章学诚：《文史通义·原道中》，北京：中华书局，1985 年，第 131 页。
⑥ 章学诚：《文史通义·原道下》，北京：中华书局，1985 年，第 138 页。

生"的一体两面,也是周敦颐所说的太极运动所形成的阴、阳两路。万物化生即如此,世界氤氲即在其中。有形上的人文化成,亦有形下的物理构建。只有如此,人类社会才能得以有序展开,人类文明才能不断地散发理性的光辉。人在宇宙之中永远不是孤独的,正如宇宙本身也并不孤独。任何事物都有其运行的规律,或性灵的,或自然的,而性灵与自然又是天命的流露。

王阳明的弟子徐爱(1487—1518 年)曾有疑问,他认为"至善只求诸心,恐于天下事理,有不能尽"①。王阳明则认为"心即理也"②,天下没有心外之事,没有心外之理。理和事都是心之性灵的发露。显然,王阳明的思路是"心动"的模式,而且把这种"心动"模式极端化,致使后学产生疑虑,认为过度强调"心动"可能会忽略"物生"的发展逻辑,导致以心为师、师心自用,最后滑向狂禅放任、荡浪不羁。

明清之际黄宗羲、方以智、顾炎武、王夫之等人逐步修正心学的极端化,更多致力于对民族、家国的学术考量,甚至付诸行动。譬如黄宗羲(1610—1695年)提出"气质人心是浑然流行之体,公共之物也,人欲是落在方所,一人之私也"③。黄宗羲在这里强调了公私之辨。显然,他的学术讨论的范畴已经转化,这是明清易代大语境所导致的学风变迁的一个侧面,当时的学者更多考量公共领域,而不是私人空间。黄宗羲的《明夷待访录》就是直接讨论社会管理、国家设置问题。即便如此,黄宗羲也强调人心的作用。其曰:

> 盈天地间皆心也,人与天地万物为一体,故穷天地万物之理,即在吾心之中。后之学者,错会前贤之意,以为此理悬空于天地万物之间。吾从而穷之,不几于义外乎?④

人与天地万物为一体,所以要穷究天地万物之理,就在一心之中。这是就"穷"而言的,而不是说天地万物之理就在一心之中。天地万物之理是客观存在,是"物生"的逻辑;"穷"天地万物之理则是主观能动,是"心动"的展开。黄宗羲认为很多学者错会了先贤的旨意,以为天地万物是悬空的,与人心割裂,而他的工作就是融合人心与天地万物。黄宗羲之后,章学诚对道器问题的辨

---

① 王阳明:《传习录》上,《王阳明全集》卷一,上海:上海古籍出版社,2011 年,第 2 页。
② 王阳明:《传习录》上,《王阳明全集》卷一,上海:上海古籍出版社,2011 年,第 2 页。
③ 黄宗羲:《与陈乾初论学书》,《黄梨洲文集》,北京:中华书局,2009 年,442 页。
④ 黄宗羲:《明儒学案·序》,北京:中华书局,2008 年,第 7 页。

析与他的诠释极为相似，但二者的区别仍是明显的。黄宗羲的理论大体上是"心动物生"的思路，而章学诚"即器以明道"则是"物生心动"的路径。他深受浙东"经世致用"学风的影响，并将它推向一个新的高峰。所以，由于章学诚叙述视角的限制，他在《文史通义》中对宋儒的理解似乎是有所偏颇的。他从"物生"的逻辑去考察宋儒"心动"的演进，难免产生误会与葛藤。

"物生心动"与"心动物生"的区别在于叙事逻辑的先后，而不是生成论意义上的先后。中国古典思想的主流是"天命之谓性，率性之谓道，修道之谓教"的"心动物生"理论。著名的朱陆之争正是发端于"物生心动"与"心动物生"视角的不同。阳明心学继承的是"心动物生"的诠释路径，王阳明针对朱熹格物说的实践失败后，便转向了对心的探讨，形成了一整套完备的明心论。当然，王阳明的明心论有浓厚的禅宗影子。风还是那阵风，幡还是那张幡，花树还是那株岩中的花树，心动还是那个仁者的心动。心学的旨趣在于率天命之性，修率性之道，进而赋予事物以意义。于准在《明儒学案》的序言中称："宗格物者极诋良知，护良知者复讥格物。"[①]朱陆两种诠释路径都有其独特的视角，都可对世界的真相予以把握，只是根据人的资禀，而有所取舍。总之，物生是自然，关键是规律的把握；心动是性灵，重点是情感的沟通。自然与性灵又都是天命的呈现。

二、传统文化的现代性解读与诠释范式的转化

我们对传统文化的诠释范式的引入需要考虑两个方面的重要因素，即"合理性"（rationality）与"现实性"（reality）。"合理性"与"现实性"的范畴是由理查德·沃林（Richard Wolin）在其《文化批判的观念》一书中文版序言中提出的。沃林主要分析了法兰克福学派（Frankfurt School）、存在主义、后结构主义（Poststructuralism）的文化批判观念。他认为"合理性"与"现实性"之间有不可逾越的鸿沟，"合理性"是就文化诠释范式的理论内在逻辑而言，"现实性"则是就文化诠释范式的理论外在关切而言。如何揭示与弥合逻辑的合理性与现实性的问题是文化观察需要处理的任务之一。我们从前文对原始儒家、宋明新儒学、现代新儒家的分析中已经看到了"合理性"与"现实性"的张力。通

① 于准：《明儒学案·于准序》，北京：中华书局，2008年，第4页。

过诠释范式的转化，新儒家意识到理论的自洽不能无限地脱离现实的社会，而是应该更多地关注现实问题的解决。的确，我们对传统文化的考察不得不考虑"合理性"与"现实性"相协调的问题。正如沃林所说，我们相信，通过义无反顾地关注现代的诸多缺憾，将获得导向某个更融洽、更和谐的未来的前提条件。[①] 对传统文化的研究，目的在于让传统文化的形式与精神为当下社会发展提供有益的思想资源。"文化批判的观念"在于文化的权衡、转化，以及继承与应用，而不是在理性的范围内非理性的否定。从这个意义上来说，"现实性"实是"合理性"的延伸。

传统文化"现实性"的当下意义就是传统文化的"现代性"问题。"现代性"给我们描绘的图景是文化理性在我们日常生活中所呈现的清晰性与透明性，但有的西方学者认为，这样的图景并未出现，而且也不再相信会出现这种情况。因为在他们看来，文化的发展有其不可改变的偶然性，以及各种选择所筹划的不可调和的矛盾性。也就是说，他们认为文化的发展伴随着偶然性和矛盾性的因素，不是理性所能把握的，[②]因此他们付诸"后现代性"的诠释方式。"后现代性"就是与"矛盾性"的和解，就是用非理性的方式去认知充满矛盾的现实社会的文化现象。詹明信（Jameson）在他的《晚期资本主义的文化逻辑》中就曾提出"后现代性"已成为文化的主导，[③]符号或语言的意义被搁置，随之而来的是文化的"新的平淡感"，以及文化传统界限和分野的消失。

本书对传统文化的考察，不做"后现代"的构想，也不会援引"后现代"的文化诠释范式。传统文化发展的过程就是文化诠释的历史过程，当下的文化问题应该用而且能够用当下的方式和方法来解决。前文讨论了对世界进行诠释的相关理论，诠释的对象为世界。世界由时间与空间构成，关于人和物的一切都在世界的范围之内。这一切的事物又根据一定的秩序运动，从而彰显隐蔽的本质与意义。诠释的模式众多，可以说每一个思想家都有其独特的诠释范式。如果我们把目光放到传统文化就会发现，孔子有孔子的模式，孟子有孟子

---

① 沃林：《文化批判的观念》，张国清译，北京：商务印书馆，2001年，第2页。
② 关于"现代性"与"矛盾性"的问题齐格蒙特·鲍曼有较系统的论述，他认为在现代性为自己设定的并且使得现代性成为现代性的诸多不可能完成的任务中，建立秩序的任务尤为凸显，但这种秩序却被矛盾性轻易地打乱。参见鲍曼：《现代性与矛盾性》，邵迎生译，北京：商务印书馆，2003年，第7页。
③ 詹明信：《晚期资本主义的文化逻辑》，陈清侨等译，北京：生活·读书·新知三联书店，1997年，第426页。

的模式,老子有老子的模式。他们以不同的经验视角,形成不同的文本叙述,从而揭示相同的世界真相。那么,就传统文化诠释的新时代范式而言,其研究对象已由世界转换为理论,即传统文化是对世界的观照与解释,传统文化的诠释是对传统文化理论的考察与解读,而传统文化诠释的新时代范式则是在新时代语境下对传统文化的诠释与规范。

理论具有系统性、逻辑性,又具有复杂性与晦涩性,所以,理论一般而言不易理解。前文提及的施莱尔马赫、海德格尔、周敦颐、章学诚、黄宗羲等人的理论都有其时代性,有社会环境因素,都是在一定的时间和空间形成的,有极强的社会实践性。理论因问题而提出,又因问题的解决而展开,从而形成独特的话语。如果不能有效沟通那些问题,对其社会环境不能考察体认,那么对语境中产生的力量也不能理解。正因如此,需要对文本及其环境进行解读,形成理论诠释。

理论诠释需要一定的方法,以期在最大限度内还原理论的真实性。马克斯·韦伯在《社会科学方法论》中曾讨论过这一问题,认为社会科学研究要遵循客观性、批判性及"价值无涉",可以"通过一般化的抽象和根据有规律的联系分析经验的方式,以一种具有形而上学有效性和数学形式的概念体系的形态达到一种纯粹'客观的'认识"[1]。韦伯一方面认为客观认识是通过形而上学的先验抽象以及后天的经验分析来实现的,另一方面又强调"理想类型"的价值。他说:"谁认为对历史实在的认识应该是,或者可能是对'客观'事实的'无前提条件的'描写,谁就将否认理想类型的任何价值。"[2]也就是说,所谓的"理想形态"就是'客观'事实的'有条件'描述。所以,韦伯的客观性是在权衡批判之后达成的相对的客观性,而且这种"客观性"是通过"解释"来实现的。通过"解释"来把握"历史个体"的真实性与唯一性。韦伯说:

> 它们某些独具特点的文化内容成了历史的"个体",也就是说首先依照它们的"价值"关联而得到"解释性的"分析,然后也可能成为"历史"研究的对象,这样,因果追溯现在就深入到它们文明发展的事实,这些事实在与那些对象的关系中成为"历史的原因"。[3]

---

① 韦伯:《社会科学方法论》,韩水法、莫茜译,北京:中央编译出版社,1999年,第35-36页。
② 韦伯:《社会科学方法论》,韩水法、莫茜译,北京:中央编译出版社,1999年,第41-42页。
③ 韦伯:《社会科学方法论》,韩水法、莫茜译,北京:中央编译出版社,1999年,第104页。

此处韦伯认为"历史个体"依照"价值"关联而得到"解释性的"分析,可能成为"历史"研究的对象,但又强调"价值无涉"的立场,认为有益讨论的前提是价值判断,而价值判断的要求是"价值无涉"。他说:

> ……那种"国家无涉""道德无涉""个人主义的"纯理论作为方法论的有效手段,过去是并且将来也是必不可少的。①

的确,"价值无涉"或"价值中立"作为一种方法论是不可或缺的,但这只是方法论的一种,只是诠释世界的一个维度。作为"历史"研究而言,其真实性应该有两个维度。一是"当时"的维度,二是"当下"的维度。"历史的当时"需要运用客观性、批判性及价值无涉的方法来还原,因为在历史的大时代语境下,承载"历史事实"的信息往往会缺失而不完整,导致真相往往被遮蔽。如何揭开"历史真相"的面纱,如何还原"当时历史"的完整信息?这是韦伯方法论所带来的思考。"历史"的意义不仅在于"当时",更重要的是如何与"当下"的话语契合。所以,在这一维度,"客观真实"的意义从属于"历史的当下",而更多地呈现相对性、融摄性及"价值无涉"的特质。

"还原当时"与"契合当下"的方法论自觉与前文所述"物生心动"及"心动物生"的理论是贯通的。韦伯似乎也注意到了,但他对世界的认知还是不完整的,其方法论的描述也是模棱两可的。传统文化的诠释试图突破韦伯方法论的局限,主要是在"物生心动"与"心动物生"双向互动中还原传统文化的历史之"当时",并且努力契合新时代语境之"当下"。

譬如,宋代儒学由唐代儒学转型而来,其自身对佛教哲学的反思借鉴及融摄导致诸多理论陷入困境。因此,宋学围绕"万物一体"本体论及"变化气质"修行论而展开讨论,并最终以朱陆之争的形式达到高峰。明代吴与弼、胡居仁、娄谅、陈白沙、湛甘泉、罗钦顺等人虽然从不同的角度致力于对宋儒遗留的"天理格之外物,还是求之吾心"难题的破解,但都未能超越宋儒的思路。阳明心学是在宋明学术基础上产生的,旨在回应宋明学术遗留的这些问题。学术思想必然有其社会文化的背景,阳明心学也不例外,它是在中晚明社会变迁与士人心态波动的社会语境中展开的。因此,把握传统文化的历史语境应该从历史的学术语境及历史的社会语境入手。

---

① 韦伯:《社会科学方法论》,韩水法、莫茜译,北京:中央编译出版社,1999年,第178-179页。

学术的、社会的历史语境共同构成了一个"客观的历史个体"。"历史个体"皆因问题而产生,并对问题做出有效的回应,同时又产生新的问题。"历史个体"作为"事件"需要不断地被诠释,不断地揭开历史帷幕,又不断地产生新的历史尘埃。哈贝马斯曾在他的《交往行为理论:行为合理性与社会合理性》中认为"社会生活关系是通过其成员受媒介控制的目的理性行为以及通过扎根在每个人交往实践过程中的共同意志而获得再生产的"[①]。日常生活已经变得松散,概念获得了普遍主义乃至个体主义的趋向,"客观"揭示必须满足交往行为的合理性前提,更重要的是必须依赖于主体的解读。[②] 诚然,我们对历史语境的把握,对学术思想的解读,其实也是一种"交往行为"。从这一角度来说,在新的时代,传统文化也必然应从新的维度予以解读,形成新的范式,呈现新的意境。下文将重点讨论传统文化现代性诠释的经典范式——传统文化创造性转化、创新性发展,进而呈现传统文化新时代意境应有的新时代思想意蕴,从而裨益于新时代青年教育事业及中华民族伟大复兴的实现。

[①]　哈贝马斯:《交往行为理论:行为合理性与社会合理性》,曹卫东译,上海:上海人民出版社,2004 年,第 380 页。

[②]　哈贝马斯:《交往行为理论:行为合理性与社会合理性》,曹卫东译,上海:上海人民出版社,2004 年,第 380 页。

第四章　传统文化转化发展及其教学实践探索

前文笔者阐述了传统文化的主要形态及其生活情境的还原，重点论述了传统文化"经世致用、求真务实"的物质形态、"平和淡雅、简约超凡"的符号形态、"知行合一、和谐安宁"的精神形态。三种形态的传统文化的意蕴都是在具体的现实生活情境中呈现的。笔者还试图从知识、意境、家园的视角揭示传统文化的生命意蕴，并重点阐明传统文化从忠孝伦理到家国情怀的基本精神，还从新儒家的问题意识切入引入对传统文化现代性诠释范式的探讨。在本章，笔者将进一步论述传统文化的诠释问题。诚然，传统文化的诠释需要一个过程，这一过程是理论的，也是实践的，是推进社会主义文化创新发展的重要一环。因此，很自然，笔者关于传统文化转化发展及教学实践的讨论将在社会主义文化建设发展的视域下展开。

第一节　传统文化转化发展的新时代语境：文化自信的展开

克洛德·列维-斯特劳斯（Claude Lévi-Strauss，1908—2009 年）曾在他的《结构人类学》中评述了博厄斯（Boas，1858—1942 年）对人类学研究的理解，称博厄斯第一次从事田野考察时便意识到自己在民族学方面的使命，体会到每个人类群落在社会生活中的创造性、独特性和自发性。如果仅凭理论推理是永远无法获得社会经验和群体与个人之间的无处不在、无时不在的互动，因为这些只能通过观察和经验才能获取。要掌握人类社会文化发展的轨迹，仅知其然是远远不够的,还必须知其所以然。① 列维-斯特劳斯所说的"知其然"是文化的外在形式,而"知其所以然"是文化的内在精神。文化的内在精神显然是文化自信更深层的依据,是某一种文化创造性、独特性、自发性的源泉。

列维-斯特劳斯还指出博厄斯的人类学研究所构拟的情境的确把握了人类文化的历史,但仅仅捕捉到了瞬息之间的历史,即微观的历史。它和进化论和传播论的宏观历史一样,与过去的传统很难联系起来。② 因此,我们必须突破博厄斯的文化理论,在微观与宏观之间找到一种平衡,使文化阐释置于恰当的历史视域之中。显然,从"四个自信"到人类命运共同体的文化理解,为我们提供了这样一种平衡的途径。无论是"四个自信"理论视野中的文化自信,还是人类命运共同体构建视域中的文化理解,都不仅是历史性的,更是共时性的。博厄斯放弃了"理解历史"的文化研究途径,而着力依据文化现象,研究当今文化的构成成分及其关系。这是一种文化的共时分析,即分析文化的各种建制及其功能性的关系,研究个体与文化之间彼此作用的动态过程等。③

文化必然是功能性的,但从研究文化整合而成的那些大而无当的概括最终将成为一堆陈词滥调,这种危险始终是存在的。④ 我们对文化的解读向来有这种高度危机意识,我们的文化自信作为一种真实的感应或发乎内在良心的情感体认,有坚实的社会生活情境,是在文化互动和践行中铸炼而成的。文化自信是对文化历史的宏观把握,也是文化历史的微观介入。文化有具体的场景和现象,也有宏大的话语叙述。也许,文化的这一特性与人和动物的天然区别有关,致使出现自然与文化的长久对立,也出现了文化的传承与传播倾向,而文化的传承与传播进一步巩固了文化的共时性特征,并最终形成文化视域下的人类命运共同体。

人类命运共同体的文化视域在于文化的交流互鉴,即文化发展的动态过程。列维-斯特劳斯基于文化人类学的视角,认为将文化人类学引向共同结论的,不是那种视整个社会为静态存在的观点,而是一种动态的考量,即认为文化是世代相传的观点。就是说,在文化传承的进程中,统合社会生活各个方面

① 列维-斯特劳斯:《结构人类学》,张祖建译,北京:中国人民大学出版社,2006年,第11页。
② 列维-斯特劳斯:《结构人类学》,张祖建译,北京:中国人民大学出版社,2006年,第11页。
③ 列维-斯特劳斯:《结构人类学》,张祖建译,北京:中国人民大学出版社,2006年,第12页。
④ 列维-斯特劳斯:《结构人类学》,张祖建译,北京:中国人民大学出版社,2006年,第16页。

的关系起到了至关重要的作用。① 文化自信与某一文化的个性化特征有关，往往偏向于"文化与个性"的研究；人类命运共同体则与文化普遍的共性特征有关，更多关注"人类社会结构"的研究，这两种研究在文化自信朝向人类命运共同体构建的必然趋势中又能有效融合。

一、"四个自信"理论视野中的文化自信

李约瑟(Joseph，1900—1995 年)曾驳斥一些西方学者"在中国人的思想和实践中，有一大部分特殊的发展来源于西方"②的观点，譬如马伯乐(Maspero，1883—1945 年)认为，《山海经》中所叙述的中国古代地理学是受到公元前 5 世纪印度和伊朗等外来潮流的刺激而产生的，而且中国大部分天文学也是受到西方天文学的启发。③ 又如瓦卡(Vacca)认为，《周髀算经》中的几何学来自西方，中国早期对 π 值的计算、二项式系数等也是从西方得到启发的。④ 再如霍维茨(Horwitz)认为中国大型类书《古今图书集成》中的某些机械图临摹的是 16 世纪欧洲的书籍。⑤ 在思想领域，也有不少西方学者试图证明中国哲学的西方来源，譬如有人认为，早期道家学说在很大程度上受到印度《奥义书》(Upanishad)的影响；中国思想中的阴阳二元论是从波斯传入的等。李约瑟对这些观点都进行了驳斥，认为这些说法都是根据不足的，中国文明主要是独立发展的文明。他说："尽管我们往往倾向于认为每一件事物只有一个来源，可是我们不能排除在不同地方出现完全独立而相似的思路的可能性。"⑥在李约瑟看来，在古代文明中，中国的地理特征容易导致其与外界隔绝的情形，因此它所特有的文化形态具有较强的独创性和独立性。⑦ 尽管，没有

---

① 列维-斯特劳斯：《结构人类学》，张祖建译，北京：中国人民大学出版社，2006 年，第 379-380 页。

② 李约瑟：《中国科学技术史》第一卷，何兆武等译，北京：科学出版社，1990 年，第 154 页。

③ 李约瑟：《中国科学技术史》第一卷，何兆武等译，北京：科学出版社，1990 年，第 155 页。马伯乐，法国著名汉学家。一生著述甚丰，涉及领域极广，汉学主要代表作有《古代中国》《道教和中国宗教》等。

④ 李约瑟：《中国科学技术史》第一卷，何兆武等译，北京：科学出版社，1990 年，第 155 页。

⑤ 李约瑟：《中国科学技术史》第一卷，何兆武等译，北京：科学出版社，1990 年，第 155 页。霍维茨，奥地利工程师。

⑥ 李约瑟：《中国科学技术史》第一卷，何兆武等译，北京：科学出版社，1990 年，第 157 页。

⑦ 李约瑟：《中国科学技术史》第一卷，何兆武等译，北京：科学出版社，1990 年，第 160 页。

人能否认中西文化交流的事实,中国在几千年延续发展的进程中,外传并接受了一些文化和技术要素。当然,我们同样需要估计到思想和技术发展的独立性。总之,李约瑟认为,在古代世界,中国与外界的文化交往向来比我们认为的多得多,但中国的思想和文化形态保持着明显的、持续的独立性和自发性。中国文化的独立性(自发性)和融摄性(开放性)双重特质是中国文化"与世隔绝"的真实含义。在古代,中国尽管与外界有文化的接触和交流,但这种接触和交流从未足以影响它的基本格调和独特风格。①

的确,中国文化无疑有其独立性,它的生成和发展都有内在的根本原因、规律和动力,它的发展是自发的,在科学、技术、历史、文学、哲学等诸多领域主动地形成自身的发展逻辑,而不是被动地接受某些文化元素而改变自身的独特性,更不是为外来文化所支配和驱使。然而,中国文化又有极强的融摄性,是开放的,能够吸收、调适与融摄来自欧洲、印度、阿拉伯的各类文明成果,而不是排斥,不是故步自封。中国文化在求新、求变、求进的融摄过程中,能够把握文化的主导性。融摄是丰富原有文化内涵的途径,而不是丧失中国文化的特有品质。中国文化始终能够保持定力,使原有的文化基因能够恒久地传承。

中国文化的独立性(自发性)和融摄性(开放性)特质是中国文化自信的重要保障和依据。"文化自信,是更基础、更广泛、更深厚的自信。"②那么,什么是文化自信?我们如何理解文化自信?文化自信以三个"坚信"为支撑,即我们坚信,中国特色社会主义道路是实现社会主义现代化的必由之路,是创造人民美好生活的必由之路;我们要坚信,中国特色社会主义理论体系是实现中华民族伟大复兴的正确理论,是立于时代前沿、与时俱进的科学理论;坚信中国特色社会主义制度是当代中国发展进步的根本制度保障,是具有鲜明中国特色、明显制度优势、强大自我完善能力的先进制度。③ 这三个"坚信"概括起来便是道路自信、理论自信、制度自信,再加上文化自信便构成了"四个自信"。因此,文化自信是"四个自信"视域中的文化自信,离开了"四个自信"的理论背景,文化自信更基础、更广泛、更深厚的特质将无法呈现。道路是中国特色社

---

① 李约瑟:《中国科学技术史》第一卷,何兆武等译,北京:科学出版社,1990年,第160页。

② 习近平:《在庆祝中国共产党成立95周年大会上的讲话》,北京:人民出版社,2016年,第13页。

③ 习近平:《在庆祝中国共产党成立95周年大会上的讲话》,北京:人民出版社,2016年,第13页。

会主义道路,这一道路通向社会主义现代化、通向人民美好生活,这与文化的旨趣是相通的。文化是人民追求美好生活的过程中创造的产物,人民对美好生活的诉求就是文化的基本诉求。理论是中国特色社会主义理论体系,这一理论导向中华民族伟大复兴的实现,它立于时代前沿,并能与时俱进。民族的伟大复兴必然包含中华文化和文明的伟大复兴。制度是中国特色社会主义制度,这一制度引领当代中国社会发展进步。社会发展进步是整体的、多维度的,包括经济、政治、文化、社会、生态等,因此,制度自信与文化自信是一致的。文化不是孤立的存在,离开了文化产生发展的语境,文化的各种因素和丰富内涵将失去意义,并将失去进一步发展的动力基础。我们必须将中国文化置于中国特色社会主义的语境中来考察,才能真切把握它的精神。

那么,文化自信,其"自信"基于什么?"自信"的原因在于中国特色社会主义文化是沉稳厚重、意蕴丰赡的文化,其内容极其丰富,包括着有数千年历史底蕴的优秀传统文化、伟大斗争中积淀的革命文化、伟大建设中孕育的社会主义先进文化。中华文化是中华民族的独特标识,在社会主义当代语境下,中华文化之精神凝练在社会主义核心价值观之中,体现为以爱国主义为核心的民族精神,以及以改革创新为核心的时代精神。"人无精神则不立,国无精神则不强。精神是一个民族赖以长久生存的灵魂,唯有精神上达到一定的高度,这个民族才能在历史的洪流中屹立不倒、奋勇向前。"[1]文化精神是文化的灵魂,它使具体形态的文化得以稳固、发展与丰赡。文化精神也是国家、社会、个人的灵魂,不仅是个体存在的基础,也是社会、国家屹立不倒、奋发有为的重要原因。

"自信"的原因还在于中国特色社会主义文化是传统与现代相交融的文化。"坚定文化自信,离不开对中华民族历史的认知和运用。"[2]诚然,传统不仅是中国古代传统,也包含社会主义传统。中华民族的历史是古代历史、近代历史和现代历史共同构建的镜像,从这面历史的镜子中,我们看清世界、认识自我,进而能更好地把握当下、面向未来。因此,历史的语境总是需要转化为现代的、当代的语境,而文化也需要在传统和现代之间找到一种恰当的平衡,现代的社会生活实践不至于抛离传统,而传统也不至于回避现代社会所遭遇

① 习近平:《在纪念红军长征胜利80周年大会上的讲话》,北京:人民出版社,2016年,第8-9页。
② 习近平:《在中国文联十大、中国作协九大开幕式上的讲话》,北京:人民出版社,2016年,第9页。

的问题。所以,中国特色社会主义文化必然是开放进取、不断创新的文化,这与马克思主义与时俱进的理论品质是一致的,即传统文化的现代化是不违背马克思主义中国化逻辑的。文化的"开放"就是要使文化体现现代社会的时代精神,迎接和顺应时代的变化和挑战,要吸收其他文化类型的有益成分,使本民族的文化更加丰富,更具竞争力。文化的"创新"是以"开放"为前提的,任何创造力的产生都是基于对新事物的吸收借鉴。中国特色社会主义文化又是以人为本、民心所向的文化,这也是文化自信的来源。人民群众是文化的创造者,又是文化的应用实践者,中国特色社会主义文化从产生到应用都体现了人民的主体性,都以人民为中心。

　　总之,文化自信"是更基础、更广泛、更深厚的自信"[1]。坚定文化自信,是事关国运兴衰、事关文化安全、事关民族精神独立性的大问题。[2] 因此,我们要保持对自身文化理想、文化价值的高度信心,保持对自身文化生命力、创造力的高度信心。[3] "自信"的本质在于对文化情景、文化感应、文化互动"三位一体"的主体性把握。文化情境即中国特色社会主义建设,文化感应即文化体认与文化自觉,文化互动则是文化传承与文化交流。文化传承主要通过教育来实现,关于文化传承与文化交流,下文将具体论述。文化需要青年来传承,文化的传承首先是文化自信的感应与传承。实现中国特色社会主义的发展目标,实现中华民族伟大复兴中国梦,必须增强道路自信、理论自信、制度自信,而这"三个自信"需要我们对核心价值观有精准的把握。社会主义核心价值观是中国特色社会主义文化的精髓,青年的价值取向又决定了未来整个社会的价值取向。可见,青年的文化态度对社会发展的重要意义。习近平总书记认为,青年又处在价值观形成和确立的时期,抓好这一时期的价值观养成十分重要。这就像穿衣服扣扣子一样,如果第一粒扣子扣错了,剩余的扣子都会扣错。人生的扣子从一开始就要扣好。[4] 因此,从某种程度上来说,文化自信就

---

　　① 习近平:《在庆祝中国共产党成立95周年大会上的讲话》,北京:人民出版社,2016年,第13页。

　　② 习近平:《在中国文联十大、中国作协九大开幕式上的讲话》,北京:人民出版社,2016年,第6页。

　　③ 习近平:《在中国文联十大、中国作协九大开幕式上的讲话》,北京:人民出版社,2016年,第6页。

　　④ 习近平:《青年要自觉践行社会主义核心价值观——在北京大学师生座谈会上的讲话》,北京:人民出版社,2014年,第9页。

是青年的自信。青年朝气蓬勃,则文化生机盎然。青年奋进有为,则文化必将复兴,民族必将复兴。

二、文化交流与人类命运共同体图景

文化是动态发展的过程,是人类主体在一定情境下的感应与互动。据此,美国人类学先驱鲍威尔(Powell,1834—1902 年)于 1880 年首次提出文化涵化(acculturation)的概念,意思是不同文化传统因接触而形成文化交流、文化融合的趋势,并在一定程度上引起原有文化的变迁。之后,雷德菲尔德(Redfield,1897—1958 年)[①]等人于 1935 年为之下了定义:文化涵化即来自不同文化的社会群体,因持续地直接接触、交流、互动而导致一方或多方原有文化类型的变迁。[②]

文化涵化以人类主体对文化的体认和交流为前提。据李约瑟所述,早在青铜器时代,中国和欧洲之间就已经有一定的联系,这不仅是技术方面的传播,还由于各种器物在形制上确有相似之处。[③] 他引述奥洛夫·詹斯(Olov Janse)[④]对一些器物的研究,认为在欧亚大陆的两端,几乎同时出现了相似的思想和技术。在远古时代,并没有独立的民族国家的边界,阻断从波罗的海及喀尔巴阡山延展至鄂尔多斯的广袤草原地带。李约瑟称,诸多艺术史家关于西徐亚和萨尔马特艺术的著作中有对印度艺术内容中的希腊艺术经巴克特里亚向东传播的论述,以及耶稣会士时代文艺复兴后的绘画传入中国的相关论述。另外,中国文化对中世纪后期的欧洲艺术和文艺复兴也有显著影响。[⑤]

古代中西文化的交流主要通过陆上商路和海上商路实现,其中古代丝绸之路至关重要。公元 2 世纪末,希腊人在大夏的统治被月氏人推翻,张骞大致

---

① 雷德菲尔德,美国人类学家、社会学家,著有《尤卡坦的民间文化》《农民社会和文化》等。他受英国功能学派人类学及芝加哥经验社会学的影响,把注意力更多地放在对农村社区的研究,而不是像多数人类学家那样关注原始人类及其文化。他区分了民俗社会与都市社会,将两者看作是文明的连续统一体。

② 庄孔韶:《人类学概论》,北京:中国人民大学出版社,2006 年,第 291 页。

③ 李约瑟:《中国科学技术史》第一卷,何兆武等译,北京:科学出版社,1990 年,第 162 页。

④ 奥洛夫·詹斯,瑞典考古学家,著有《中印考古研究》等。

⑤ 李约瑟:《中国科学技术史》第一卷,何兆武等译,北京:科学出版社,1990 年,第 172 页。

在这一时期出使西域。公元前 106 年左右,横越亚洲的丝路贸易开始经常
化。[1] 值得一提的是,张骞出使西域的目的是联合月氏对抗匈奴,从而使丝绸
之路畅通,保持中西贸易的正常化。《大宛列传》记载张骞出使西域之事,其
言曰:

> 是时,天子问匈奴降者,皆言匈奴破月氏王,以其头为饮器。月
> 氏遁逃,而常怨仇匈奴,无与共击之。汉方欲事灭胡,闻此言,因欲通
> 使。道必更匈奴中,乃募能使者。骞以郎应募,使月氏。[2]

据李约瑟的研究,除丝绸之外,经过陆上商路和海上商路的其他商品相对
要少一些,但也十分重要,如"中国铁"、毛皮、肉桂、大黄等。尽管地中海地区
输出的商品很少是中国人所需要的,但罗马时代的黎巴嫩和埃及的玻璃制造
技术达到较为完善的程度,玻璃制品在整个亚洲都有较大的市场,羊毛和亚麻
织物在东方的销售也达到了一定数量。每年东西方贸易的金额大概相当于一
百万英镑,[3]可见东西方贸易,就古代世界而言,还是相当频繁的。文化的交
流与互鉴就在频繁的贸易交往中产生、发展、深化。

东西方的联系、交流、互鉴是历史发展的必然趋势,在文明发展的进程中,
很难想象一个割裂的欧亚大陆会扮演怎样的角色。史蒂芬·罗(Stephen
Rowe)在其《再看西方》中以西方的立场谈及东西方"对话"的问题。他提出
"超越东西方差异"的综合体思想,以寻求西方文化的复兴。西方人可以通过
东西方文化的遭遇,重新利用和重新振兴自己的传统,同时可以吸取东方智
慧。[4] 他提出了西方文化复兴的三个要素:第一,与东方相遇的初始时期,会
有一个波动阶段,但它提供了西方认识自己传统之精华的机会;第二,与东方
的相遇使西方看到自己传统中的薄弱方面,尤其是"理智主义的偏见";第三,
与东方的相遇可以为西方提供一个活生生的、不断发展的情境,使西方创造性
地从"他者"所提供的文化中汲取养分。[5] 的确,在东西方文化交流的过程中,

---

[1]　据李约瑟所述,古代西方人知道中国两大都市,一是丝都(Sera Metropolis),大概是长安,抑
或兰州,甚至是古代丝绸之路高处的甘州;二是秦都(Sinae Metropolis),即洛阳。参见李约瑟:《中国
科学技术史》第一卷,何兆武等译,北京:科学出版社,1990 年,第 186 页。

[2]　司马迁:《大宛列传》,《史记》卷一二三,北京:中华书局,2013 年,第 3157 页。

[3]　李约瑟:《中国科学技术史》第一卷,何兆武等译,北京:科学出版社,1990 年,第 189 页。

[4]　史蒂芬:《再看西方》,林泽铨、刘景联译,上海:上海译文出版社,1998 年,第 206 页。

[5]　史蒂芬:《再看西方》,林泽铨、刘景联译,上海:上海译文出版社,1998 年,第 206-209 页。

我们以东方的角度,来反思文化的交流互动,那么史蒂芬·罗提出的三个要素具有较强的借鉴意义。在当代语境中,"对话"的意义远不只在于传递信息,更重要的是能使不同的文化形态维持平衡和整合,有助于创造性发展。随着"对话"的深入,文化诠释的范式以及文化形态本身都会随之转化,使人类文化进入一种全新的、更加成熟的认知结构之中。因此,我们应当以相互的、动态的、联系的方式审视文化现象。诚然,此种新的认识来自我们对文化转化和发展的必要性的体认,借此使原有文化传统注入新的活力。

文化交流的趋势是与"交往共同体"①的建构同步的。据维特根斯坦理解,"交往共同体"有其自身的先验语言规则,不属于一般意义上的语言游戏或生活形式。② 这种先验语言规则是我们遭遇文化情境时,能够进行感应与互动的前提。譬如哈贝马斯的交往行为理论,通过语言的路径分析,其问题意识便有了新的来源,即 20 世纪七八十年代初期福利社会驯化(taming)资本主义趋势的形成,以及全球经济受新自由经济政策刺激而呈现的新形态。③ 这是世界经济社会情境的变化在文化研究领域所引起的感应与互动的变化。这种变化使我们更加深入理解"交往共同体"的理论意义和现实意义。

习近平总书记对"共同体"有深入的思考,并有一系列重要论述。譬如习近平总书记在坦桑尼亚尼雷尔国际会议中心的演讲中谈及"中非从来都是命运共同体,共同的历史遭遇、共同的发展任务、共同的战略利益把我们紧紧联系在一起"④。习近平主席在印度尼西亚国会的演讲中又谈到中国—东盟命运共同体。他认为,在漫长的历史进程中,中国和东盟国家人民创造了丰富多彩、享誉世界的辉煌文明,这里是充满多样性的区域,各种文明在相互影响中融合演进,为中国和东盟国家人民相互学习、相互借鉴、相互促进提供了重要文化基础。⑤ 在《深化改革开放,共创美好亚太》演讲中,习近平主席指出"我们要牢固树立亚太命运共同体意识,以自身发展带动他人发展,以协调联动最

---

① 阿佩尔(Apel)认为,"交往共同体"是社会科学的先验前提。他在对传统哲学进行改造的同时,构建了认知人类学,提出了认知旨趣理论。参见阿佩尔:《哲学的改造》,孙周兴、陆兴华译,上海:上海译文出版社,1997 年,第 156 页。

② 阿佩尔:《哲学的改造》,孙周兴、陆兴华译,上海:上海译文出版社,1997 年,第 187 页。

③ John F. Sitton. *Habermas and Contemporary Society*. New York:Macmillan,2003:141.

④ 习近平:《论坚持推动构建人类命运共同体》,北京:中央文献出版社,2018 年,第 15-16 页。

⑤ 习近平:《论坚持推动构建人类命运共同体》,北京:中央文献出版社,2018 年,第 54 页。

大限度发挥各自优势"①。从中非命运共同体,到中国—东盟命运共同体,再到亚太命运共同体,逐渐构筑起广泛的人类命运共同体。

　　诚然,人类命运共同体不仅仅涉及文化范畴,它的视野是极其开阔的。我们促进和而不同、兼收并蓄的文明交流,这与中国人民的梦想、世界人民的梦想息息相通。中国梦的实现离不开和平的国际环境和稳定的国际秩序,而人类命运共同体视域下的世界文化交流互鉴是其中重要的内容和途径。人类命运共同体的构建,需要世界人民同心协力,尊重世界文明的多样性,以文明交流互鉴超越文明隔阂冲突。

　　人类不是孤立的生命存在,而是处在相互联系中。联系的基础是生存与生命的共通性,由此构筑起命运共同体。随着人类文明的不断扩张,沟通手段的改进,以及标志现代性的频繁迁徙,这一切都将人类置于永久的运动之中。显然,当今世界已经没有自绝于外的孤立文化了。② 正因为世界各国文化频繁沟通、深度交流,我们考察文化现象已无须像以前一样依赖冒险家跨越半个地球。我们更应该携手一道推动人类命运共同体建设,共同创造人类的美好未来。命运握在人民手中,前途系于人民的抉择,文化的真意就蕴藏在命运与前途之中。前文我们谈及海德格尔的存在主义对人类生命的思考,"此在世界所开放出来的存在者不仅在根本上与用具和物有别,而且按其作为此在本身存在这样一种存在方式。它是以在世的方式'在'世界之中"③。由于共同性的在世,世界向来就是我与他者共同分有的世界。此在的世界就是共同世界,人类是共在的生命过程,从照面、相遇、融入、互动到回归与还原。推动构建人类命运共同体,必须坚持不同文明的交流互鉴。不同文明虽然有各自的特色,但没有优劣之分。促进不同文明之间的交流对话,取长补短,共同发展,能够形成共同推进人类社会发展进步的动力。

　　当然,人类命运共同体的构建不是一蹴而就的,需要世界各国人民的共同努力。"构建人类命运共同体是一个美好的目标,也是一个需要一代又一代人接力跑才能实现的目标。"④同时,人类命运共同体的构建还需要和而不同的

---

　　① 习近平:《论坚持推动构建人类命运共同体》,北京:中央文献出版社,2018 年,第 62 页。

　　② 列维-斯特劳斯:《结构人类学》,张祖建译,北京:中国人民大学出版社,2006 年,第 399 页。

　　③ 海德格尔:《存在与时间》,陈嘉映、王庆节译,北京:生活·读书·新知三联书店,1999 年,第 137 页。

　　④ 习近平:《论坚持推动构建人类命运共同体》,北京:中央文献出版社,2018 年,第 426 页。

精神,各国人民消除偏见,同心协力,兼收并蓄,才能实现这一目标。总之,人类命运共同体基于人类共同的生存和生命体验。正因为如此,自 2013 年习近平主席首次提出人类命运共同体倡议以来,中国同世界各国的友好合作不断拓展,人类命运共同体理念得到越来越多人的支持和赞同,这一倡议正在从理念转化为行动,①正在逐渐改变人们的思想观念,改变世界政治、经济、文化等诸多层面的发展思路。

前文提及文化交流互鉴必然导致文化涵化,而文化涵化通常有三种形式,即接受、调适、拒斥。接受和调适表现为文化的交流,而拒斥则表现为文明的冲突。亨廷顿(Huntington,1927—2008 年)是文明冲突论的典型代表,尽管他也承认世界文明的多样化。他认为,在人类生存的大部分时期,各个文明之间的交往是间断的,甚至是根本不存在的。但从 16 世纪开始的 400 多年间,西方文明内部构建了一个多极化的、相互影响的体系,同时,这一体系不断向外扩张、征服与殖民,决定性地影响所有其他文明。② 而 20 世纪 80 年代末以来,随着冷战的终结,世界人民之间最重要的区别不再是意识形态的、政治的、经济的,而是文化的区别。人们依然用祖先、宗教、语言、历史、价值、习俗等来界定自己,在这个新世界中,区域政治回归为种族政治,全球政治是文明的政治,文明的冲突取代了超级大国的竞争,未来的冲突将由文化因素所引起。亨廷顿的立场是西方"普世主义"的立场,他认为西方的文化力量与所有其他文明的文化力量之间的关系是文明世界最为普遍的特征。当西方文化的感召力消退之时,非西方国家的人民对其本土文化的自信心和责任感会随之增强。③在亨廷顿看来,正因为此种原因,西方正在,并将继续试图通过将自己的利益确定为"世界共同体"的利益来维持其主导地位和自身利益。④ 西方文明在全球的传播,西方势力的相对削弱,其他文明对自身文化的诉求等因素,一起决定了西方与非西方之间的关系必然是困难的关系。这是亨廷顿文明冲突论的基本逻辑,是对文化涵化的一种反抗姿态。

---

① 习近平:《论坚持推动构建人类命运共同体》,北京:中央文献出版社,2018 年,第 510 页。

② 亨廷顿:《文明的冲突与世界秩序的重建》,周琪、刘绯、张立平等译,北京:新华出版社,1998 年版,第 5 页。

③ 亨廷顿:《文明的冲突与世界秩序的重建》,周琪、刘绯、张立平等译,北京:新华出版社,1998 年,第 199 页。

④ 亨廷顿:《文明的冲突与世界秩序的重建》,周琪、刘绯、张立平等译,北京:新华出版社,1998 年,第 200-201 页。

米勒（Müller）对亨廷顿的文明冲突论提出了批判，并抛出"文明共存"的观点。他认为，亨廷顿文明冲突论源于某种恐惧的增强和对界限划分的渴求，在亨廷顿的观念中，人类总是被深深的恐惧困扰，因为生命如此脆弱，易受伤害且时刻受到威胁。另外，人类需要拥有自己身份的确认，自己究竟是谁，又将何去何从。这两种现象的汇聚便成了寻求假想"敌人"的需要。① 米勒指出，亨廷顿根据民族的划分和意识形态的差异，推动当今世界各种文化走向对峙。文明冲突论实际上在追求对世界秩序的重新规划，试图使我们相信，文明之间的对抗正是现在及未来世界格局的最本质状态，并试图通过对文化的决定因素（包括历史渊源、价值体系、生活方式、政治思维等）的深刻剖析，以文化为尺度，构想未来世界新的格局。② 米勒认为，亨廷顿的此种尝试并不完全符合现实世界中的大量事实，其理论包含了很多经验主义的错误。亨廷顿的观点使人产生疑虑，这种与现实严重脱节的思想体系，必将遭到激烈的批判。③ 本质上来说，亨廷顿的文明冲突论是美国式科学研究方法对国际关系进行分析的产物，取材于自然科学的理论假设模式，仅仅建立在少数基本设想之上，而忽视诸如国内政策、地区差异、国际组织等其他因素。④ 总之，米勒认为，文化因素绝不是世界政治的活跃因素，它在国际政治方面不能直接发挥作用，所谓文化冲突只不过是一个比喻罢了，它所描绘的并非社会现实。⑤

诚然，我们对米勒"文化因素绝不是世界政治活跃因素"的观点不能完全赞同，但他对亨廷顿文明冲突论的批判是基本符合实际的。因为世界文明在交流互鉴中能够进行有效的调适，即能实现文化的适应与接收，实现文化涵化的逻辑过程。诚如米勒所指出的，现代化进程在很大程度上限制了文化的自我封闭，加之当今科学技术的飞跃式发展决定了各种文化间的交流变得更为

---

① 米勒：《文明的共存——对塞缪尔·亨廷顿"文明冲突论"的批判》，郦红、那滨译，北京：新华出版社，2002年，第3页。
② 米勒：《文明的共存——对塞缪尔·亨廷顿"文明冲突论"的批判》，郦红、那滨译，北京：新华出版社，2002年，第4页。
③ 米勒：《文明的共存——对塞缪尔·亨廷顿"文明冲突论"的批判》，郦红、那滨译，北京：新华出版社，2002年，第8页。
④ 米勒：《文明的共存——对塞缪尔·亨廷顿"文明冲突论"的批判》，郦红、那滨译，北京：新华出版社，2002年，第15-17页。
⑤ 米勒：《文明的共存——对塞缪尔·亨廷顿"文明冲突论"的批判》，郦红、那滨译，北京：新华出版社，2002年，第44页。

便捷和通畅。①

　　文化交流互鉴必然是当今世界的主要潮流和趋势。我们对其他文明与文化的态度绝不是对抗的,坚持"美人之美、美美与共"②,因为每一种文明都是美的结晶,都彰显着创造之美。每一个国家和民族的文明都扎根于本国本民族的土壤之中,都有自己的本色、长处、优点。③ 各种文明原本没有冲突,冲突只是源于缺乏欣赏文明之美的眼睛。我们应该用欣赏的眼光看待每一种文明,维护文明的多样性,加强文明的交流互鉴,而不是冲突、排斥与取代。习近平主席指出:"不要看到别人的文明与自己的文明不同,就感到不顺眼,就要千方百计去改造、去同化,甚至企图以自己的文明取而代之。历史反复证明,任何想用强制手段来解决文明差异的做法都不会成功。"④

　　交流互鉴是文明发展的本质要求,⑤它因涵化而丰富多彩。因为任何一种文明,都是流动的、开放的,这是文化传播和发展的重要规律。诚如李约瑟所考察的那样,亚洲人实际上早就开始了文明间的交流互鉴。譬如丝绸之路、香料之路、茶叶之路等古老商路,陈述着亚洲人的商贸交往、人文交流的历史。在当代语境下,拓展推进"一带一路""两廊一圈"等交流途径,进一步促进了亚洲文明在自身内部及同世界文明的交流互鉴,具有历史的传承性、当下的现实性及未来的展望性,其意义深远而深刻。"文明因多样而交流,因交流而互鉴,因互鉴而发展。"⑥加强不同文明与文化的交流互鉴,旨在促进人类命运共同体的构建和人类福祉的进一步提升。

　　当然,我们在同世界上各种文明进行交流互鉴时要彰显中国文化的独特性,还要注意保持中国文化的独立性。要坚持从本国本民族实际出发,坚持取

　　① 米勒:《文明的共存——对塞缪尔·亨廷顿"文明冲突论"的批判》,郦红、那滨译,北京:新华出版社,2002 年,第 62 页。

　　② 习近平:《深化文明交流互鉴 共建亚洲命运共同体——在亚洲文明对话大会开幕式上的主旨演讲》,北京:人民出版社,2019 年,第 6 页。

　　③ 习近平:《在纪念孔子诞辰 2565 周年国际学术研讨会暨国际儒学联合会第五届会员大会开幕会上的讲话》,北京:人民出版社,2014 年,第 7 页。

　　④ 习近平:《在纪念孔子诞辰 2565 周年国际学术研讨会暨国际儒学联合会第五届会员大会开幕会上的讲话》,北京:人民出版社,2014 年,第 7 页。

　　⑤ 习近平:《深化文明交流互鉴 共建亚洲命运共同体——在亚洲文明对话大会开幕式上的主旨演讲》,北京:人民出版社,2019 年,第 7 页。

　　⑥ 习近平:《深化文明交流互鉴 共建亚洲命运共同体——在亚洲文明对话大会开幕式上的主旨演讲》,北京:人民出版社,2019 年,第 5 页。

长补短、择善而从。因为如果脱离了中国的历史和文化、中国人的精神世界，以及当代中国的深刻变革，不仅难以正确认识中国的文化，也难以认识世界上其他的文化。正如习近平总书记所指出的，"我们要虚心学习借鉴人类社会创造的一切文明成果，但我们不能数典忘祖，不能照抄照搬别国的发展模式，也绝不会接受任何外国颐指气使的说教"[1]。对人类社会创造的各种文明，我们都应该积极吸纳其中的有益成分，使人类创造的一切文明中的优秀文化基因与当代文化相适应，与现代社会相协调。[2] 这样才能真正体现"文化是一个国家、一个民族的灵魂"[3]的含义。所以我们要牢牢掌握意识形态工作的领导权，培育和践行社会主义核心价值观，加强社会主义思想道德建设，这是中国文化独特性和独立性的体现。

第二节　传统文化转化发展的教学实践：以阳明文化为例

传统文化创造性转化、创新性发展的应用实践是对知识的应用实践，所谓行是知之行，知是行之知，知行是合一的。[4] 前文我们已详尽论述知识的道德与技术结构（第三章第一节），此处，我们接着从这一结构展开，分析传统文化创造性转化、创新性发展应用实践的重要路径。路径有两条：思想传承的路径和技术进步的路径。此处我们只讨论思想传承的路径。

传统文化的应用应以理性的把握为基础，而不是基于感性的直观，即不仅要融摄文化的外在形式，更重要的是对文化精神的体认。黑格尔曾对文化把握有所论述，他认为我们试图把握关于事物的普遍原理的观点和知识的时候

---

① 习近平：《青年要自觉践行社会主义核心价值观——在北京大学师生座谈会上的讲话》，北京：人民出版社，2014年，第9页。

② 习近平：《在纪念孔子诞辰2565周年国际学术研讨会暨国际儒学联合会第五届会员大会开幕会上的讲话》，北京：人民出版社，2014年，第9页。

③ 习近平：《决胜全面建成小康社会 夺取新时代中国特色社会主义伟大胜利——在中国共产党第十九次全国代表大会上的报告》，北京：人民出版社，2017年，第40页。

④ 王阳明曾言："知者行之始，行者知之成。圣学只一个功夫，知行不可分作两事。"参见王阳明：《传习录》上，《王阳明全集》卷一，上海：上海古籍出版社，2011年，第15页。2016年6月24日，习近平主席在上海合作组织成员国元首理事会第十六次会议上的讲话曾引用"知者行之始，行者知之成"，以说明"上海精神"是上海合作组织成功发展的重要思想基础和指导原则。参见习近平：《弘扬上海精神 巩固团结互信 全面深化上海合作组织合作》《人民日报》，2016年6月25日，第1版。

往往摆脱实质生活,我们通过对事情的一般思考,进而理解具体而丰富的内容,并做出有条理的陈述和判断,但涉及文化教育的时候,"马上就得让位给现实生活的严肃性,因为这种严肃性使人直接经验到事情自身;而如果另一方面,概念的严肃性再同时深入于事情的深处,那么这样的一种知识和判断,就会在日常谈话里保有它们应有的位置"①。在此黑格尔实际上提出了文化及其教育应用的两个重要特征,即"生活"与"概念"。"生活"是指文化教育应用的实践性,它所依赖的是感性的直观;"概念"是指文化教育应用的精神性,它所依赖的是理性的思辨。

文化应用的实践性和精神性是由文化本身的特征决定的。前文我们分析了传统文化的三种形态,即物质形态、符号形态及精神形态。物质形态直接表现我们的日常生活状态,尤其是我们的实践活动能力。精神形态是文化所表现的精神状态,是我们情感和思想的理性凝练。符号形态是精神形态与物质形态的媒介,使两种形态间能够保持信息的传递。可见,文化就其本质而言本身就具有实践性和精神性,因此,文化的应用也不可避免地带有这两种因素。传统文化的应用目的在于使文化能够更有效地融入我们的生活和生命,进一步地体证家园意境,更深刻地触发家国情怀,并使我们的日常行动充分地与孝亲报国的实践相契合,尤其是能与中国特色社会主义建设事业同向同行。在这样的行动中,文化的情境与我们的互动行为形成良性循环,我们的生命才能与世界真正地融合。经过这样的行动,必然会形成一种新的文化样态,传统文化的生命和意义便在新的文化样态中得以承续,它的生命力才能有效地、可持续地得以呈现。

从某种程度上说,传统文化的生命力在于它的适应情境的应用,而文化应用的关键环节在于教育应用。对传统文化教育应用的考察也应把握现实生活的实践性和文化精神的思辨性两个原则。教育应用的实践性就是以感性直观的形式,使我们充分把握并促进文化发展的物质内容,由旧的物质形态向新的物质形态转化;而它的精神性就是以理性思辨分析与判断文化发展的方向,由文化发展的传统方向向现代方向,尤其是新时代方向转化。这两个转化是传统文化教育功能的体现。

文化的一个重要功能就是它的应用性,而应用的关键路径就是传承与教

---

① 黑格尔:《精神现象学》,贺麟、王玖兴译,北京:商务印书馆,1979年,第3页。

化。文化与教育是密不可分的,教育的推进程度在一定意义上制约了文化发展的广度和深度,而文化的发展又能进一步促进教育事业的发展。此处,本书就传统文化与高校思政教育的相关问题进行探讨,具体以阳明心学文化在课程思政中的融入为例,剖析传统文化精神在立德树人思政教育中的实现路径及其效应与作用。

钱穆曾分析大学教育的意义与使命问题。他区分了"人生的教育"与"教育的人生"。"人生的教育"就是从现实人生中获得经验与教训,"教育的人生"就是在人生经验中汲取最普遍的、最根本的,也是最紧要、最精彩的内容传授于人,并使其明白接受,而又能继续发展以求理想的进一步实现。① 钱穆认为教育与人生是紧密关联的,人生即教育,教育即人生,教育是人生中最普遍、最根本的事业。正因为教育的人生性,教育的本质离不开生活与生命的支撑,即教育是生活的,也是生命的。教育事业是在以往人生的现实经验基础上培育将来人生的理想,因此,钱穆认为教育必然包括两个方面的内容:一是经验,二是理想。大学教育就是以人生最高经验为基础,实现人生最高理想的事业。经验是通过实践积累的,理想是人的精神境界的呈现。这与黑格尔对文化教育的"生活"与"概念"两特征的提法是一致的。经验是在日常生活中的实践所积累的人生经验,理想则是概念或符号表征的精神与生命状态所呈现的人生理想。生活中的经验形成我们的知识,生命中的理想通过一定的职业行为来现实化。知识与职业也是我们人生中重要的事情,但钱穆认为,知识与职业不是人生普遍的、根本的内容。② "人生的教育"旨在获取知识与经验,谋求职业的机会,服务于现实的生活;"教育的人生"则旨在启发智慧与理想,构筑事业,完善人的精神生命。

大学教育的意义与使命,重点在于"教育的人生",启发智慧与构筑事业,而不是简单的知识灌输和单纯的谋求职业。传统文化教育和思政教育就属于"教育的人生"范畴。传统文化的教育功能是传统文化应用的一个重要路径,是传统文化创造性转化、创新性发展的深度实践。在当下语境,传统文化精神与社会主义精神或社会主义核心价值观如何契合,以及传统文化在教育中如

---

① 钱穆:《文化与教育·理想的大学教育》,《钱宾四先生全集》第四十一册,台北:联经出版事业股份有限公司,1998年,第205页。

② 钱穆:《文化与教育·理想的大学教育》,《钱宾四先生全集》第四十一册,台北:联经出版事业股份有限公司,1998年,第207页。

何传承与发展,是值得我们不断思考的问题。这一问题又非常自然地涉及思政教育方法与内容的调适问题。就思政教育而言,在当下文化情境下,它的意义与使命是什么?"教育的人生"如何开展?

　　笔者将以新时代的高校思政教育调适,尤其是课程思政教学实践的开展(阳明文化教学应用)为例,探讨传统文化在思政教育中的应用,以及思政教育"立德树人"目标的实践路径。这种探讨仍然以"情境"与"互动"为线索。我们讨论的传统文化在思政教育中的应用"情境"是新时代中国特色社会主义;"互动"则是传统文化与新时代中国特色社会主义语境相契合,传统文化精神的转化、发展必然要与社会主义核心价值观相适应。

一、思想与目标:传统文化的精神与社会主义核心价值

(一)社会主义核心价值观的树立

　　众所周知,人是自然的产物,但人又经历了复杂的社会化过程。只有把人放到社会的、现实的情境中来讨论,人的问题才会充实饱满。人所处的社会是一个庞大的系统,这个社会系统有赖于高效的管理,这样才能使其井然有序,而这种秩序又有赖于有效的人文教化。摩尔根在其《古代社会》中通过对各种发明和发现所体现的智力的发展、政治观念的发展、家族观念的发展、财产观念的发展的研究来说明人类从蒙昧时代经过野蛮时代到文明时代的演进过程。他的研究充分说明了人的社会性,以及社会的规则性。他认为"在这个古代世界,这些组织(氏族、胞族和部落)到处流行,遍及各大陆;它们是古代社会赖以构成、赖以团结的手段"[1]。所以,恩格斯后来指出:"摩尔根在他自己的研究领域内独立地重新发现了马克思的唯物主义历史观,并且最后还对现代社会提出了直接的共产主义的要求。"[2]恩格斯的论断正是就这一层面而言的。

　　人有社会性,社会有规则性,而规则又有教化性,依靠教化来维持。孔子强调"学而时习之"(《论语·学而》)就是人文教化与社会管理实践的结合,所以儒家从一开始就有极强的社会针对性,其旨趣在于解决具体的社会现实问

---

[1]　摩尔根:《古代社会》,杨东莼、马雍、马巨译,北京:中央编译出版社,2007年,序言,2页。
[2]　马克思、恩格斯:《马克思恩格斯全集》,北京:人民出版社,1974年,第36卷,第112页。

题。春秋以降,礼崩乐坏,秩序紊乱。孔子感叹:"周监于二代,郁郁乎文哉!吾从周。"(《论语·八佾》)但现实的情况是"八佾舞于庭,是可忍也,孰不可忍也?"(《论语·八佾》)大夫、诸侯、天子所对应的家、国、天下秩序已然不存。孔子已无法改变诸侯侵凌天子的事实,而对大夫侵凌诸侯的现状又只能"忍无可忍"。这是孔子思想的时代背景,也是讨论儒家伦理的前提。

面对社会的剧烈震荡,除了儒家,还有其他思想流派产生,形成了所谓诸子百家大讨论的局面。前文所述,关于人性的讨论就是百家争鸣的一个环节。先秦时代,非儒即墨。墨家与儒家并称"显学",墨家提出"兼爱""非攻"等主张。"非攻"是针对诸侯连年征战而言,"兼爱"则是针对儒家"爱有等差"而言,但与儒家一样,墨家学说也是出于仁心。墨子曾提出"饥者不得食,寒者不得衣,劳者不得息"(《墨子·非乐上》)的民之三患。墨家之旨趣在于去除这民之三患,主要途径便是"非攻""非乐""节葬""节用""尚贤""尚同"等一系列措施。班固在《汉书》认为,"贵俭""兼爱""上贤""右鬼""非命""上同"是墨家理论的优点,而"见俭之利,因以非礼;推兼爱之意,而不知别亲疏"①是其弊端。诚然,墨家与儒家面对相同的社会问题,以相同的仁爱之心,提出了不同的解决方法,构建了不同的理论体系。

道家的视角又有别于墨家和儒家。道家在"成败存亡、祸福古今"之道的基础上,"清虚以自守,卑弱以自持",容易导致"绝去礼学,兼弃仁义,独任清虚可以为治"②的倾向。法家则"信赏必罚,以辅礼制",但也容易导致"无教化,去仁爱,专任刑法而欲以致治"③,甚至会出现"残害至亲,伤恩薄厚"的现象。总之,"绝去礼学,兼弃仁义"的道家、"无教化,去仁爱"的法家与"游文于六经之中,留意于仁义之际"④的儒家在理论旨趣上有很大差异,甚至是截然相反。

除儒、墨、道、法外,班固还分析了名家、阴阳家、纵横家、杂家、农家和小说家。班固认为,诸子十家,其中有九家较为重要,都是在当时的社会背景下应而产生的。班固曰:

> ……皆起于王道既微,诸侯力政,时君世主,好恶殊方。是以九家之说蜂出并作,各引一端,崇其所善,以此驰说,取合诸侯。其言虽

---

① 班固:《艺文志》,《汉书》卷三十,北京:中华书局,1962 年,第 1738 页。
② 班固:《艺文志》,《汉书》卷三十,北京:中华书局,1962 年,第 1732 页。
③ 班固:《艺文志》,《汉书》卷三十,北京:中华书局,1962 年,第 1736 页。
④ 班固:《艺文志》,《汉书》卷三十,北京:中华书局,1962 年,第 1728 页。

殊,辟犹水火,相灭亦相生也。仁之与义,敬之与和,相反而皆相成也。①

儒、墨、道、法、名、阴阳各家虽然"各推所长,穷知究虑,以明其指",但他们的思想旨趣都源于六经。如前所述,儒家是诸子之一家,儒家伦理也是解决当时社会问题的一种方案。

与儒家伦理及其他思想流派一样,社会主义作为一种理论,也是面对社会问题应运而生的,旨在解决具体的社会问题,也有极强的社会针对性。儒家伦理与社会主义精神都以人为出发点,都以人为本,以人为中心和目的。马克思认为"人的本质并不是单个人所固有的抽象物。在其现实性上,它是一切社会关系的总和"②。马克思正是在社会关系的视域下来研究资本主义与共产主义的。在资本主义的生产关系下,"工人对自己的劳动的产品的关系就是对一个异己的对象的关系"③。这就是说,"通过异化的、外化的劳动,工人生产出一个同劳动疏远的、站在劳动之外的人对这个劳动的关系"④。马克思总结称:"在国民经济的实际状况中,劳动的这种现实化表现为工人的非现实化,对象化表现为对象的丧失和被对象奴役,占有表现为异化、外化。"⑤正因为如此,马克思、恩格斯在《共产党宣言》中呼吁"全世界无产者,联合起来!"⑥那么,联合起来做什么?就是"共产党人到处都努力争取全世界民主政党之间的团结和协调","用暴力推翻全部现存的社会制度"⑦。而"代替那存在着阶级和阶级对立的资产阶级旧社会的,将是这样一个联合体,在那里,每个人的自

---

① 班固:《艺文志》,《汉书》卷三十,北京:中华书局,1962年,第1746页。

② 马克思:《关于费尔巴哈的提纲》,《马克思恩格斯文集》第一卷,北京:人民出版社,2009年,500页。

③ 马克思:《1844年经济学哲学手稿》,《马克思恩格斯文集》第一卷,北京:人民出版社,2009年,157页。

④ 马克思:《1844年经济学哲学手稿》,《马克思恩格斯文集》第一卷,北京:人民出版社,2009年,166页。

⑤ 马克思:《1844年经济学哲学手稿》,《马克思恩格斯文集》第一卷,北京:人民出版社,2009年,157页。

⑥ 马克思、恩格斯:《共产党宣言》,《马克思恩格斯文集》第二卷,北京:人民出版社,2009年,66页。

⑦ 马克思、恩格斯:《共产党宣言》,《马克思恩格斯文集》第二卷,北京:人民出版社,2009年,66页。

由发展是一切人的自由发展的条件"①。

马克思主义的出发点是人，落脚点仍然是人。人的自由全面发展是马克思主义的理论特质。人的问题是哲学思考的重要范畴，譬如马尔库塞(1898—1979 年)在《单向度的人：发达工业社会意识形态研究》中对发达工业社会的批判，其背后所关注的仍是人的问题。他认为，发达工业社会是一个单向度的社会，其中技术的进步使发达工业社会对人的控制更为普遍与深刻，使人们满足于眼前的物质需要，而不愿意追求自由与发展，②从而导致人和文化的单向度。当然，马克思、恩格斯所处的时代背景与马尔库塞是不同的，尽管马克思主义经典作家也旨在人的解放，而不是异化，但他们的胸襟更宽广，格局更宏大，理论更科学。马克思、恩格斯在《共产党宣言》1872 年德文版序言中说："不管最近 25 年来的情况发生了多大的变化，这个《宣言》中所阐述的一般原理整个说来直到现在还是完全正确的。"③所谓一般原理是为了解决普遍问题的。社会环境一直在发生变化，但普遍问题具有相对稳定性。马克思和恩格斯为了解决问题，提出了社会主义理论体系。他们认为，社会主义社会作为一种社会形态，是资本主义社会向共产主义社会过渡的关键环节。

回顾中国社会发展的历史，当中华民族陷入极端困境时，社会主义使人们看到了新的希望，尤其是俄国革命的胜利，极大地鼓舞了道路的探索者和先行者，让他们坚决地相信中国的出路只能是社会主义。的确，实践已经证明了社会主义是近代以来中国社会发展的唯一出路，也说明了社会主义不仅是情感认同，更是历史必然。当中国特色社会主义进入新时代，其呈现出的伟大气象，更加充分地彰显了这一历史必然性。总之，社会主义精神以人为本，并从物质资料生产的角度去分析，进而寻求解决问题的途径。儒家伦理也以人为本，但面对问题时，儒家则更多地从人的角度去分析，并寻求解决问题的途径。所以可以说，儒家伦理重人轻物，而社会主义精神则人物并重。正因为如此，儒家伦理倾向内省，更具直觉性、妥协性、神秘性，是感性的判断，而社会主义

---

① 马克思、恩格斯：《共产党宣言》，《马克思恩格斯文集》第二卷，北京：人民出版社，2009 年，53 页。

② 马尔库塞：《单向度的人：发达工业社会意识形态研究》，刘继译，上海：上海译文出版社，1989 年，第 4 页。

③ 马克思、恩格斯：《共产党宣言》，《马克思恩格斯文集》第二卷，北京：人民出版社，2009 年，第 5 页。

精神则倾向外求,更具实践性、战斗性、科学性,是理性的抉择。

值得一提的是,与社会主义精神理性的抉择不同,儒家伦理更具有神秘的威慑力量,并进而形成一种社会管理的权威。这种权威主要是通过宗法制和礼乐制来实现的。《礼记》云:"尊祖故敬宗,敬宗尊祖之义也。"国家政权组织与祭祀紧密联系起来,通过祭祀,彰显"敬宗尊祖"之意,进而进一步强化天子、诸侯、大夫、士、平民、奴隶的宗法体系,而祭祀又离不开礼乐。《论语》有一则记载:

> 子入太庙,每事问。或曰:孰谓鄹人之子知礼乎?入太庙,每事问。子闻之曰:是礼也!(《论语·八佾》)

显然,此处孔子入太庙的祭祀活动与礼乐构成了一个整体。所谓凡非其所继,皆不能祭。只有继始祖的"宗子"才有主持祭祀的权力,相应地在政治生活中"宗子"也占有主导权。当然,宗法制是一个极其复杂的体系,以"嫡长子继承制"为主要精神,维系政治统治、财产分配、土地分封的基本秩序,而礼乐沟通了祭祀与宗法,使人间的政治统治与上天的超验意志有效对接。这里,生活的秩序、政治的秩序、自然的秩序成为一体,其目的在于赋予封建政权一种神秘的力量,以及来自远方的"温情脉脉"。所以,从某种程度上来说,礼乐是封建社会的精神催眠术。就现代语境而言,儒学的复兴必须与社会主义的精神与实践相结合,尤其是与新时代思想相结合,完成现代性的转化,而不是简单地复原儒家伦理。因此,诚如前文所言,传统文化的诠释与发展必须找到一种新时代语境下的全新范式,不然很难激发出传统文化的活力和生命力,这也是我们探索传统文化精神与社会主义核心价值观契合路径的意义所在。卡西尔认为,人一直置身于创造文化的活动之中,由此获得真正的自由,由此才成为真正意义上的完全的人。据其所言,传统文化的新时代诠释不仅是对传统文化的有效解读,更是一种崭新文化的创造。但是卡西尔把人看成是符号的动物(animal symbolicum),认为语言、宗教、艺术、历史、神话等是人性发展及人类文化发展的要素。① 他说:"人不再生活在一个单纯的物理宇宙之中,而是生活在一个符号宇宙之中。语言、神话、艺术和宗教则是这个符号宇宙的各部分,它们是织成符号之网的不同丝线,是人类经验的交织之网。"② 显然,卡

---

① 卡西尔:《人论:人类文化哲学导论》,甘阳译,上海:上海译文出版社,2013年,第34页。
② 卡西尔:《人论:人类文化哲学导论》,甘阳译,上海:上海译文出版社,2013年,第33页。

西尔没有把握人、文化及社会的物质性。我们对传统文化的分析诠释不能单纯地从抽象的思辨入手，不能简单地符号化，而是要从新时代中国特色社会主义建设的伟大实践中去把握，着力构建传统文化诠释的新时代范式，潜心书写传统文化的新时代意境。诚然，儒家伦理与社会主义精神都需要通过教育、教化使其现实化。马克思、恩格斯在《共产党宣言》中就曾谈到教育问题。针对资产阶级对共产党人"用社会教育代替家庭教育，就是要消灭人们最亲密的关系"的批判时，马克思、恩格斯反问道：

> 而你们的教育不也是由社会决定的吗？……不也是由社会通过学校等等进行的直接的或间接的干涉决定的吗？共产党人并没有发明社会对教育的作用；他们仅仅是要改变这种作用的性质，要使教育摆脱统治阶级的影响。[①]

马克思、恩格斯明确指出了教育、教化的社会决定性及其目的。教育是以问题为导向的。在新时代语境下，教育是为了解决国家富强、民族振兴、人民幸福的问题。这一视野极其开阔，这一胸襟极其博大，这一格局极其高远。虽然教育的内容宽广丰富，但其中最为重要的是思想道德的教育。思想道德教育是成人之学，是社会教化的关键环节。譬如孔子儒家伦理教育的内容就包括《诗》《书》《礼》《易》《乐》《春秋》等，形式多样，内容浩博，儒家思想贯穿其中，从不同的角度和视域诠释儒家所尊崇与推行的思想道德。可见，在方法论意义上，当下的思想道德教育与儒家伦理似乎能找到理论契合的可能。

宣传思想工作是做人的工作的，要把培养担当民族复兴大任的时代新人作为重要职责。做人的工作，其重中之重在牢筑精神之基，而这精神之基是用马克思主义的信仰、社会主义和共产主义的信念、中国特色社会主义道路、理论、制度、文化的自信来夯实的。那么理想信念具体怎么来坚定呢？就是要强化教育的引导、实践的养成、制度的保障这三个层面，其中教育是第一步。习近平总书记在党的十九大报告中也专门强调了思想道德建设，人民有信仰，国家有力量，民族有希望。[②] 而信仰是通过广泛的理想信念教育形成的，具体的

---

①　马克思、恩格斯：《共产党宣言》，《马克思恩格斯文集》第二卷，北京：人民出版社，2009年，第49页。

②　习近平：《决胜全面建成小康社会 夺取新时代中国特色社会主义伟大胜利——在中国共产党第十九次全国代表大会上的报告》，北京：人民出版社，2017年，第42-43页。

内容和措施就是进一步"深化中国特色社会主义和中国梦宣传教育,弘扬民族精神和时代精神,加强爱国主义、集体主义、社会主义教育,引导人们树立正确的历史观、民族观、国家观、文化观"[①]。强调人,强调人的思想及其作用,是儒家伦理与社会主义精神的共通之处,所以对优秀传统文化的阐扬,文化自信的进一步提升,就有坚固的实践的、理论的基础。正如习近平总书记在全国高校思想政治工作会议上所指出的:

> 思想政治工作从根本上说是做人的工作,必须围绕学生、关照学生、服务学生,不断提高学生思想水平、政治觉悟、道德品质、文化素养,让学生成为德才兼备、全面发展的人才。[②]

这就将教育的问题落实到了具体的人,落实到了青年学生,赋予了更多的实践意蕴,而不是卡西尔意义上的抽象的人,也不是孔子意义上的纯伦理的人。人是以物为对象和客观背景的人,物是进入人的视域并被赋予意义的物,充分体现了马克思主义的基本理论特质。那么当下亟待回应的问题是什么?是如何进一步学习贯彻党的二十大精神,进一步实现习近平新时代中国特色社会主义思想进教材、进课堂、进大脑。进教材、进课堂是技术层面可解决的,进大脑则需要个体精神的介入,是教育的关键和难点。"以物为基,以心为动"是人类认知的基本规律。万物化生是自然的过程,而万物有情则是人心的作用。伟大的精神和思想需要我们去学习贯彻落实,但是对于国家的认同和归属,对于文化的传承和体认是"源于心,化于行"的,而不是用外在的力量灌输进去的。教育作为外在力量从来不是目的,只是一种催化剂,使爱国主义、集体主义、社会主义,以及历史观、民族观、国家观、文化观的化学反应得以发生。所以,教育是一项人的性灵的开发与呈现的事业,是人的被遮蔽的或散佚的灵明之心被重新发现的过程。正如孟子所讲的"求其放心"。

民族的伟大复兴有赖于国家的现代化,而现代化则有赖于有效的教育,因为现代化不仅是科技的现代化,也是人的现代化。科学技术解决武器的制造问题,它是物质的武器;人文教化解决武器的使用问题,它是思想的武器。回

---

① 习近平:《决胜全面建成小康社会 夺取新时代中国特色社会主义伟大胜利——在中国共产党第十九次全国代表大会上的报告》,北京:人民出版社,2017年,第42-43页。

② 习近平:《把思想政治工作贯穿教育教学全过程 开创我国高等教育事业发展新局面》,《人民日报》,2016年12月9日,第1版。

到前文《周本纪》古公亶父的讨论,我们能够深切地感受到,教育、教化背后隐藏的是家国的情怀和家园的眷念。周朝的兴起,最终是以武王伐纣的极端形式展开的,这是历史规律,也是社会发展的规律。伯夷、叔齐虽然"求仁得仁",但无法与规律抗衡。国家的意志、民族的精神在任何时代都有待教化的引导。周武王伐纣前曾"大巡六师,明誓众士",其言曰:

> 呜呼!我西土君子。天有显道,厥类惟彰。今商王受,狎侮五常,荒怠弗敬。自绝于天,结怨于民。斫朝涉之胫,剖贤人之心,作威杀戮,毒痡四海。崇信奸回,放黜师保,屏弃典刑,囚奴正士,郊社不修,宗庙不享,作奇技淫巧以悦妇人。上帝弗顺,祝降时丧。尔其孜孜,奉予一人,恭行天罚。(《尚书·泰誓下》)

"明誓"的作用在于军心的引导,在这样的舆论下,军心强大,而伐纣的成功概率大大提高,由此开启王朝强盛的八百年历史。总之,教化的目的在于国家的富强、民族的振兴和人民的幸福。子路、曾皙、冉有、公西华侍坐章颇有意味,能较全面地阐明儒家伦理的旨趣,在一定意义上讲,人文教化的目的即在于此,而对当下社会主义精神的把握也有一定的借鉴意义。一日,子路、曾皙、冉有、公西华侍坐。孔子问他们各有什么志向?子路、冉有、公西华分别做了回应。其文曰:

> 子路率尔而对曰:"千乘之国,摄乎大国之间,加之以师旅,因之以饥馑;由也为之,比及三年,可使有勇,且知方也。"
>
> (冉有)对曰:"方六七十,如五六十,求也为之,比及三年,可使足民。如其礼乐,以俟君子。"
>
> (公西华)对曰:"非曰能之,愿学焉。宗庙之事,如会同,端章甫,愿为小相焉。"(《论语·先进》)

子路通过政治与军事,冉有通过礼乐,能使一定规模的国家呈现崭新的气象。公西华则较为谦逊,他愿为"小相",致力于祭祀工作。他们三人都关注国家事务的管理,充满了家国情怀。诚然,家国是人民的根本利益,稳定的社会、富强的国家、振兴的民族是人民的共同愿望和根本利益。但是,曾皙从独特的视角给出了不同的答案。当时曾皙正在鼓瑟,当孔子问他的志向时,他放下手中之瑟,不慌不忙地说他的志向"异乎三子者之撰",并直抒自己的胸臆道:

暮春者，春服既成，冠者五六人，童子六七人，浴乎沂，风乎舞雩，
咏而归。(《论语·先进》)

孔子当即感叹："吾与点也。"(《论语·先进》)那么孔子为什么会赞同曾皙
的观点呢？结合春秋时代的背景，显然此处曾皙之言是对理想社会的描述，是
对美好生活、幸福人生的憧憬。他的描述有显有隐。冠者、童子是显处，他们
"浴乎沂，风乎舞雩，咏而归"，一派祥和欢快。隐处由"归"透露出来。中华文
化特别强调"有来处，有归处"。归，首先指归家。家中有妇孺，有老者。冠者、
童子、妇孺、老者，这四者构成了社会的基本层面，而家园的归属又构成了人的
第一个层面。归，其次指归国。个体是家庭的成员，更是国家的成员。任何一
个个体都有政治属性，都是社会的人，政治的人。所以民族的、家国的归属构
成了人的第二个层面。归，最后指归性灵，归灵魂的栖所。人要回到自己的内
心，去倾听内心的声音。心安则心坚，心坚则民强，民强则国强，才会有求仁得
仁、闻道而死的勇毅与坚定。心灵的归属构成了人的第三个层面。这一显一
隐及隐的三个层面，是人及其世界的缩影。

曾子的描述所呈现出的心态、民风与社会气象，是"加之以师旅，因之以饥
馑"的结果，更是礼乐教化、学道爱人的结果。"咏""瑟"是乐之教，是体上天之
命，率天命之性，修率性之道。"咏而归"三个字诠释了教化，以及教化的效应。
家园的归属，家国的归属，心灵的归属，一方面需要物质的力量来保障，另一方
面需要教化的力量来引导和强化。国安则民安，民安则心安；心安则民安，民
安则国安。某种程度上讲，这两种逻辑都是成立的。

综观子路、曾皙、冉有、公西华侍坐一章，从家国谈到家园，从家园谈到性
灵，充分关注国家视角与人民视角的融摄，最终深切体认人民的幸福安康。孔
子赞赏曾皙之言，原因在于曾皙最终把视线落到了人民。以人为本，以人民为
中心，这是儒家伦理的基本旨趣，也是其与社会主义精神交涉的可能之处。

再如阳明良知之学，其本身难免有支离之处，一定程度上导致后学流弊丛
生。譬如王阳明将《大学》所辨析的身、心、意、知、物等本体论和认识论的范畴
笼统归为一物看待，又把格、致、诚、正、修的功夫论范畴界定为一事。正因为
王阳明把身、心、意、知、物归为一物，把格、致、诚、正、修界定为一事，所以在他
看来这一物和一事是虽有先后，而实无先后的。[①] 由于阳明思想这种内在的

---

① 钱穆：《阳明学述要》，北京：九州出版社，2010 年，第 101 页。

矛盾性,与他同时代的湛甘泉、罗整庵等学者开始反对他。但是,阳明良知学的本意不在诠释《大学》,而是以《大学》为文本依托来阐发自己"万物一体,知行合一"的良知学说。他的意图在于引导后学"尽其性而致良知",并由此"拔本塞源"而致力于理想社会的建构。

的确,从传统文化的应用视域而言,阳明良知思想对当代社会主义核心价值观的培育塑造及和谐社会的建设推进有一定的理论借鉴意义。"良知"不仅仅是"在孤独的心灵生活中的表述",它更是"在交往功能中的表述"①。自我在他所遭遇的情境中,与他者及其自身建立联系、沟通与互动,所以作为融入情境中的个体永远不是孤独的、孤立的,必然构建起个人、社会、家国三个层面的视域结构。传统文化的现代应用,有助于我们把个人、社会、家国等三个层面的价值要求有效地融为一体,能够为新时代中国特色社会主义的道路、理论、制度、文化提供深厚的道德资源与基础。

王阳明曾提出"拔本塞源"的社会理想,这是良知学说的必然逻辑,因为作为个体道德的"良知"不仅有本体论上的意义,更有认识论和修养论层面的意义,必然反映社会与国家的领域,所以"良知"是一个内生性与开放性同构的范畴,并不是完全的"心灵的私人语言"。当然,王阳明观念中的理想社会有其时代的局限性,他以"人无异见,家无异习"的夏、商、周三代社会为范本,认为不论处于怎样的社会阶层,都应培育和健全人的道德品行。这种道德品行的培育基于人的固有心性,而不取决于外在因素,尤其是功利的影响。每个人才能各异,有擅政教礼乐的,有擅水土播植的,都能在理想社会中找到恰当的职业,各勤其业,相生相养,不会有希高慕外之心。②

概而言之,王阳明"拔本塞源"的理想社会是人心纯明,能够体证天地之仁,洞察万物一体,而没有人己之判分与物我之间隔的社会。这种理想社会依托于儒家的伦理道德,而新时代中华民族伟大复兴、社会主义社会建构则以社会主义核心价值观为其道德根基,这是两者的根本不同之处,但融入时代的、人的"共在"情境,两者的互动成为可能,不仅是理论的,也可以是实践的。习近平总书记认为,"社会主义核心价值观的培育和养成绝非一日之功,要坚持由易到难、由近及远,努力把核心价值观的要求变成日常的行为准则,进而形

---

①　胡塞尔:《逻辑研究》第二卷第一部分,倪梁康译,上海:上海译文出版社,1998年,第35-37页。
②　王阳明:《答顾东桥书》,《王阳明全集》卷二,上海:上海古籍出版社,2011年,第62页。

成自觉奉行的信念理念"①。这指明了理论与实践贯通的要求与路径。社会主义核心价值观的弘扬是治国理政的重要内涵与必然要求,它在诠释汲取阳明良知思想、儒家伦理学说等优秀传统文化的同时,能够进一步回答建设什么样的国家、构建什么样的社会、培育什么样的公民等重大问题,是社会主义本质要求的体现,是新时代精神的外在呈现。

阳明良知之学承续孔孟儒家思想,是传统文化的经典表述,是基于良知开发、知行合一的道德论范畴。而社会主义核心价值观作为一种文化自信的呈现,也在道德论范畴内。诚如习近平总书记所言,社会主义核心价值观不仅仅是个人的道德自觉,更是社会和国家道德要求。国无德不兴,人无德不立。②所以,道德的构建是国家、社会、个人三个层面共同的旨趣和目标。以社会主义核心价值观为思想内核的当代道德体系建设,对于社会主义中国的发展与中华民族的伟大复兴具有重要的实践意义。这种实践应具体落实到国家、社会、个人的不同层面,就富强、民主、文明、和谐而言是国家的道德倡导,就自由、平等、公正、法治而言是社会的道德建设,就爱国、敬业、诚信、友善而言是个人的道德践行。可见社会主义核心价值观不是平面的、单向的,它有历史的纵深感和社会的宽阔感。在历史发展的视域下,它有优秀传统文化的思想积淀和社会主义先进文化的直接来源;在社会发展的语境中,它又有国家、社会、个人发展的多重维度。当代社会更应形成"弘扬真善美,传播正能量"的良好道德风气,人民群众应有崇德向善、见贤思齐的道德意识,这是实现中华民族伟大复兴中国梦的强大精神力量和有力道德支撑。而社会主义核心价值观正是这种支撑的体现,它是民族和国家精神的内在要求,是社会、个人价值评价的有效尺度,是实现中华民族伟大复兴中国梦的重要思想动力。

社会主义道德的精神其来有自,其用无穷。阳明文化作为传统思想资源,可以在转化创新的前提下与此种"其来有自,其用无穷"相契合。王阳明所阐发的"良知"呈现并运用于日常生活的方方面面,而社会主义核心价值观也是贯穿在当代社会生活的各个领域,这为两者的契合提供了现实的可能路径。再者,阳明良知思想及儒家伦理道德,虽然都是从人的心性出发,但都需要通

---

① 习近平:《青年要自觉践行社会主义核心价值观》,《习近平谈治国理政》,北京:外文出版社,2014年,第174页。

② 习近平:《青年要自觉践行社会主义核心价值观》,《习近平谈治国理政》,北京:外文出版社,2014年,第168页。

过教育切入，而社会主义核心价值观的培育也必须有文化的传承、教育的引导。

（二）新时代立德树人的教育目标

如前文所述，思想传承之路径由知识的道德结构引出，属于教育教学实践的范畴，笔者将从"风气与教育""立德与树人"两个角度说明新时代立德树人的教育目标与传统文化创造性转化、创新性发展之间的关系。家风家教虽然只是教育之一隅，但其功能独特，在家庭教育、学校教育、社会教育中发挥着基础性、关键性作用，而"立德树人"是社会主义教育的根本任务和目标。

1. 风气与教育：传统文化转化发展的思想路径

中国古代向来重视教育，教育构成了中国传统文化的重要内容。朱熹（1130—1200年）曾对古代由小学至大学的教育次第做了阐述。据他所言，古时儿童入小学，教之以事，如礼、乐、射、御、书、数等六艺，以及孝、悌、忠、信等日常事务。到了十六七岁便入大学，教之以理，如致知、格物，以及所以为忠、信、孝、悌之理。① 朱熹认为，小学是直接理会那"事"，而大学是要穷究那"理"②。古人入小学的时候已经懂得了六艺和孝、悌、忠、信等很多事，等到入大学时，只要做六艺和孝、悌、忠、信的功夫，即切实地践行自己之所知，是将知与行结合起来的过程。古人强调心性功夫，他们"治天下"（社会管理）的理想和实践都是从自己心性中自然流露出来的。③ 从小学到大学展现了教育的次第，治理天下、管理社会则是教育的目的。朱熹认为，教育与学习的关键在于立志，所立之志便是直接要做尧舜，④而尧舜的最大特点便是善于治理天下。

朱熹所言小学和大学教育仍是学校教育的范畴，学校教育与家庭教育、社会教育一起构成一个完备的教育体系。古代学校有"养士"的功能，但黄宗羲认为，学校教育的目的远非如此。学校教育，要使"治天下之具皆出于学校"⑤，具体而言就是使"朝廷之上，闾阎之细，渐摩濡染，莫不有诗书宽大之气"⑥，这样设立学校的意义才能体现出来。其实，"诗书宽大之气"不仅是学

---

① 朱熹：《朱子语类》第一册，北京：中华书局，1986年，第124页。
② 朱熹：《朱子语类》第一册，北京：中华书局，1986年，第124页。
③ 朱熹：《朱子语类》第一册，北京：中华书局，1986年，第124页。
④ 朱熹：《朱子语类》第一册，北京：中华书局，1986年，第133页。
⑤ 黄宗羲：《黄宗羲全集》第一册，杭州：浙江古籍出版社，1986年，第10页。
⑥ 黄宗羲：《黄宗羲全集》第一册，杭州：浙江古籍出版社，1986年，第10页。

校教育的旨趣，也是家庭教育、社会教育等整个教育事业的旨趣。王阳明主张："吾人为学，当从心髓入微处用力，自然笃实光辉。虽私欲之萌，真是洪炉点雪，天下之大本立矣。"①这"天下之大本"是圣学的传，是"诗书宽大之气"的根基。教育的功能便在于"心髓入微处用力"，逐渐立"天下之大本"，使人与社会皆有"诗书宽大之气"。

不仅中国人重视教育，西方人也同样重视。亚里士多德在其《政治学》中曾强调，城邦立法时不仅应考虑财产的均等问题，还应考虑教育均等问题。"立法者显然不仅应以平均资产为目标，而且还应令其资产数额适中。而且即使他规定所有人都均等地享有这一适中的数额，他也并不能达到这一目的，需要平均的并非财富，而是人类的欲望，如果法律不对人们提供足够的教育，这是不可能的。"②在亚里士多德看来，与财富相比，首要的是教育均等，因为没有教育的作用，人类无止境的欲望将无法控制，而失控的欲望使得财产均等不可能成为现实。那么，这种教育是怎样的教育呢？显然，这种教育能阻止人们趋向于贪婪，或者野心勃勃，或者两者兼而有之。③ 通过教育，能达到"贤愚共享荣誉"④的社会效应。亚里士多德认为，市民社会的争端，不仅与财产不均有直接关联，而且与荣誉的不均有千丝万缕的联系。因为受过良好教育的人更倾向于追求荣誉，而不是财富。在 20 世纪 60 年代，米尔顿·弗里德曼（Milton Friedman，1912—2006 年）则从经济学的视角谈及政府在教育方面的作用，他的分析非常有趣且意义深刻。弗里德曼提出了"邻近影响"及"家长主义关怀"的命题。"邻近影响"指一个人的行动迫使其他人为之付出相当大的代价；"家长主义关怀"指对孩子及其他对自己行动不负责任的个人的关怀。⑤弗里德曼区分了"学校教育"和"教育"。他认为，并不是所有的学校教育都是教育，也不是所有的教育都是学校教育。⑥ 的确，教育是一个大范畴，涵括了

① 王阳明：《与黄宗贤·其五》，《王阳明全集》卷四，上海：上海古籍出版社，2011 年，第 171 页。
② 亚里士多德：《政治学》，《亚里士多德全集》第九卷，颜一、秦典华译，北京：中国人民大学出版社，1990 年，第 49 页。
③ 亚里士多德：《政治学》，《亚里士多德全集》第九卷，颜一、秦典华译，北京：中国人民大学出版社，1990 年，第 50 页。
④ 亚里士多德：《政治学》，《亚里士多德全集》第九卷，颜一、秦典华译，北京：中国人民大学出版社，1990 年，第 50 页。
⑤ 弗里德曼：《资本主义与自由》，张瑞玉译，北京：商务印书馆，1986 年，第 83 页。
⑥ 弗里德曼：《资本主义与自由》，张瑞玉译，北京：商务印书馆，1986 年，第 83 页。

学校教育、家庭教育、社会教育等多方面的内容。弗里德曼将家庭教育和社会教育称为"公民的一般教育",学校教育称为"专业的职业教育"。他认为,虽然在公民的一般教育(社会教育、家庭教育)和专业的职业教育(学校教育)这两种教育中"邻近影响"和"家长主义关怀"的情况是不同的,但大多数公民应具备最低限度的文化知识,应该广泛接受共同的价值准则,否则稳定而民主的社会不可能存在。教育的作用和贡献就体现在文化知识的传授和共同价值的确立方面。① 弗里德曼对"邻近影响""家长主义关怀"的分析是基于经济学视角,黄宗羲对"诗书宽大之气"的议论及亚里士多德"贤愚共享荣誉"的观点则是从社会伦理视角展开的。不论基于怎样的视角和立场,公民的一般教育(社会教育、家庭教育)和专业的职业教育(学校教育)共同构建的教育体系,的确能增加社会福祉,促进社会发展。

　　教育的作用和贡献所体现的文化知识的传授和共同价值的确立必须依赖一定的环境和氛围,这种环境和氛围我们称为"风气"。对应学校教育、家庭教育、社会教育,"风气"便有校风、家风、社风三种形态。

　　苏轼曾提出"重巽以申命"的命题,称圣人画卦皆配以物,其中巽(☴)配之于风,在于其发而有所动。配于木,在其仁且顺。② "夫发而有所动者,不仁则不可以久,不顺则不可以行,故发而仁,动而顺,而巽之道备矣。圣人以为不重,则不可以变,故因而重之,使之动而能变,变而不穷,故曰'重巽以申命'。"③即借用巽的风、木特征,强调天子教化(号令)的通畅风行。苏轼认为,天地化育有可以指而言者,有不可以求而得者,如日暖、雨润,如雷霆为震、雪霜为杀。而风悠然布于天地之间,来不知其所自,去不知其所入。"发达万物,而天下不以为德;摧拔草木,而天下不以为怒。"④因此讲天地化育有不可求而得者,这是圣人之所以效法而教化天下的方法。苏轼进一步分析,认为圣人通过教化,使天下百姓各得其所,各司其职,因而士者皆言"吾学而仕",农者皆言"吾耕而食",工者皆言"吾作而用",贾者皆言"吾负而贩"。这是圣人颁制命令以鼓舞,通变天地万物之道,使百姓安居乐业,和谐顺畅。⑤

---

① 弗里德曼:《资本主义与自由》,张瑞玉译,北京:商务印书馆,1986 年,第 84 页。
② 《易·说卦》言:"巽为木,为风。"《论语·子罕》言:"巽与之言,能无说乎?"
③ 苏轼:《御试重巽以申命论》,《苏轼文集》第一册,北京:中华书局,1986 年,第 34 页。
④ 苏轼:《御试重巽以申命论》,《苏轼文集》第一册,北京:中华书局,1986 年,第 35 页。
⑤ 苏轼:《御试重巽以申命论》,《苏轼文集》第一册,北京:中华书局,1986 年,第 35 页。

校风、家风、社风即是"风气"的具体呈现,亦有巽卦的特征。苏轼所言重巽之道在于使上下顺畅,这与我们重视校风、家风、社风的旨趣是相通的。

家风是社会风气的重要组成部分。家庭不只是我们身体的居所,更是我们心灵的归宿。家风好,则家道兴盛、和顺美满;家风差,则殃及子孙、贻害社会,所谓"积善之家,必有余庆;积不善之家,必有余殃"①。各级领导干部尤其要抓好家风,因为领导干部的家风,不仅关系自己的家庭,而且关系党风政风。领导干部要继承和弘扬优秀传统文化,继承和弘扬革命前辈的红色家风。

生命个体不是单独存在的现象,尽管他首先是以个体的形式存在而有意义,但个体的形式是交融在家庭、社会、国家等形式之中的。家庭、社会、国家始终给予其知识与价值,从而使各异的众多个体形成对事物的共同认知和价值判断,乃至形成一个较为稳定的命运共同体。在这个共同体中个体实现"我在",即实现"在场"的生命状态。如此,个体、家庭、社会便能各安其位,又能互为影响,交融互动。安居乐业、和谐舒畅的局面便能形成。个体、家庭、社会三者之中家庭是纽带,是命运共同体的基础。就家庭教育、社会教育、学校教育的格局而言,由家风家教所构成的家庭教育内容也是教育不可或缺的部分,或者说家庭教育也是立德树人的重要路径。据吕拱南所述,习近平同志曾亲口对他说:"我的价值观、人生观来源于我的家庭,来源于我在陕北艰苦地方上山下乡,来源于劳苦大众,所以我就选择走从政为民的道路,不会走别的道路。"②中华民族传统家庭美德,是历史发展的产物,是中国人的历史抉择。中华民族历来重视家庭。正所谓"天下之本在家"。尊老爱幼、妻贤夫安、母慈子孝、兄友弟恭、耕读传家、勤俭持家、知书达礼、遵纪守法、家和万事兴等中华民族传统家庭美德,铭记在中国人的心灵中,融入中国人的血脉中,是支撑中华民族生生不息、薪火相传的重要精神力量。③

2. 立德与树人:新时代社会主义教育目标任务

生命个体不是单独存在的。同样,生命个体所建构的家庭也不是独立存在的,它是作为社会细胞而存在的。因此,家庭和睦则社会安定,家庭幸福则社会祥和,家庭文明则社会文明。家庭的前途命运同国家民族的前途命运紧

---

① 习近平:《在会见第一届全国文明家庭代表时的讲话》,北京:人民出版社,2016年,第5-6页。

② 中央党校采访实录编辑室:《习近平在厦门》,北京:中共中央党校出版社,2020年,第89页。

③ 习近平:《在会见第一届全国文明家庭代表时的讲话》,北京:人民出版社,2016年,第2页。

密相连。诚然,家庭的意义不仅仅停留在生存空间。家庭的和睦、幸福、文明是通过教育等非物质形态实现的。家庭是人生的第一课堂,有什么样的家教,就有什么样的人,有什么样的人,就有什么样的社会和国家。可见家风家教关乎社会和国家的繁荣发展。

家庭教育涉及诸多方面,其中"立德"是关键,即塑造青少年的健全人格。"立德"所立之德不仅指中华传统美德,更重要的是指社会主义核心价值观,这是我们要传递的道德观念,是我们要给孩子扣的第一粒纽扣。百年未有之大变局下,我国改革开放不断深入,经济社会不断发展,人们生活方式发生变化,城乡家庭结构显著调整,但家庭的社会功能始终不可替代,尤其是家庭教育对落实立德树人教育目标任务的功能不可替代。我们立的德是吸收了优秀传统文化精神的社会主义道德;我们树的人是社会主义新时代的新人。诚然,立德树人教育目标任务不仅落实到家庭,也落实到学校和整个社会。习近平总书记曾引清代张之洞"国势之强由于人,人材之成出于学"之言,说明社会主义建设者和接班人培养的重要性。虽然,关于教育的理论繁多,流派各异,但"教育的目的在于培养社会发展所需要的人"这一点是普遍共识。就社会主义社会的教育而言,培养社会主义人才是它的应有之义。教育是育才和育人统一推进的过程,其中,育人是根本,而育人的根本又在于立德,这是社会主义教育的规律。社会主义教育把立德树人作为目标,同时这也是检验教育成效的根本标准。"真正做到以文化人、以德育人,不断提高学生思想水平、政治觉悟、道德品质、文化素养。"[①]把立德树人内化到教育活动的各领域,始终做到以树人为核心,以立德为根本。

社会主义教育是家庭教育、学校教育、社会教育等多维度展开的过程。家庭、学校、社会是立德树人的教育载体,而传统文化创造性转化、创新性发展则拓展了立德树人的教育内容。传统文化的创造性转化、创新性发展,其基本思路是传统与现代的有机结合,真正彰显了社会主义文化的融摄力,以及社会主义教育的感召力。

教育的主要功能在于思想和精神的传承。传统文化所表征的家国情怀在新时代语境下如何转化,如何在教育实践中有效融入,这应是传统文化创造性转化、创新性发展所隐含的问题意识,即传统文化的创造性转化、创新性发展

---

① 习近平:《在北京大学师生座谈会上的讲话》,北京:人民出版社,2018年,第7页。

必然需要在教育进程中得以呈现,必然需要找到理论实现的恰当路径。笔者尝试以新时代思政教育调适及阳明文化课程思政的开展为例,具体寻找爱国主义教育切入的路径。传统文化创造性转化、创新性发展的实践过程是引导学生做社会主义核心价值观的坚定信仰者、积极传播者、模范践行者的过程,真正体现"青年是祖国的未来、民族的希望"[①]。

二、语境与实践:阳明文化课程思政教学实践案例

对传统文化的考察研究不可能回避当下的情境,前文我们已分析了情境的过去、现在、未来三个维度,只有在这三个维度内的文化考察才是有意义的,包括对文化精神的理解、文化的转化与应用等。我们当下所处的最宏大的情境是"新时代",因此,笔者试图在新时代的大语境下,从传统文化应用的视角分析疫情防控下的思政教育调适等问题。

那么新时代的思政教育如何调适呢? 诚然,调适的线索有很多,包括教学工具、教学方法、教学计划、教学内容等,笔者重点从教学内容入手,对爱国主义教育推进与强化问题进行分析。 就课程而言,思政教育主要有两大块:一是思政课程教学,二是课程思政教学。 此处,将详细探讨课程思政教学调适问题,具体以"王阳明的人生与学问"通识课程为例,深入分析传统文化元素在当下情境的汲取与融入,从而进一步说明传统文化创造性转化、创新性发展应用实践的可能性、可行性与重要性。

传统文化元素的汲取与融入是强化爱国主义教育以及当下思政教育调适的一种路径。那么如何汲取与融入传统文化元素呢? 前文已经详细论述了传统文化的形态及精神。让传统文化忠孝伦理、智勇精神所支撑的家国情怀有效地向新时代爱国主义转化可以说是传统文化应用的一个重要方向。

新时代的思政教育调适、爱国主义教育的推进与强化、传统文化元素的汲取与融入,这三个问题是本书讨论的范畴,即"如何调适""如何推进与强化""如何汲取"三个逻辑关联的问题。在讨论"如何"之前,需要先回答"为何",即回答新时代下为何要进行思政教育调适,也就是回答思政教育调适的必要性。

---

① 习近平:《在庆祝中国共产党成立95周年大会上的讲话》,北京:人民出版社,2016年,第27页。

思政教育调适的目的在于使我们更好地理解社会主义核心价值观的意义,以及社会主义核心价值观在新时代中国特色社会主义建设稳步推进中的作用与意义。而对"如何推进与强化""如何汲取"两个问题的回答是让这种必要性成为可能,即爱国主义教育的推进与强化、传统文化元素的汲取与融入是实现这种必要性的可能路径。对于"如何推进与强化""如何汲取"的回答,笔者并不试图做理论的抽象铺陈,而是把这种问题意识反映在具体的思政课程和课程思政的教学活动之中,以期答案的直观呈现。教学活动的展开涉及教学背景、教学目标、教学工具、教学方法、教学计划、教学内容等方面的考量(见图 4-1)。

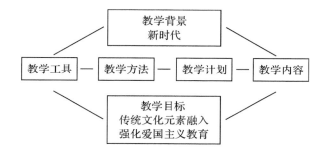

图 4-1　教学活动展开的要素

教学背景就是前文所讨论的"情境"。对国内外环境的深入了解,能使我们进一步理解新时代与思政教育的关系。教学活动展开的过程就是探索新时代思政教育调适路径的过程。通过教学活动,教学目标逐步明确与呈现,传统文化元素得以融入,爱国主义教育得以强化。

总之,新时代需要重新设计教学计划和进度,结合课程内容,融入传统文化家国情怀元素,以凸显爱国主义教育主题,使我们更加坚定中国特色社会主义道路自信、理论自信、制度自信、文化自信。新时代的思政教育调适,以爱国主义教育为主题,具体路径是传统文化元素的融入,尤其是传统文化的忠孝伦理、智勇精神、家国情怀等的创造性转化与应用。关于爱国主义教育主题,可以从"五个认同"和"两个应用"来展开。"五个认同"即民族认同、国家认同、制度认同、文化认同、人类认同,"两个应用"是马克思主义人民中心论的教育应用和传统文化资源的现代转化与应用。

作为中华儿女,中华民族是我们的根与魂。每一个生命个体都是与民族同构的,对民族的认同就是对自我的认同。有人便有家,有家便有国,而人即有先天的民族性,因此,民族是国家的基础,有民族便有国家。中华儿女是在"人"的先天范畴内定义的,是不可改变的既定事实。中国人则涉及国籍问题,是个后天范畴,有一定的可变性。当下的中国是社会主义中国,而社会主义又是有中国特色的社会主义,因此,必须对中国特色社会主义制度有强烈的认同感。这种认同不是感性的,而是建立在理性思考的基础上。中国文化的形态与精神有别于其他文化类型,它包括优秀传统文化、革命文化和社会主义先进文化。文化的核心是其精神,精神是支撑文化不断拓展视域、变化形式的关键因素。中国文化的精神在于儒家伦理思想向社会主义核心价值观的转化,尤其是忠孝伦理、家国情怀、智勇精神、爱国主义的互阐和融摄。

第五个认同容易被忽视。全球化是人类社会发展的客观规律,其趋势是不可逆的。它的根源在于我们是人类命运共同体,而不是单独的个体。因此,任何种族歧视和民粹主义都是不可取的,我们应该打破固有认知,以更宽广的胸襟、更宏大的视野面对当前的困境与未来发展的可能路径。

民族、国家、制度、文化和人类等"五个认同"来源于我们的归属感,这种归属感的基础是我们所经历的情境、所触发的情感、所淬炼的价值,同境、同情、同价值才有民族的认同、国家的认同、制度的认同、文化的认同和人类的认同。在情境认同、情感认同、价值认同的基础上引入两个应用,即马克思主义人民中心论的教育应用和传统文化资源的现代性转化与应用。人民是国家的基石,是国家的建设者,是中国梦的实现主体,是国家发展成果的享有者。人民中心论是中国特色社会主义的应有之义和鲜明特征。由人民中心论延伸到人类中心论,体现了深厚的人文关怀。马克思在分析共产主义的时候曾谈到,共产主义是人的自我异化的积极扬弃,因而是通过人并且为了人而对人的本质的真正占有。因此,它是人向自身、向社会的即合乎人性的人的复归,是人和自然界之间、人和人之间的矛盾的真正解决。[1] 人的自由全面的发展是共产主义的目标,当然也是社会主义的目标。传统文化资源的现代性转化与应用主要探讨忠孝伦理、家国情怀、智勇精神等传统文化思想如何与爱国主义精神、社会主义核心价值观以及立德树人思政教育目标相契合。总之,探讨如何通过优秀传统文化元素的融入进行新时代的思政教育调适,不仅要关注调适的过程,还要关注调适的效果,尤其是对教学情境的把握以及互动环节的展开。

---

[1] 马克思:《1844 年经济学哲学手稿》,北京:人民出版社,2000 年,第 81 页。

（一）汲古以开新：新时代阳明文化的表达与应用

前文已经分析，文化的教育传承属性需要通过表述功能来实现，不然文化将成为静态的人类创造物；又分析了文化的符号性，专门讨论了符号形态的文化。但胡塞尔曾对符号（zeichen）与表述（ausdruck）做了本质性的区分，他认为，我们往往在相同意义上使用表述和符号，但实际上它们并不总是一致的。每个符号都指示某种事物，然而并不是每个符号都具有"含义"（bedeutung），或借助于符号而表述出来的"意义"（sinn）。[①] 因此，文化的根本性的意义不在于"符号"，而在于通过"符号"所"表述"的"意义"和"精神"。文化所要教育和传承的正是这种"精神"和"意义"。

胡塞尔进一步分析了"表述"的两种形式，一种是在交往功能中的表述，另一种是孤独的心灵生活中的表述。[②] 前者是在与他者的互动中形成的，包括语言、文字等的沟通交流；后者是与自我的互动，此时，表述仍然被赋予了一个重要角色。我们在孤独的心灵生活中也在用表述进行着传诉，只是这种传诉不是针对他者进行的而已。[③] 但互动的维度显然不局限于这两者，即除了与他者的互动和与自我的互动之外还有纵向的互动和横向的互动这两种情况。纵向的互动是在历史镜像中的表述；横向的互动是在教育功能中的表述。诚然，这两种表述与胡塞尔所指出的表述有重合的地方，但它们关注的视角是不同的。

我们对传统文化的考察需要认知这四种互动和表述，因为传统文化的形成、转化、发展都是在不断的互动中实现的。在四种互动和表述中，教育功能中的表述张力显得尤为饱满，因为它连接着历史镜像中的表述、孤独的心灵生活中的表述、交往功能中的表述等其他表述。教育功能的这种表述互动不仅仅是横向的，还有纵向的传递、传承效应。它也可以是与他者的、与自我的互动。总之，教育功能中的表述是一个立体感极强的范畴，对文化的促进和发展有着巨大而深远的影响。因此，传统文化与教育的关系便成为持久的、意义重大的研究内容。以阳明文化的融入为例的思政教育调适研究便是传统文化与教育关系研究的一种探索。

---

① 胡塞尔：《逻辑研究》第二卷第一部分，倪梁康译，上海：上海译文出版社，1998年，第26页。
② 胡塞尔：《逻辑研究》第二卷第一部分，倪梁康译，上海：上海译文出版社，1998年，第35-39页。
③ 胡塞尔：《逻辑研究》第二卷第一部分，倪梁康译，上海：上海译文出版社，1998年，第37页。

我们探讨课程思政教学调适（以"王阳明的人生与学问"通识课程为例），旨在说明传统文化在思政教育调适过程中的融入机制和现实效应，更是传统文化创造性转化、创新性发展应用实践的一种尝试。诚然，阳明文化融入思政教育的调适研究是一种互动研究，这种互动研究必然要将传统文化意义表述的情境（即阳明心学当代发展应用的情境）置于考量之中。阳明心学当代发展应用的宏大情境即新时代语境，讨论阳明文化的发展与应用离不开这个新时代语境。阳明文化作为传统文化，只有在动态的过程中才能把握它的意义，包括阳明文化在历史镜像中的表述、孤独的心灵生活中的表述、交往功能中的表述、教育功能中的表述等。

爱国主义教育所依赖的表述仍然需要通过语言和文字等符号形式来呈现。语言是世界经验的重要载体，也是教育的重要工具。伽达默尔认为，深入到语言现象的个体性中就意味着一种通往认识人类语言整体状况的道路。[①]同样，对语言的把握有助于对人类心灵和精神的体认，但此处笔者并不打算专门讨论语言现象的个体性，也不研究人类语言的整体状况。而仅就传统文化，尤其是阳明文化所呈现的精神在当下语境中的应用展开分析，此时，阳明良知思想的呈现便与教育的展开实现交汇，良知呈现的问题也就转化为良知作为言教的呈现问题。当然，我们必须完成现代情境与历史情境的对接与转换，这自然有必要了解阳明心学在历史镜像中的表述。

据陈来引钱穆所言，在朱熹殁后，南宋的学术讨论不离朱熹，或述朱，或诤朱。而明代自王阳明之后，学术讨论便不离王阳明，或述王，或诤王。明代中期以后，虽然有朱子学的再次升温及其对阳明学的批评，但整个学术潮流的大势，毕竟仍以阳明学为此一时期的主导。[②] 的确，朱子学一度标为儒家伦理思想的经典诠释，影响广泛，也成为社会管理者汲取管理方案的重要思想来源。明代以降，朱子学虽未出现明显的派系分裂，但也出现了"博学致知"和"涵养躬行"的意见分歧。王阳明在继承、批判朱熹哲学的基础上更是逐渐形成了阳明学的新气象，涵括格物、心体、良知、知行合一及明德亲民等学说。

前文我们已经分析了宋明新儒学之新在于它对儒家伦理思想新的诠释方

① 伽达默尔：《真理与方法：哲学诠释学的基本特征》，洪汉鼎译，上海：上海译文出版社，1999年，第561页。

② 彭国翔《良知学的展开：王龙溪与中晚明的阳明学》，北京：生活·读书·新知三联书店，2005年，"序言"第1页。

法的引入与转化,尤其是对佛教逻辑哲学的改造与借鉴。朱子学与阳明学新气象的形成和发展,基于宋明新儒家的思想大背景下对新的诠释方法的涵摄。就王阳明而言,他早年沉溺于词章,继而把玩朱熹之书,被其格物之说吸引,朝夕思索,认为朱熹之说未能尽善。因为如果按朱熹的理解,"吾心"与"物理"存在着不可逾越的鸿沟,那么"人"与"天"之间怎样建立联系,怎样达于"合一"?王阳明对朱熹之说虽不能认同,但对其理论之困境又不得其解。于是他出入佛老,寻求弥补鸿沟的解决方法。百转千回,九死一生,王阳明后来在贵州龙场悟道,其所悟之道精髓便是格物致知之旨吾性自足,不假外求。[①] "吾性自足",因而"不假外求",只要"求诸于心"便可,这是阳明学的独特之处。它不同于朱熹"格之于物"的方法,是学术直觉和方法的重大转向。它为解释"天人合一"理论提供了新的诠释视角,也为儒家伦理提供了新的思想内容。王阳明的思想来源于孔孟的大传统,一方面深受朱熹、陆九渊、吴与弼、胡居仁、娄谅、陈献章等人的影响,而另一方面又借鉴了佛教哲学的逻辑内容。

诚然,阳明心学始终未曾脱离儒家伦理的思想传统,仍然是在"仁为道本"的思维模式之下进行理论创新。阳明心学的要义在于"良知现成"与"知行合一",人心的虚灵明觉处就是不假外求的先天良知,而所谓的先天良知就是孟子所说的是非之心。这个是非之心又是每个人都有的,是不虑而知,不学而能的,因此称为"良知现成"。再者,对良知的体认不仅是理论层面的,形而上学的,而且需要付诸道德,或者说良知体认与道德践行是同构的,在"知行合一"的认知框架内。一方面现成良知必须由践行活动来体现,另一方面道德活动的价值又是源于自身明觉之心的良知。

王阳明殁后,王畿、钱德洪、邹守益、王艮、聂豹、罗洪先等人又基于各自的情境和理解,在承续发扬阳明良知学说的基础上给予了不同程度的阐释,使得阳明学在义理上开始分化,形成不同的学派。据黄宗羲的观察,当时形成了浙中王门、江右王门、泰州王门、北方王门、黔中王门等分门演派的格局。阳明后学对阳明良知学说的理解各有差异,对儒家伦理思想的价值认同也不尽相同。梁启超曾言:"凡一个有价值的学派,已经成立而且风行,断无骤然消灭之理,但到了末流,流弊当然相缘而生。继起者往往对于该学派内容有所修正,给他

---

① 黄宗羲:《姚江学案序说》,《明儒学案》卷十,北京:中华书局,1985 年,第 181 页。

一种新的生命,然后可以维持于不敝。"①阳明学在万历、天启年间,已经深受禅宗影响,流于空谈,易于放纵,而渐失儒学笃实稳健本色,形成严重的思想流弊。譬如王畿,他的思想便明显受慧能禅宗的影响,而把儒家修养方法分为渐、顿两种,渐修接引中下根器之人,顿悟则是上等根器之人的事。这种禅学化倾向不是王畿独有的,早在王阳明那里已有端倪。王明阳曾提出无善无恶、有善有恶、知善知恶、为善去恶的四句教,这四句教显然是慧能禅宗"菩提本无树"偈子的翻版。鉴于此,顾宪成、高攀龙等人提倡格物之说,以救空谈之偏。后来刘宗周又提出慎独之说,以救放纵之弊。

黄宗羲认为,明代学术习熟先儒之成说,未尝反身理会,推见至隐,往往是"此亦一述朱,彼亦一述朱",没能跳出朱熹思想影响的巢穴。但王阳明提出了"良知人人现成,一反观而自得"的主张,使每个人都有了成为圣贤的可能,也为突破宋儒思想束缚提供了路径。所以在黄宗羲看来,如果没有王阳明,儒家学脉几乎有断绝的危险。但黄宗羲对王阳明"致良知"思想的理解又有其新意,他认为,"致良知"思想形成于王阳明晚年,后来学者对其思想未得深究,理解不够透彻和全面,所谓"各以意见搀和,说玄说妙,几同射覆,非复立言之本意"②。王阳明一方面强调"良知"的重要性,另一方面又十分重视"格物",曾言:"致吾心之良知于事事物物。吾心之良知,即所谓'天理'。致吾心良知之'天理'于事事物物,则事事物物皆得其理。"③王阳明致之于事事物物,致字就是行字,可见他十分重视实践,以此来补救当时空疏的学风。因此黄宗羲认为,后之学者只在"知"上辨个分晓乃是测度想象,"求见本体,只在知识上立家当,以为良知,则先生何不仍穷理格物之训,先知后行,而必欲自为一说耶?"④

总而言之,儒家伦理思想发展到宋明,尤其是到明清之际,随着阳明良知学说的风行,出现了重大的理论转向,这使得传统儒家"仁为道本""学以致道"的思想内涵和诠释方式都有所突破,而这种突破实际上是历史镜像中的思想表述。我们对于传统文化的理解离不开对历史情境的参考。当然,除了历史镜像的还原之外,我们还应该把握对现实生活的还原,即当下情境的还原。

梁启超在《中国近三百年学术史》中谈到学术思潮问题时提出了"环境之

---

① 梁启超:《中国近三百年学术史》,北京:东方出版社,1996年,第45页。
② 黄宗羲:《姚江学案》,《明儒学案》卷十,北京:中华书局,2008年,第178页。
③ 王阳明:《传习录》中,《王阳明全集》卷二,上海:上海古籍出版社,2011年,第51页。
④ 黄宗羲:《姚江学案》,《明儒学案》卷十,北京:中华书局,2008年,第178页。

变迁与心理之感召"的命题。他认为,学术思想的发展与环境变迁和心理感召有密切的关系。的确,环境和心理在很大程度上决定了互动的形态,情境、感应、互动这三者的关联是考察学术思想和文化传统的主要切入点。情境是比环境更复杂的范畴,不是一般意义上的自然环境和社会环境,是生命个体在与他者交互过程中产生感应、形成互动所凭借的场景。它有自然环境和社会环境的物质基础,也有情感和精神的参与。情境的不同、感应的分殊、互动的差异,使我们形成不同的体认,从而造成学术的分张。

　　就阳明学而言,它也并不是脱离社会现实的,而是有它的社会历史情境。在特定的情境下,学者们根据自己的感应和体认,给出了解决社会现实问题及人本身问题的"良知"方案,以及对"良知"的一系列理解和诠释。沟口雄三(1932—2010 年)在历史情境的观照下对阳明学做出了比较恰当的评价。他回应了一些学者的观点,这些观点认为,朱子学是封建思想在中国的确立,阳明学则是在朱子学(中国封建思想)动摇和解体时期,对这一封建思想的重构和强化。[1] 沟口雄三指出,如果仅仅把阳明学看成是对传统思想的重构和强化,那么,阳明学的出现与"十段锦法"[2]的实施应该是相对应的,即阳明学是针对"里甲制"的动摇和瓦解的现状,致力于对社会秩序进行某种程度的重构和强化的思想。[3] 但是,这种重构和强化虽然出于王阳明的主观意愿,但客观上却进一步促使了这一制度的瓦解,带有反对明代专制体制的性质,这正是阳明思想的历史意义所在。所以,在沟口雄三看来,阳明思想是一种新思想,一方面承续了之前的思想因素,另一方面是对新的历史时期的展开,但正因为这种新的展开,反而又孕育了新的矛盾。[4]

---

　　[1]　沟口雄三:《中国前近代思想的屈折与展开》,龚颖译,北京:生活·读书·新知三联书店,2011年,第 84 页。沟口雄三指出,持此种观点的学者有守本顺一郎和岩间一雄等人,他们的代表作分别为《东洋政治思想史研究》《中国政治思想史研究》。

　　[2]　十段锦法,全称"十段锦册法",是明中叶在江南施行的赋役改革措施。英宗天顺年间(1457—1464)始行于福建。武宗正德年间(1506—1521),南直隶各府县相继仿行。十段锦法旨在整顿役法,着重改革均徭,附带清理田赋,即将全县各里甲人户名下的丁、田数目加以清查,然后分成十段,各段负担能力大体均平,一年徭役编派一段供应。参见王美涵:《税收大辞典》,沈阳:辽宁人民出版社,1991年,第 849 页。

　　[3]　沟口雄三:《中国前近代思想的屈折与展开》,龚颖译,北京:生活·读书·新知三联书店,2011年,第 86 页。

　　[4]　沟口雄三:《中国前近代思想的屈折与展开》,龚颖译,北京:生活·读书·新知三联书店,2011年,第 87 页。

　　文化与思想就是在这种问题和矛盾的不断解决中形成和发展的。阳明学的形成和发展也有具体的社会历史情境。在当下语境中体认、应用阳明心学也必须契合当下情境,以解决当下面临的问题。阳明心学及传统文化的现代应用必须基于对历史情境的同情、对当下情境的体认,以及对阳明心学和传统文化本身义理的把握,不然容易流于空谈,导致放纵。譬如当下随着阳明学的兴起,形形色色的所谓阳明学研究团体、研究平台如雨后春笋般出现。但阳明心学现代诠释应用的现状可谓是泥沙俱下,层次差异较大。所以我们必须精准地把握当下情境,才能产生有的放矢的当下感应,也才能有恰当合适的当下互动。习近平总书记指出:"要使中华民族最基本的文化基因与当代文化相适应、与现代社会相协调。……系统梳理传统文化资源,让收藏在禁宫里的文物、陈列在广阔大地上的遗产、书写在古籍里的文字都活起来。"[①]传统文化基因要与现代社会相协调,因为文化是生动的、活的,而不是停留在一定时空里的静态的存在。当然,每一个时代的文化呈现形式不同,所表征的时代精神也不同。"任何一个时代的经典文艺作品,都是那个时代社会生活和精神的写照,都具有那个时代的烙印和特征。……广大文艺工作者要把握时代脉搏,承担时代使命,聆听时代声音,勇于回答时代课题。"[②]文艺创作是文化的一个缩影。新的文化的创造如此,传统文化的解读应用也是如此,都必须体现时代价值和时代精神。

　　在新时代语境下,阳明心学如何诠释、如何转化、如何应用,必须同共产党人的"心学"和中国人的"心学"相结合,必须体现共产党人的使命担当和中国人的使命担当。岛田虔次在《阳明学中人的概念与自我意识的展开及其意义》一文中对阳明学研究提出了一系列问题。以阳明心学为表征的明学,固然是宋学在某些方面的发展,但又有其自身的特征。阳明学的末流趋于禅学化,一定程度上侵蚀了士大夫们的精神状态,最后沦为心学横流的社会性弊病。岛田虔次提出疑问:阳明心学为什么会出现这种状况?这种社会性弊病意味着什么?阳明学一度被称为"实学",但为何遭到清初标榜实学的学者们的猛烈抨击?[③]他把问题聚焦到"人的概念与自我意识的展开"上,试图追溯心学中"人"这一概念的成立和发展,反省怀抱"人"概念的心学家的实践,从而探讨心

---

①　习近平:《习近平谈治国理政》第一卷,北京:外文出版社,2018年第2版,第161页。

②　习近平:《习近平谈治国理政》第二卷,北京:外文出版社,2017年,第350页。

③　岛田虔次:《中国思想史研究》,邓红译,上海:上海古籍出版社,2009年,第69页。

学运动的历史性和社会性意义。他把心学的根本问题归结为人和人性的问题，人的问题即内在的人的概念和外在的人的社会性实践。① 借鉴岛田虔次的思路，我们对阳明学的诠释、转化、应用可以有三个方面的考量：一是人的情境，即人的生活、生存状态；二是人的生命，即人的精神世界；三是人的发展，即人的生活及生命世界的拓展。这三个方面已经涵括了岛田虔次所说"人的概念和人的社会性实践"的内容。前文我们所讨论的忠孝伦理、家国情怀、智勇精神等也是基于人的情境、人的生命、人的发展的研究思路和方法。诚然，人的社会性实践应该含有教育的内容，是人的概念、人的状态、人的发展的延伸。

（二）学问在践行：阳明文化转化发展的教学实践

传统文化及其精神的诠释、转化、应用的路径是多元的，但此处我们仅以高校思政教育为切入点展开讨论。高校思政教育的范畴极其宽泛，其中有思政课程的教学，也有课程思政的教学，还有融入学生日常生活的各类思政教育内容。笔者依然采用以点带面的研究方法，选取课程思政的研究视域，以阳明文化通识课程为讨论范围，具体以"王阳明的人生与学问"为内容。阳明心学是中国哲学思想的高度凝结，是中国传统文化的重要标志，因此笔者以为，以"王阳明的人生与学问"为切入点，探讨传统文化转化发展的教学实践应用是较为妥洽的。

1. 课堂教学：王阳明的人生与学问

王阳明于明宪宗成化八年（1472）出生于浙江余姚，原名为云，后改为守仁，字伯安。其祖父为竹轩公王伦，其父为明成化十七年（1481）状元王华，其母郑氏。根据钱德洪《阳明先生年谱》的记载，王阳明十二岁进私塾跟随老师学习，性格豪迈不羁，异于常人。曾有相士观王阳明容貌，称他"须拂领，其时入圣境；须至上丹台，其时结圣胎；须至下丹田，其时圣果圆"②。意思是说王阳明在三个年龄段会逐步达到三个人生境。暂且不论此则记载的真实性，及其对王阳明神异色彩渲染的考量，但这一事件的确触发了王阳明对人生及其意义的思考，这是符合王阳明人生成长基本逻辑的。王阳明常听私塾老师讲"登第为第一等事"，但不以为然，他认为登第恐怕不是第一等事，第一等事应该是学为圣贤。人生第一等事就是王阳明人生的主旨，也是王阳明学问的

---

① 岛田虔次：《中国思想史研究》，邓红译，上海：上海古籍出版社，2009 年，第 70 页。
② 钱德洪：《阳明先生年谱》上卷，明嘉靖四十三年（1564）刻本，第 20 页。

主旨,是他"为人"与"为学"的目标。

那么,王阳明学为圣贤的人生第一等事是如何具体呈现、展开和落实的?对于学为圣贤的人生志向,王阳明也曾感到困惑,但在不断的探索中,逐渐坚毅起来,最后达于圆成。"登第恐非第一等事"的议论与之后的三次会试经历相呼应。弘治六年(1493),王阳明二十二岁,第一次会试下第。当时很多人前来宽慰,其中宰相李东阳戏称王阳明今科不第,来科必为状元,并要求王阳明作《来科状元赋》。王阳明欣然应允,并且悬笔立就,其才华引来了众人的阵阵惊叹,也引来了狭隘者的忌恨。有人称:"此子取上第,目中无我辈矣。"[①]此时的王阳明,仍然信心满满,意气风发,心中仍有登第之事,状元之想。虽然才华横溢,但他性格豪迈不羁、锋芒毕露,容易遭人嫉恨。

弘治九年(1496),王阳明二十五岁,会试再次不第。一同参加会试的人中不乏有"以不第为耻"者,王阳明的心态却显得较为平和,并且能抚慰他人,称"世以不得第为耻,吾以不得第动心为耻"[②]。第一次落第时,王阳明需要他人来安慰,而第二次则能抚慰他人,心境上已经产生了一些微妙的变化。那么,王阳明称自己"以不得第动心为耻",他是否真的此心不动了呢?也不尽然。由第一次到第二次,这只是一个心态不断调整,心性逐步发现的过程。譬如,弘治十年(1497),王阳明二十六岁时,有"留情武事,凡兵家秘书,莫不精究"的演习兵法经历;弘治十一年(1498),王阳明二十七岁时,"沉郁既久,旧疾复作",偶遇道士谈养生,于是有遗世入山之意。[③] 第二次落第后的两年,王阳明显然被磨去了《来科状元赋》的豪情与意气。学兵法而留情武事、谈养生而遗世入山,也许只是落寞后的两种可能选择。王阳明深知圣贤并非生而有之,而是学而可致。于是他立下志向,经历磨砺,不断学习,终有体悟。这是王阳明人生的基调。此时,王阳明的豪情与意气虽有所收敛,但他的问题意识依然是十分强烈的。他学兵法的目的是考虑到当时的武举之设"仅得骑射搏击之士,而不能收韬略统驭之才"[④],可见王阳明不仅关注文韬,也关注武略,他对自己人生发展视野的设定是较为宽广的。他虽谈养生,但不忘读书。他认为"辞章艺能不足以通至道",并受朱熹"居敬持志,为读书之本;循序致精,为读书之

---

① 钱德洪:《阳明先生年谱》上卷,明嘉靖四十三年(1564)刻本,第23页。
② 钱德洪:《阳明先生年谱》上卷,明嘉靖四十三年(1564)刻本,第23页。
③ 钱德洪:《阳明先生年谱》上卷,明嘉靖四十三年(1564)刻本,第24页。
④ 钱德洪:《阳明先生年谱》上卷,明嘉靖四十三年(1564)刻本,第23页。

法"的启发,抓住读书之本与读书之法,循序以致精,避免物理与吾心分判为二。① 于是在弘治十二年(1499)二十八岁时,王阳明终于在会试中举南宫第二人,廷试赐二甲进士出身第七人。

由这番经历可知,王阳明虽然终于考中进士,也算出类拔萃,但并非天资过人,聪明绝顶。他也有困惑、沉郁与纠结,不断地调整人生的方向。他的生命中有立志,有磨砺,也有学习和体悟。他并非生为圣贤,而是学为圣贤。步入仕途之后,直至去世,这种基调也未尝改变。

弘治十五年(1502),即王阳明入仕后的第三年,他上了一份《乞养病疏》,希望能归越(绍兴)养病。上《乞养病疏》的原因,主要是身体状况确实不佳,需要静养,但似乎还有其他因素。当时王阳明与京中旧友李梦阳、何景明、徐祯卿等人俱以才名相驰骋,学古诗文。后来,他意识到不能以有限的精力作无用的虚文。他对宦海生活似乎不是很适应,也不排除有厌倦之情。他回到绍兴之后,在阳明洞中筑室,行导引之术。第二年王阳明又迁到钱塘西湖休养,常往来于南屏、虎跑诸刹,渐悟仙、释二氏之非在于抛弃父母家人,脱离现实社会,并不可取,于是他又萌生了出世的念头。由于身体状况不佳,王阳明亲近仙、释,行导引之术的目的大概在于调养身心。身心有两个方面:一是身体,二是精神。身体状况确实不佳,加之对宦海生活的不适从,促使了王阳明上《乞养病疏》,筑室阳明洞,亲近仙、释,行导引之术。

经过一段时间的休养,王阳明于弘治十七年(1504)秋,出世任事,并主考山东乡试。但仅仅过了两年,即正德元年(1506),他又上《乞宥言官去权奸以章圣德疏》,得罪了权奸刘瑾,下锦衣狱,廷杖四十,出狱待罪。王阳明的这种遭遇与他的性格禀赋和处事风格极为相关,而他的身体状况在其中又起到了催化剂作用,即身体状况、性格禀赋、处事风格这三者有着微妙的联系。这种联系很有可能导致他情绪极度低落,抑郁而寡欢,也有可能极度亢奋,张扬而暴躁。王阳明的性格虽然豪迈不羁,但似乎并没有走向极端。他一直试图寻找平衡,使自己的性格、身体和处事之间互相协调,这也许是他后来创立"良知说"的最本能、最本初的动力之源。

朝廷对王阳明的最后处理是谪为贵州龙场驿驿丞。正德三年(1508)春,王阳明三十七岁,经过多番波折磨难,终于到达贵阳修文龙场。龙场的生活条

---

① 钱德洪:《阳明先生年谱》上卷,明嘉靖四十三年(1564)刻本,第23页。

件极度恶劣,万山丛棘,蛇虺魍魉,蛊毒瘴疠。虽然王阳明还不能超越生死,但他自计荣辱得失已皆能超脱。所以,当跟随他来龙场的属下生病时,王阳明不仅从容泰然,亲自汲水折薪,作糜而饲之,而且还能对他进行心理疏导,有时歌诗,有时越曲,诙谐幽默,使生病之人忘却疾病,忘却身处夷狄之患难。可见,王阳明的性格不仅有豪放不羁的一面,更有洒脱豁达的另一面。正是这种洒脱豁达,使他能从眼下的困境中走出来,并逐步体认吾心之良知。

诚如王阳明所言:"圣人当之,或有进于此者。"①即圣人不为困境所困,困境不能束缚他前进的步伐,不管处境如何艰难,圣人总是寻求进步,这便是圣贤气象,洒脱豁达,广博浩大。"圣人当之,或有进于此"是王阳明对自己的警示与鞭笞。他没有为环境所迫而放弃自己的原则、立场,没有忘记学为圣贤的人生第一等事的理想。他砍来木材,建造龙冈书院、寅宾堂、何陋轩、君子亭、玩易窝等建筑,泰然处之,安而乐之。终于在一天半夜,于梦寐之中思悟格物致知之旨,恍惚间若有人语之者。他忽然惊觉,叫呼踯躅,从者皆惊。② 这是王阳明思想转折的一个标志性事件,被后世称为"龙场悟道"。至此,王阳明"始知圣人之道,吾性自足",认为之前一味向外探求万事万物之理的路径是不正确的,而应该回归自己的本性。天道与吾心是沟通的,只要体认了吾心,万事万物之理便能跃然而出,不需要徒劳地去格事事物物之理。

"龙场悟道"不是偶然的,它是王阳明面对不同的社会生活情境,不断调适融入,并产生感应和与之互动的产物。王阳明少年立志,后经科场失意,居夷处困,在困顿和困惑中,以坚毅的品质,不断探索调适,等到恰当时节,瓜熟蒂落,体悟良知。"龙场悟道"当年,王阳明曾撰《象祠记》,其言曰:"吾于是益有以信人性之善,天下无不可化之人也。……使知人之不善,虽若象焉,犹可以改。而君子之修德,及其至也,虽若象之不仁,而犹可以化之也。"③"圣人之道,吾性自足",每个人都有向善的可能,所以天下无不可化之人。这种善良本性就是良知,是人人本具,不假外求的。王阳明虽居夷处困,在"格物致知"和"圣人处此当如何"的思想和情感的复杂交织下,仍能良知朗照,光耀天地。所谓"龙场悟道",所悟之道即吾性自足的圣人之道。

正德四年(1509),王阳明又撰《瘗旅文》,其中有歌曰:"连峰际天兮,飞鸟

---

① 钱德洪:《阳明先生年谱》上卷,明嘉靖四十三年(1564)刻本,第37页。
② 钱德洪:《阳明先生年谱》上卷,明嘉靖四十三年(1564)刻本,第37页。
③ 王阳明:《象祠记》,《王阳明全集》卷二十三,上海:上海古籍出版社,2011年,第984页。

不通。游子怀乡兮,莫知西东。莫知西东兮,维天则同。异域殊方兮,环海之中。达观随寓兮,奚必予宫。魂兮魂兮,无悲以恫。"①其实就人而言,都是"游子",都在寻找人生的归处,心灵的家园。王阳明早年对"人生第一等事"的疑问与思考便是此种人生归处,心灵家园的最原初的追问。而王阳明撰写《瘗旅文》时已三十八岁,已近不惑,经历了诸多困境。万千无奈和感慨,在歌声中依稀可闻可知。但王阳明是达观的,虽"莫知西东",然"维天则同"。诚如苏轼所言"此心安处是吾乡"②。《瘗旅文》是瘗旅人之文,亦是瘗自己,瘗自己的过往,瘗自己过往的过失之文,是对自己人生的一次反思。它的背后仍是对人生与吾心的探问。人生第一等事是学为圣贤,那么何为圣贤,圣贤何为?

同年,王阳明应席书③之请主讲贵阳书院。始倡"知行合一"④之论,是对"何为圣贤,圣贤何为"的进一步解答。的确,圣贤良知不仅是体认的,更是实践的。它是在具体的事上磨砺而出,又在具体的事上应用呈现的,所以王阳明强烈的建立事功的愿望是其来有致的,是他学为圣贤的"人生第一等事"的具体落实和展开,这是圣贤应有的气象和格局。早在成化二十二年(1486),王阳明十五岁时,这种愿望就表现得十分强烈。这一年,王阳明只身一人游居庸三关经月始返,慨然有经略四方之志。他考察了诸夷部落,探问御敌良策,欲驱逐胡人骑射,使之不敢进犯。还赋诗一首:"卷甲归来马伏波,早年兵法鬓毛皤。云埋铜柱雷轰折,六字题文尚不磨。"⑤当时京城有石英、王勇为首的盗匪团伙,又有秦中地区石和尚、刘千斤等人聚众作乱。王阳明屡次想上书献策,解决现实的社会问题,但都为其父斥为轻狂而作罢。王阳明强烈的忧患意识、家国情怀可窥一斑,而且这种情怀和意识真切地转化为现实的具体行动。

王阳明的人生第一等事是学为圣贤,而圣贤不是玄虚的空谈,不是书斋中的文字功夫。所谓圣贤的良知虽然是人人本具的,但必须是在具体的事上磨

---

① 王阳明:《瘗旅文》,《王阳明全集》卷二十五,上海:上海古籍出版社,2011年,第1048页。

② 苏轼:《定风波·南海归赠王定国侍人寓娘》,《增订注释苏轼词》,北京:文化艺术出版社,1999年,第61-62页。

③ 席书(1461—1527年),字文同,号元山,四川潼川遂宁人,时任贵州提学副使。

④ 后来王阳明对"知行合一"说又进一步阐发,他曾开示徐爱称:"知是行的主意,行是知的功夫。知是行之始,行是知之成。"参见王阳明:《传习录》上卷,《王阳明全集》,上海:上海古籍出版社,2011年,第5页。

⑤ 钱德洪:《阳明先生年谱》上卷,明嘉靖四十三年(1564)刻本,第23页。马伏波即东汉马援,被封为伏波将军,故称马伏波。伏波将军是古代对将军的一种封号,伏波其意为降伏波涛,历代曾出现多位被封为伏波将军的人物,最著名者为东汉光武帝时的马援。

炼才能呈现出来。所以建立事功与实践良知和学为圣贤不仅不矛盾,而且必然是内在逻辑的选择。王阳明一直在建立事功与调养身心之间寻找平衡,坚信建立事功是调养身心、实践良知的有效途径,事功的建立是第一等事的不断落实与展开。

正德五年(1510),王阳明升任江西吉安府庐陵县知县,开始走出谪居贵阳的困境,这一年他三十九岁。王阳明为政不事刑威,其特点是以开导人心为本,这与他倡导的良知思想是直接关联的。同年十月,权奸刘瑾被诛。十二月,阳明升任南京刑部四川清吏司主事。其间,王阳明曾与弟子黄宗贤(黄绾)、①应原忠等人论学,认为学圣之人必须廓清心体,使纤翳不留,这样真性才能显现,才有操持涵养之地。② 王阳明区分了圣人之心与常人之心。圣人之心如明镜,纤翳无所容,所以不消磨刮;常人之心如斑垢驳蚀之镜,因此必须刮磨一番,尽去驳蚀,然后才能明亮起来。此时,王阳明仍着重讨论良知的实践功夫,他自己的一生就是不断实践良知、不断刮磨去尽驳蚀的过程。正德九年(1514),王阳明四十三岁,升任南京鸿胪寺卿,学徒日众,学问益精。这一阶段,王阳明的教学方法已有所改变。当时曾有人指出自滁州以来,门下学者多放言高论,有渐背师教的趋势。王阳明由此反思:"吾年来欲惩末俗之卑污,引接学者,多就高明一路,以救时弊。今见学者渐有流入空虚,为脱落新奇之论,吾已悔之矣。"③因此,王阳明逐渐开始以"致良知"教导学生,而舍弃先前"高明一路"的方法。当时陆澄④曾请教王阳明学问知识不长进该怎么办,王阳明便开示:"为学须有本原,须从本原上用力,渐渐盈科而进。"⑤寻找本原就已经是"致良知"的方法。这种方法更加务实,更适合人的普遍根性。

正德十一年(1516)九月,王阳明升任都察院左佥都御史,巡抚南、赣、汀、漳等地。当时汀、漳各郡匪寇猖獗,都御史文森受命剿匪,但他称病不愿前往,

---

① 黄绾(1477—1551年),字宗贤、叔贤,号久庵。正德五年(1510)经友人引见,结识王阳明,称门人。曾与席书共同撰修《明伦大典》。参见黄宗羲:《明儒学案》卷十四,北京:中华书局,2008年,第280页。

② 钱德洪:《阳明先生年谱》上卷,明嘉靖四十三年(1564)刻本,第49页。

③ 钱德洪:《阳明先生年谱》上卷,明嘉靖四十三年(1564)刻本,第71页。

④ 陆澄,字原静,一字清伯。正德十二年(1517)进士,授刑部主事。嘉靖时,议大礼不合,罢归。后悔前议之非,上疏自讼,帝恶其反复,遂斥不用。参见黄宗羲:《明儒学案》卷十四,北京:中华书局,2008年,第295页。

⑤ 钱德洪:《阳明先生年谱》上卷,明嘉靖四十三年(1564)刻本,第72页。

于是尚书王琼弹劾文森,特举荐王阳明前去。王阳明于正德十二年(1517)正月到达赣州。王阳明在赣州行十家牌法、①选民兵、立兵符、②申明赏罚,仅用三个月便扫平漳南数十年遗寇。随后,清除南、赣地区横水、左溪、桶冈诸寇,并擒获贼首谢志珊。当时,王阳明与谢志珊之间有一段对话。王阳明问谢志珊为什么能聚集起这么多匪众。谢志珊感叹颇为不易,其曰:"平生见世上好汉,断不轻易放过;多方钩致之,或纵其酒,或助其急,待其相德,与之吐实,无不应矣。"随后,王阳明开示门人曰:"吾儒一生求朋友之益,岂异是哉?"③可见王阳明良知之教是随时随处的,是来源于具体的事,也能够应用于现实的事的。王阳明言:"善用兵者,因形而借胜于敌,故其战胜不复而应形于无穷。"④他能顺利地清除匪患是因为他采取了一些有效举措,更在于他应形于无穷的良知发用。

正德十四年(1519)六月十四日,宁王朱宸濠以明武宗荒淫无道为借口起兵叛乱。王阳明闻变,举兵勤王,于七月二十六日平定叛乱,擒获朱宸濠。王阳明捷报尚未送抵京城,明武宗便于八月二十二日率万余京边官军南下"亲征"。到涿州时,捷报传至,但明武宗仍一意南征。甚至有人提议将朱宸濠放回鄱湖,等武宗亲与遇战,而后擒之,奏凯论功。于是王阳明兼程加急将朱宸濠押至南京,献给明武宗。但正德十五年(1520)正月,因嫉妒王阳明平定宁王叛乱之奇功,张忠、许泰等人在南都谗惑武宗王阳明必反。明武宗虽未轻信张忠、许泰之言,但至此的确对王阳明心生猜忌,多番试探,各种考察。这一年,王阳明四十九岁,陷入了龙场之后的第二次困境。

王阳明自宸濠、忠泰之变以后,更加坚信良知能使人忘患难、出生死,于是进一步揭示致良知之教。他说他的"良知"二字实际上是千古圣圣相传一点滴骨血,是从百死千难中得来的。他很希望能将"良知"之说传授于人,但担心后

---

① 十家牌法,其法编十家共一牌,开列各户籍贯、姓名、年貌、行业。日轮一家,沿门按牌查察。遇面生可疑之人,即行报官。如有隐匿,则十家连坐。参见钱德洪:《阳明先生年谱》上卷,明嘉靖四十三年(1564)刻本,第85页。

② 王阳明认为,习战之方,莫要于行伍;治众之法,莫先于分数。他将军队编选为伍、队、哨、营等单位,伍有伍符,队有队符,哨有哨符,营有营符。凡遇征调发符,比号而行,以防奸伪。其诸缉养训练之方,旗鼓进退之节,务济实用行之。参见钱德洪:《阳明先生年谱》上卷,明嘉靖四十三年(1564)刻本,第90-91页。

③ 钱德洪:《阳明先生年谱》上卷,明嘉靖四十三年(1564)刻本,第104页。

④ 钱德洪:《阳明先生年谱》上卷,明嘉靖四十三年(1564)刻本,第103页。

学得之容易,把它当作一种光景玩弄,而不得实落用功,辜负一片苦心。① 的确,王阳明良知之说来之不易。前有居夷处困,九死一生;后有屡建奇功,遭人嫉恨,处境堪忧。但王阳明始终不为所动,能在困境中不断调适,涵养心性,体认良知。他教良知之教,行良知之行。而事功的建立,是他良知之说的实践,是良知之致,知行合一的体现。正德十六年(1521)六月,王阳明升任南京兵部尚书,参赞机务;十二月,被封为新建伯。明武宗对他的猜忌似乎已经消除,王阳明终于走出了人生中的第二个大困境,这一年他已五十岁。

嘉靖六年(1527)五月,五十六岁的王阳明再次被起用,征讨思恩、田州叛乱。② 经过王阳明的努力,叛乱于次年二月被平定。十月,王阳明在广西南宁返程待命时,拜谒当地的伏波庙,回想十五岁时尝梦谒伏波庙之情境,宛然如梦,颇多感慨,因此做诗两首,其一曰:"四十年前梦里诗,此行天定岂人为?徂征敢倚风云阵,所过顺同时雨师。尚喜远人知向望,却惭无术救疮痍。从来胜算归廊庙,耻说兵戈定四夷。"③这是王阳明对自己人生的总结。的确,此时的王阳明已经实现了他十二岁时立下"学为圣贤"的人生志向。

王阳明自贵阳开始就已罹患炎毒,但他以坚韧的意志,克服重重困难险阻,屡建奇功,首倡良知之教,化导后学,开一时风气。嘉靖七年(1528)十一月二十九日,五十七岁的王阳明病情已极度恶化,不幸病逝于南安青龙浦归舟之中。去世前,有门人问他还有何遗言。王阳明曰:"此心光明,亦复何言?"④

综观王阳明的一生,实际上最具体最到家的一个的实例是以身教身,以心教心。⑤ 岛田虔次在其《中国思想史研究》中分析了阳明学中人的概念与自我意识的展开及其意义问题,他将王阳明界定为作为人的自然的圣人。⑥ "学为圣贤""圣人可学而至"是王阳明的人生第一等事,是当时知识分子面临的普遍问题。作为学以至圣人之道的方法论,王阳明提出了致良知。他认为,每个人

---

①　钱德洪:《阳明先生年谱》上卷,明嘉靖四十三年(1564)刻本,第68页。

②　先是广西田州岑猛为乱,提督都御史姚镆征之,擒获岑猛父子,但其遗部卢苏、王受等人再度聚众煽乱,攻陷思恩。姚镆复合四省兵力征讨,久攻不下。于是朝廷再度起用王阳明总督两广,及江西、湖广军务,度量事势,随宜抚剿。参见钱德洪:《阳明先生年谱》下卷,明嘉靖四十三年(1564)刻本,第35-36页。

③　钱德洪:《阳明先生年谱》下卷,明嘉靖四十三年(1564)刻本,第82页。

④　钱德洪:《阳明先生年谱》下卷,明嘉靖四十三年(1564)刻本,第91页。

⑤　钱穆:《宋明理学概述》,北京:九州出版社,2010年,第210页。

⑥　岛田虔次:《中国思想史研究》,邓红译,上海:上海古籍出版社,2009年,第71页。

的良知与圣人的良知是一样,只要能体认自己的良知,那么圣人气象不在圣人,而在我了。① 所谓"学为圣贤"之"学",即恢复人的自然和人的本体而已,而人的自然和本体是完全善美的,天理与天道都以此为依据。所以,王阳明的致良知说在本质上是自然主义的,这是阳明心学的一个重要特征。②

　　圣人之所以为圣人是因为圣人纯乎天理而无人欲之私,这是一个层面的问题,而"学为圣贤"则是另一个层面。第一个层面是成为圣贤的原因,第二个层面是成为圣贤的途径。王阳明的一生正是沿着这样的途径,他将它作为人生的第一等事,他的一生都是围绕着它而展开,在学为圣贤的过程中不知不觉地成了圣人。王阳明的人生对我们有诸多启示,譬如要立志,要立大志,要立推进人民幸福、社会和谐、国家发展之大志,这是现代意义上的人生第一等事和圣贤的基本品质,立足于忠孝伦理、家国情怀、智勇精神,并且能融入社会主义核心价值观之中,为新时代中国特色社会主义社会的发展提供强劲动力。综观王阳明的一生,我们不难发现他的学问也是围绕"学为圣贤"而展开的,其主旨也就是他的圣人观。

　　王阳明学问的形成有其特定的时代背景,其中有其人生经历的因素,有社会环境的因素,也有当时学术氛围的因素。王阳明的学问实际上是这些因素构成的情境下的思想互动。王阳明所处的时代是明王朝由盛而衰的时期。正统十四年(1449)土木堡之变使原先潜伏的各种社会问题逐渐暴露出来。当时的土地兼并日益严重,田产越来越集中到士大夫手中。天顺二年(1458),朝廷曾下诏"皇亲、公、侯、伯、文武大臣,不许强占官民田地。违者治以重罪"③。这从侧面反映了当时土地日益集中的趋势。成化元年(1465),明宪宗以没入曹吉祥④地为宫中庄田,从此便出现了"皇庄"。其后,庄田遍布郡县。面对此种现象,给事中齐庄上疏言:"天子以四海为家,何必置庄田与民争利?"⑤但齐庄的上疏未被朝廷采纳。至弘治初年(1488),畿辅有皇庄12800余顷,勋戚官庄33100余顷。当时户部尚书李敏上疏要求尽革庄户,赋民耕,征赋税,以充

---

①　王阳明:《启问道通书》,《王阳明全集》卷二,上海:上海古籍出版社,2011年,第66页。
②　岛田虔次:《中国思想史研究》,邓红译,上海:上海古籍出版社,2009年,第78页。
③　龙文彬:《明会要·食货一》卷五十三,北京:中华书局,1956年,第1000页。
④　曹吉祥(?—1461年),永平滦州人。曾与大将石亨等密谋,率兵迎明英宗复辟。天顺五年(1461),曹吉祥嗣子曹钦举兵叛乱,曹吉祥被英宗设计逮捕,后被磔刑处死。
⑤　龙文彬:《明会要·食货一》卷五十三,北京:中华书局,1956年,第1000页。

各官用度。① 这样既能解决庄田问题,又能填补官府的行政开支。但李敏的建议也未被采纳。

一方面土地兼并严重,另一方面农民赋税负担沉重。明朝初期,征夏秋二税,麦 471 万石,米 2470 万石。至嘉靖二年(1523),麦减少了 9 万石,米减少了 250 万石。但是宗室之蕃,官吏之冗,内官之众,军士之增,其日常所需都在赋税之中,导致赋入日损,支费日加的局面。② 加之征税阻力较多,导致征税困难,如顾鼎臣曾上疏言:"但立限敲扑粮长,令下乡追征。豪强者则大斛倍收,多方索取,所至鸡犬为空。孱弱者为势豪所凌,耽延欺职,不免变产补纳。至或旧役侵欠,责偿新佥。"③ 另外,以往征税的粮长只有两人,而当时往往多至十人以上,导致打点使用年例剧增,各州县一年之间,破产的中等家庭常常有上百之多。总之,当时的赋税岁入不及岁出之半。朝廷为了增加税收,便提出箕敛财贿、题增派、括赃赎、算税契、折民壮、提编、均徭、推广事例等措施。这些措施一定程度上增加了农民的负担,使流民剧增,社会矛盾进一步激化,从而出现匪寇横行、农民起义爆发等乱象。前文提及的王阳明先后平定的漳南、横水、左溪、桶冈等匪患即在此列。再者,就政府管理而言,当时宦官干政的现象尤为突出,先后有王振、王直、刘瑾相继干政。藩王与朝廷之间的冲突也进一步加剧,譬如前文提及的宁王朱宸濠叛乱就是这种冲突的表现。

王阳明所处时代的另一个特征是商品经济开始获得较快发展。社会经济形态的变化使得整个社会生活随之发生巨大的改变,尤其是导致了人心的微妙变化。至正德末年,嘉靖初年,商贾增多,往往是"操资交接,起落不常","高下失均,锱铢共竞。互相凌夺,各自皇张"④,为了经济利益不免欺诈作伪。王阳明非常敏锐地看到了这种"功利之毒沦浃于人之心髓,而习以成性"⑤的现象,他对经济社会所呈现的诸多危机,有强烈的忧患意识,并试图找到解决的途径。他给出的方法即致良知。他希望有志之士能"共明良知之学于天下,使天下之人皆知自致其良知,以相安相养,去其自私自利之蔽,一洗谗妒胜忿之

---

① 龙文彬:《明会要·食货一》卷五十三,北京:中华书局,1956 年,第 1001 页。
② 龙文彬:《明会要·食货二》卷五十四,北京:中华书局,1956 年,第 1012 页。
③ 龙文彬:《明会要·食货二》卷五十四,北京:中华书局,1956 年,第 1012 页。顾鼎臣(1473—1540 年),初名仝,字九和,号未斋,南直隶苏州府昆山人。明孝宗弘治十八年(1505)状元及第。历官修撰、左谕德、礼部右侍郎、礼部尚书兼文渊阁大学士。
④ 谢陛:《歙志·风土》,合肥:黄山书社,2014 年,第 120 页。
⑤ 王阳明:《答顾东桥书》,《王阳明全集》卷二,上海:上海古籍出版社,2011 年,第 63 页。

习,以济于大同"①。破除功利之心、功利之见,关键在于体证良知,而良知是内在于主体的,是先天具有的。但先天良知被后天功利所蒙蔽,不能呈现出来,因此需要有"致"的工夫。

总之,王阳明总结认为,"今夫天下之不治,由于士风之衰薄,而士风之衰薄,由于学术之不明。学术之不明,由于无豪杰之士者为之倡焉耳"②。王阳明深刻体认程朱理学以"天理"为外在的强制规范所引起的对普通人心的强烈震荡。深刻的社会危机与传统程朱理学在解决现实问题上的无助与无力,迫使"豪杰之士"在"天理"之外另辟蹊径。这是王阳明学问的历史情境与现实考虑。王阳明认为,社会危机虽有其自身的内在规律,但人的个体意识及日常行为与"天理"的脱节无疑有必然的因果联系。宋代以来的理学无法在义理上调摄普遍"天理"与个体心性的关系。诚然,"天理"未能成为人的行为的实际规范,并不是因为"天理"本身有什么缺陷,或者不能实现逻辑上的自洽,而是因为"天理"与"吾心"之间的隔阂未能消除。"天理"与"吾心"契合,才能转化为主体的内在道德,进而才能规范主体的日常行为。传统理学旨在向个体施加外在的道德要求,而王阳明则试图将道德原则建立在主体良知的自觉之上。这便是良知学的展开,便是王阳明学问的宗旨所在。

王阳明虽在十二岁时就已立下"学为圣贤"的志向,但完成这一人生第一等事殊为不易。他经过艰苦卓绝的努力,在立德、立言、立功诸多方面不断完善,终于集心学之大成。关于阳明学问的形成和发展,黄宗羲在《明儒学案》中做了精辟总结。

> 先生之学,始泛滥于词章。继而遍读考亭之书,循序格物。顾物理吾心,终判为二,无所得入。于是,出入于佛老者久之。及至居夷处困,动心忍性,因念圣人处此,更有何道?忽悟格物致知之旨。圣人之道,吾性具足,不假外求。其学凡三变而始得其门。③

这是王阳明学问的前三变。前三变而至于道,即从"泛滥于词章""遍读考亭之书"到"出入于佛、老",再到"居夷处困、龙场悟道"。"龙场悟道"之后又有

① 王阳明:《答聂文蔚》,《王阳明全集》卷二,上海:上海古籍出版社,2011 年,第 92 页。
② 王阳明:《送别省吾林都宪序》,《王阳明全集》卷二十二,上海:上海古籍出版社,2011 年,第 975 页。
③ 黄宗羲:《姚江学案》,《明儒学案》卷十,北京:中华书局,1985 年,第 180 页。

三变,先是"尽去枝叶,一意本原,以默坐澄心为学的"。后来到江西剿匪、平乱,王阳明开始专提"致良知",其学问"默不假坐,心不待澄。知之真切笃实处即是行,行之明觉精察处即是知"。后受张忠、许泰诬陷,明武宗猜忌,闲居绍兴之时,王阳明的学问"所操益熟,所得益化,时时知是知非,时时无是无非,开口即得本心,更无假借凑泊"①。这是王阳明学问的后三变。所谓后三变而至圆成。

王阳明学术思想的演变历程就是他的心路历程,即他的生命竟境的展开。他提倡的"致良知"是完善道德的内在追寻;他倡导的"知行合一"是完善道德的外在实践。"致良知"与"知行合一"的思想路径回应了他十二岁时提出的"学为圣贤"的人生第一等事的理想。因此,就阳明学问的思想逻辑而言,其旨趣是"学为圣贤"。良知学的展开都是在"学为圣贤"的圣人观的范畴之内。或者说,王阳明的学问其核心就是他的圣人观。

前文述及,王阳明是从对宋儒理学思想传统的批判继承出发而开创出他自己的良知学。与宋儒不同,王阳明认为,"天理"之良知是人人本具的,但吾心被后天的私欲所侵染,失去了本有的光明。因此,需要立大志、诚真意,去除私欲功利的后天之蔽,使吾心与天理契合,而能体认"万物一体"之德。这是学为圣贤、由凡转圣的过程,也是圣贤推行教化的路径选择。

"学为圣贤"之所以可能,前提是"万物一体""圣凡不二"命题的成立。王阳明认为,圣人的境界是可以通过学习来达到的。圣人之所以为圣人,只是因为他们的心纯净而合乎天理,不像常人一样充斥私欲。王阳明曾以精金为喻说明"学为圣贤"的可能性。黄金的纯度有高低,分两有轻重,而人的才能也有大小不同。如果黄金没有丝毫的铅、铜等掺杂,可称为精金。那么,如果人没有丝毫的私欲蒙蔽,能够纯乎天理,也就能称为圣贤。譬如尧、舜、文王、武王、孔子、孟子,他们的才能各不相同,各有偏重,但这不妨碍他们成为圣贤,因为他们的心性都是澄明而通乎天理的。这是"学为圣贤"的关键。所以,常人只要通过不懈地努力,使其心性同样澄明而能通乎天理,那么也就能转化为圣人了。因此,王阳明讲人人皆可为尧舜。"学为圣贤"的过程犹如炼金,不纯的黄金可以通过不断提炼而使其足色。常人也可以通过不断去除不恰当的人欲,保存涵养天理,成为尧、舜的。

---

① 黄宗羲:《姚江学案》,《明儒学案》卷十,北京:中华书局,1985年,第180页。

　　阳明"学为圣贤"的圣人观实际上是其良知之学的现实性转化与表达。换言之,良知学是圣人观的理论基础,而圣人观是良知学的具体展开。据钱穆所言,王阳明的良知学有四个方面的特点:一是良知学并不局限于个体的道德践行,而是具有普遍的意义,必然需要拓展至人类全体作为共在的德性提升;二是良知虽然偏向于内在心性的触发和觉醒,但又能向外延展至人类所能触及的知识领域;三是阳明良知学既重视人与人之间的共通之处,也彰显人与人的不同之处,即个体作为共在而存在,又能保持其自身的独立性;四是阳明良知思想强调人伦道德的实践,也关注经济、政治、社会等领域更为现实的问题。① 的确,阳明良知思想构成了其心学的内在义理架构,也塑造了阳明心学圣人观的基本理论形态。

　　阳明心学圣人观强调自我的良知涵养与道德的普遍适用性的统一,也具备钱穆所言的良知学四个方面的特质。良知是主体涵养发现的结果,他是个体的自我觉醒,而不是外在的植入与强加。人心只要保持虚灵不昧,就自然能够众理具备而"周乎万物"。阳明"心外无理,心外无事"②就是这个逻辑。"学为圣贤",化凡为圣,应在自身心体上用功。心体澄明了,天理自然能够彰显。这时的心体没有丝毫私欲的缠缚与遮蔽,此心与天理同构,心体就是自然明觉的天理,是能发挥知善知恶机制功能的良知。因此王阳明讲"心即是理",而良知只是此心判断是非的机制,是非又只是人的好恶抉择,所谓"只好恶就尽了是非,只是非就尽了万事万变"③。好恶、是非的判断与抉择是内在良知与外在天理联系的通道。良知与天理的同构虽然有先天的机制因素,但也必须通过后天的努力才能将先天的机制转化为现实的真实。这种转化就是良知的落实和天理的彰显,就体现在孝亲、悌兄、忠君等具体的日常事务之中。这是主体良知的发用与向外的自然流露,是天人之间的有效沟通。

　　总而言之,主体良知的发用能够促进人类德性的整体提升,以及人生知识的拓展,包括经济、政治、社会等诸多方面,良知的普适性意义便得以彰显,其内在性便逐步拓展为对外在的、现实的社会问题的关涉。由此,"学为圣贤"的圣人观与"心即是理"的良知学交汇于理想社会的建构之中。圣人观的要义便在于良知的发现,而其旨趣便在于理想社会的建构,这是王阳明对他所处时代

---

①　钱穆:《阳明学述要》,北京:九州出版社,2010年,第88页。
②　王阳明:《传习录》上,《王阳明全集》卷一,上海:上海古籍出版社,2011年,第17页。
③　王阳明:《传习录》下,《王阳明全集》卷一,上海:上海古籍出版社,2011年,第126页。

的经济社会问题的理论回应。

王阳明的学问很好地诠释了中国传统文化的精神,他的良知说承续了孔、孟以来传统儒家的思想精髓。他又通过致良知及知行合一的方法论说明良知的呈现,而良知的呈现又是个人道德提升和理想社会建构的过程。这与他早年的"学为圣贤"的人生第一等事的志向相呼应。他的一生是实践良知的一生,是实现他第一等事的志向的一生。实践良知和实现志向是在具体的"事上磨炼"出来的,而不是纯粹的哲学思考和理论创造。诚如前文述及,天理与良知虽是不假外求、自觉自悟的内证过程,是个体生命心性涵养的结果,但个体生命是与社会和世界"共在"的,必然需要融入具体的"情境"之中,需要同"情境"沟通与互动。因此,良知必然是实践的,必然是在"事上磨炼"而呈现的。

阳明学问的主要进路在于"尽吾性",无论是内在"良知"探寻的"致良知",还是"事上磨炼"的"知行合一",都是在"尽吾性"上下功夫,都是为了恢复光明之吾心,而"拔本塞源"的理想社会建构则是"吾性"之用,是本有良知在理想社会的现实开展。王阳明的学问是对孔、孟儒家传统思想,尤其是儒家"尽性知命"理论的深度汲取与阐扬,也是对北宋以来新儒学的批判性继承。王阳明用"良知"诠释与转化孟子"四心说",创造性地阐发了"良知"知善知恶的内在功能,认为人心的好恶实际上是"天理"的流行,"良知"的体现,而人心只不过是日常生活中的恻隐、悯恤、不忍、顾惜之心。这便是"至善",便是心之本体。总之,阳明"学为圣贤"只是引导学者发现自己的心之本体而已。

王阳明的一生正是对"学为圣贤"第一等事的最好诠释。他的学问体现在他的人生之中,而他的人生又证成了他的学问。沟口雄三曾在《中国前近代思想的屈折与展开》一书中对王阳明的学问做了评价。他认为"王阳明的思想并不是在令现有事物的整体结构继续保持原状的状态下,仅仅另外寻找一个东西来遮掩既成事物上显露出的那些破绽,而是要以存在于现有事物之中,又必然性地导致现有事物出现破绽的异物或新生事物为轴心去重组现有事物的结构方式本身"①。沟口雄三想表达的是,王阳明思想有着独特的创造性。而这种创造性是基于既成事物的(北宋以来的理学传统),但不是对既成事物缺陷的简单遮掩,而是对既成事物的突破,对既成事物结构方式的重组。沟口雄三

---

① 沟口雄三:《中国前近代思想的屈折与展开》,龚颖译,北京:生活·读书·新知三联书店,2011年,第90页。

对王阳明思想的评价是客观的、准确的。那么,王阳明思想创造性的源头是什么呢?是他的光明"吾心"与辉煌"人生"。钱穆曾言,王阳明平生讲学,总是针对着受众讲,从来不是凭空地讲,也不是在讲书本,或讲天地与万物。阳明所讲的只是他自己内心真实的经验,只是讲人心之良知。① 的确,王阳明将人心、人生(真实经验)、学问有效地融为一体,他的所有创造性都来源于此。人心是人的良善之心、灵明之心,即良知。人生是人的生活情境,即人的真实的经验。学问是致良知、知行合一,即"学为圣贤",体证良知而建构理想社会。所以,王阳明的学问是人心与人生契合的学问。孔子曾言:"为政以德,譬如北辰,居其所而众星共之。"(《论语·为政》)"德"就是王阳明所说的"良知","为政"就是"良知"的发用,就是具体的"事上磨炼"。

　　笔者从中国传统文化精神的视角,探讨王阳明的人生与学问,进而以课程思政的方式,与思政教育相结合。这是开设课程、研究展开的基本思路。王阳明的人生从"学为圣贤"的第一等事开始,他的学问寓于他的人生之中。随着人生的开展,他的致良知、知行合一、事上磨炼、理想社会建构的良知学的学问图景也徐徐展开。王阳明的人生与学问是对中国传统文化精神的反映,他所规定的圣贤,实际上是合乎儒家忠孝伦理,发挥内在智勇精神,能够实践孝亲报国,将家国情怀具象化、现实化的人。当然,阳明文化、传统文化必须有现实性转化才能回应当代社会发展提出的问题,才能与时代发展同步。就当下情境而言,人心良知的发现,生命意义的发现,必须将家国情怀转化为爱国主义精神,必须与社会主义核心价值观相契合。"君子务本,本立而道生。"(《论语·学而》)一方面,要有"培本固元"的功夫,把握做人的根本和做事的依据。另一方面,时代潮流变化日新,"培本固元"的功夫要顺应时代和社会的发展趋势,所谓"周乎万物,而道济天下"(《易经·系传》)。圣贤只是"即器以明道""明道而即器",培本固元而变化日新。他们发现自我,把握时代脉搏,能与时代趋势同向同行。这便是王阳明的人生与学问、中国传统文化的精神在当下语境中的意义,也是传统文化创造性转化、创新性发展应用实践的一个重要范例。

　　2. 实践感悟:知行合一,奋发有为

　　在"王阳明的人生与学问"课程教学过程中,教师主要结合新冠疫情防控

---

① 钱穆:《宋明理学概述》,北京:九州出版社,2010年,第210页。

等现实生活热点问题,组织学生进行了系列考察调研、座谈研讨活动,学生收获良多,感悟颇深,为传统文化进一步转化发展提供了诸多思考和实践路径。

感悟一:

王阳明创立阳明心学,参透世事人心,终成一代圣哲,进一步升华了孟子、陆九渊的心学理念,成为心学的集大成者。他的心学,主张致良知、知行合一,让我们在对外界的、功利的、世俗的求索中,重新找寻自己的内心,用心感受这个世界,从而获得心灵的阶段提升。

王阳明从小便立下"读书学圣贤"的鸿鹄之志,并将其作为一生的追求,不仅成就了他心学大家的地位,也为后世莘莘学子树立了学为圣贤的榜样。在现如今的社会,阳明心学也有很多值得学习借鉴的地方。党的十八大以来,习近平总书记多次提到王阳明的"知行合一"思想。在党的十九大报告中,习近平总书记提出,要坚定文化自信,推动社会主义文化繁荣兴盛。学术、知识不能只是在嘴上,要联系实际,做到知行合一、格物致知、学以致用。

学习阳明文化,让我们明白了学就要学为圣贤,而在此目的之上就是忠君孝亲,而当下的语境就是爱党爱国爱人民。此外,通过学习习近平总书记与学生的谈话我更加坚信阳明文化对自身发展的重要性,学习要做到知行合一,学好做好。最后,不能让知识固态地存在于思维之中,如果不加以表现,那和不学习的人没有区别,学习就是为了实践,能够把中华民族的优良传统从无形的理念转化为有形的行动,社会主义培养出来的杰出人才就要为社会做出贡献。

(唐绪晨)

感悟二:

王阳明所创的阳明心学,集儒道释三家之大成。何为理?心即理也,不须向外求,也不须去格物。良知人人都有,我们要做的是去激发磨炼我们的良知,把我们的所学与所做统一起来,其理论与观点在当代仍有很强的现实意义。剿灭南赣匪患,平定粤西土乱,王阳明用行动展现家国情怀,他为民请命,哪怕一直得不到朝廷认可,却在临终时道尽"此心光明,亦复何言"。

党的十八大以来,知行合一等优秀传统文化得以进一步弘扬,在习近平新时代中国特色社会主义思想中,以人民为中心的重要思想论述,得到了广泛的认可与支持。作为新时代的青年学子,我们在树立人生规划,确立远大理想的同时,不可丢失家国情怀,唯有怀着以天下为己任的使命感,唯有怀着为国家社会奋斗的责任感,方可真正致良知,做到知行合一。

新冠疫情肆虐的 2020 年,各地援鄂医疗队紧急集结前往武汉,无数和我们年纪相仿的医护人员挺身而出,他们是 2020 年春天的逆行者,他们用那份情怀向我们展现,为生民立命的使命感。"青年一代有理想、有本领、有担当,国家就有前途,民族就有希望。"习近平总书记的谆谆教诲,让我们明白了作为青年人的责任与担当,所言爱国,决不能只是空谈。我们是被呵护的一代,是被赋予厚望的一代,我们比任何时候都更加接近中华民族的伟大复兴,所以我们更应该担起我们的责任,英勇无畏地投身于时代的浪潮中,去发挥我们的作用。

(金刘禹)

感悟三:

明武宗正德四年,心学集大成者王守仁首次提出"知行合一"。所谓"知行合一"指的是人的道德意识和道德践履的关系,也包括一些思想意念和实践行动的关系。"生生不息,万物一体。"何为万物一体,王阳明认为我们的心是天地万物的主宰。天地万物依我们的心而存在。人的良知就是草木瓦片的良知,所以说,天地若无良知,亦不可为天地矣。我们为什么能感应到万物,就是因为我们内心深处有灵明,把万物和自己当成一个整体,万物一体,其实就是万物即我心,我心即万物。

2020 年,新冠疫情宛如一场风暴让我们猝不及防,然而,疫情就是命令,防控就是责任。面对严峻形势,各级党委政府及基层工作人员,将人民群众的生命安全放在首位,发动一切力量,采取一系列积极措施,全力做好疫情防控工作,防止病毒扩散。作为疫情抗击第一线的广大医务工作人员,他们重任在肩、义不容辞;作为"逆向而行"的志愿者,他们在加强自身防护的情况下,竭尽所能,贡献自己的力量;作为普通公民,他们不串门不聚集、不信谣不传谣,在家防疫,不给国家添乱……这个时候,似乎所有人都达成了一种默契,团结一心共同抗疫。习近平总书记曾经说过:"只有把小我融入大我,才会有海一样的胸怀、山一样的崇高。"

伟大的抗疫精神正契合王阳明的良知思想。阳明心学是中华文化精华的集大成者,符合当时的历史语境、符合当时社会发展趋势,合于道、合于天理、合于良知。面对阳明心学传承发展的重要机遇,我们必须契合新时代语境,使阳明文化完成创造性转化、创新性发展。"士不可不弘毅,任重而道远。"身为当代大学生,我们需要在我们的人生奋斗中自觉担起为传统文化继承发展、中华民族伟大复兴做出贡献的历史使命!

(纪颖欣、张佳怡)

从以上学生的研讨实践感悟可以窥见,对阳明文化课程思政的设计和考察不是简单地再现教学过程和教学内容,而是将阳明文化课程思政纳入传统文化应用研究的范畴,基于思政教育的视角对阳明文化的转化与应用进行思考。考量阳明文化如何在思政教育中调适、融入,并发挥作用,进一步说明传统文化及其精神在新时代语境下的转化与应用。

笔者关注的重点是传统文化精神的发用和社会主义精神的践行,以及两者之间的关联。传统文化精神所发用的是基于良知呈现的忠孝伦理、家国情怀、智勇精神等,所采用的是章学诚"即器以明道"的方法;社会主义精神所践行的则是基于社会主义核心价值观的日常规范、爱国主义、立德树人思想等。传统文化精神与社会主义精神有内在的逻辑关联,前者的转化应用必然以后者为理论依据和方向,这是引入阳明文化课程思政的考量、意图及意义。

我们对"王阳明的人生与学问"的探讨和教学就是为了把握王阳明人生和学问的主旨。王阳明人生和学问的主旨彰明之后,我们所探讨的传统文化精神的主旨,以及传统文化转化发展的应用研究的主旨也便明晰起来。王阳明的人生与学问集中体现了传统文化的基本精神,诠释了生活情境的展开与融入,彰显了生命的动力与意境。王阳明对"人生第一等事"的追问,对"学为圣贤"的人生理想的追求,都对新时代青年成人成材有启发意义,都能转化为新时代"立德树人"教育语境,是传统文化创造性转化、创新性发展应用实践的典型范例。

第五章　新时代传统文化转化与发展的新动力

文化的力量体现在文化的生命力、创造力和凝聚力三个方面,而文化的生命力、创造力和凝聚力又体现在民族的生命力、创造力和凝聚力之中。从某种意义上说,文化的发展与民族的发展是同向同行、同质同构的。悠远深厚的传统文化孕育伟大的民族,伟大的民族又必然创造辉煌灿烂的民族文化。那么,文化力量的根源及文化转化发展的动力来自哪里呢? 文化的力量需要由文化的动力来维持。在新时代语境下,传统文化转化发展的生命动力又需要给予新的观照与探索。

第一节　传统文化转化与发展的新时代意义

一、传统文化在新时代的情境融入

没有无缘无故的运动,也没有无缘无故的变化,任何事物的运动变化都离不开动力。传统文化也是如此,它的转化与发展必然需要动力支撑。

探讨传统文化转化与发展的动力问题,我们必须将它放在"传统文化生活情境还原"的语境下。因为,只有在生活的现实情境中,才能找到传统文化转化发展的动力来源与根源。关于传统文化的生活情境还原的分析讨论在第二章已具体展开,此处不赘。此处需要进一步讨论的是,基于文化力量的范畴,"传统文化的生活情境还原"与"传统文化创造性转化、创新性发展"两者之间的关系。诚如前文所论,"传统文化的生活情境还原"含有两个重要因素:一是情境的融入,二是情境的互动。《易经》有咸卦(䷏)。《象》曰:咸,感也。天地感而万物化生,圣人感人心而天下和平。观其所感,而天地万物之情可见矣。《象》曰:山上有泽,咸。君子以虚受人。取象为卦,象即境也。咸为感,感天地万物之情境,感人心之所思所念,如此天下才能和平,社会才能发展。因此《易经》言:"观其所感,而天地万物之情可见矣。"天地感万物,圣贤感人心,人心和顺则天下和平。据此可知,"感"是情境融入下的情感呈现,即人心感应能力的产生是以人主动或被动地融入天地万物的情境为前提的。这是古人对天地万物与人之关系的理解,也是中国古代思想发展的基础。人心的主要功能在于感应,建立人与自然的精神联系,进而产生一系列的物理变革,包括资源的有效利用,生存空间的开拓等;也包括自然对人的影响,譬如人种的地域差异,不同习俗的养成,思维模式的形成等。在人与自然的此种双向互动中推进人类文明的开拓与人类社会的发展。

这是历史的图景,那么就新时代而言呢?毫无疑问,新时代的生命个体同样是融入情境之中的个体,尤其是新时代的青年。新时代的青年应积极融入新时代的情境之中,有所感应,有所互动,有所作为。青年是文化创新发展、社会建设进步的中流砥柱。青年不仅有远大的理想抱负,而且他们的理想抱负是与深厚的家国情怀相关联的。无论过去、现在还是将来,中国青年始终是实现中华民族伟大复兴的先锋力量。[①] 诚如习近平总书记所言:"青年是整个社会力量中最积极、最有生气的力量,国家的希望在青年,民族的未来在青年。今天,新时代中国青年处在中华民族发展的最好时期,既面临着难得的建功立业的人生际遇,也面临着'天将降大任于斯人'的时代使命。"[②]因此,青年教育问题便成为社会发展的关键问题,而青年教育重心又落在立德树人教育目标上。立德树人教育目标的核心是青年对社会主义道德的把握、吸收与融化。显然,社会主义道德建设是社会主义文化建设的应有之义。这是我们考察传统文化的形态、精神及其诠释范式的初衷,是我们领会传统文化创造性转化、创新性发展的根本意义。

[①] 习近平:《在纪念五四运动 100 周年大会上的讲话》,北京:人民出版社,2019 年,第 5 页。

[②] 习近平:《在纪念五四运动 100 周年大会上的讲话》,北京:人民出版社,2019 年,第 6 页。

陈序经(1903—1967 年)[①]在 1933 年的演讲中提出"近代文化的主力"问题。他将"近代文化的主力"归之于"个人主义"。他认为,要解决当时中国救亡图存的问题,就文化范畴而言,最合适的途径是全盘西洋化。他又进一步认为,要全盘西洋化,就要彻底地打破中国传统思想的藩篱,给个性发展以尽量宽广的空间。但尽量开发个性能力,改变文化张本,则不得不提倡西洋近代文化的主力——个人主义。[②] 陈序经对西洋文化,对传统文化的理解和姿态都是错误的,他的个人主义的"近代文化的主力"的解释和路径选择也是不可取的,这被后来中国历史的发展和社会实践所证明。在一定程度上,陈序经关于中国文化及其出路的认知的局限性是由他所处的时代的局限性所决定的,正如鲁迅对汉字的改革尝试一样。

无论是近代中国文化的主力,还是现当代乃至未来中国文化的主力绝不会是"个人主义","个人主义"恰恰是我们必须高度警惕和极力避免的。个人是社会中的个人,是家国天下视域下的个人。离开了社会的大情境,个人必将失去意义。米德在《心灵、自我与社会》中认为,没有社会群体就不可能有个体意识,自我的实现过程离不开个体融入一定的社会环境。"当某人使自己顺应于某个环境时,他成为另一个体,但是在成为另一个个体时,他便影响了他所生活的共同体。……个体与个体所生活的共同体之间始终存在一种相互关系。看起来个体周围的各种力量要塑造他,但社会同样在这一过程中改变了,在某种程度上成了一个不同的社会。"[③]总之,简单的个人主义不能解释复杂的社会—文化发展的整体进程。米德进而对个人主义自我理论与社会自我理论进行了对比分析。个人自我是从个体的自我引申出个体所参与的社会过程,这种理论断言个体及个体经验在逻辑上先于社会过程;社会自我则是从个体参与其中并经验地相互作用的社会过程引申出个体的自我,这种理论宣称社会经验过程在逻辑上先于参与这一过程的个体及个体经验。米德认为,个人主义自我理论无法解释心灵与自我的存在,而社会主义自我理论能通过社会行为过程(如繁殖、保护、合作等)解释心灵与自我。米德的结论是,如果不

---

① 　陈序经曾被德国汉学家柏克誉为"梁漱溟之后,中国第一个可以将他对中国文化的挑战和对其他立场的批评,建立在自己的相当系统的文化理论基础上的人"。参见陈序经:《中国文化的出路》,长沙:岳麓书社,2010 年,封底页。

② 　陈序经:《中国文化的出路》,长沙:岳麓书社,2010 年,第 121 页。

③ 　米德:《心灵、自我与社会》,赵月瑟译,上海:上海译文出版社,1992 年,第 190-191 页。

融入社会情境,心灵就无法得以呈现,甚至根本就不可能存在。有组织的社会关系及其相互作用的趋势是心灵性质和效应的必要前提,除此之外没有其他方法能使个体心灵得以存在和演化发展。[①] "个体进入自身的经验,只是作为一个对象而不是作为一个主体,而且他只有在社会关系及其相互作用的基础上,只有借助他在这一组织的社会情境中与他者进行经验交流,才能作为对象进入他自身的经验。"[②]

诚然,心灵在社会过程中一旦产生,个体心灵与社会过程相互作用的情况就会更为复杂。但是,可以肯定的是,个人主义始终不能成为中国文化创新发展的主导方向。个体生命应该与社会主义国家生命交融在一起。个体不能孤立于社会,孤立于社会的个体是无意义的存在。

二、传统文化与新时代的有效互动

前文提及《易经》咸卦(䷞),此处可以进一步分析。咸者,感也。感而通(动),通(动)则达。人类融入自然与社会的情境之中而触发感应,感应而有道交,有路径的通畅,路径通畅则有目的的达成。再者,"通"与"达"的前提是"动",不"动"则无有"通"与"达"。因此,情境—感应—互动形成了一个逻辑相承的链条。情境—感应—互动是理解中国传统文化形态及其精神的重要范畴链,也是理解新时代语境下传统文化创造性转化、创新性发展的枢要。诚如前文所述,打开这一枢要的必然途径是将传统文化置于现实社会生活的情境之中,还原再现情境的具体样态。情境还原而有情境融入,有情境融入而有情境互动。因境生情,因情而动。

互动是情境与人心的双向互动。社会情境与人类都不是孤立现象,人类所创造的历史及历史进程中的文化、经济、政治等都是在社会情境之中的,而社会情境又能塑造、影响,甚至变革文化、经济、政治的历史进程。因此,自然与人类、人类社会的历史是辩证发展的过程,情境互动是双向互动,而不是情境→人心,或人心→情境的单向作用。基于此,对传统文化形态及其精神的分析,总是试图从多种视角,运用多种方式来观照审视。子在川上曰:"逝者如斯

---

① 米德:《心灵、自我与社会》,赵月瑟译,上海:上海译文出版社,1992年,第198-199页。
② 米德:《心灵、自我与社会》,赵月瑟译,上海:上海译文出版社,1992年,第200-201页。

夫,不舍昼夜。"(《论语·子罕》)孔子所感叹的恐非单纯的时光和流水,他是站在人类历史的长河中,回望历史进程中,人类所制造的众多"事件"的流变,包括文化在流动的历史长河中的产生、转化、发展。逝者如斯,那么有没有来者?如有来者,来者为何? "为何"有两层含义:一是"为何"(wéi hé),即来者是什么;二是"为何"(wèi hé),即来者干什么。关于"逝者"的慨叹引出对于"来者"的思考。人类文化与文明有其辉煌的过往,那么如何应对未来的文化与文明也应成为我们的日常观照。虽然文化作为历史进程中的"事件"总是不可避免地流变,但在当下时间空间中的生命个体,以怎样的视野和姿态审视文化现象,这是我们需要审慎考量的。文化发展与国家富强、民族振兴息息相关。我们应该把握时代的脉搏,传承文化的过去,厘清与彰显文化的现在,规划与展望文化的将来。

"逝者如斯,不舍昼夜",那么有没有永恒的事物呢?永恒不变者唯有变化本身,但在传统文化转化发展的进程中,我们可以凝练精神的永恒,这种精神便是理想与信念,是支撑中华民族伟大复兴和社会主义中国繁荣富强的意志与品质。因此,情境互动不是无谓的盲动,而应是有效的互动,是与理想信念同质同构、同向同行的互动。这种互动必然是有利于文化、经济、社会的战略性发展,有利于国家富强、民族振兴,乃至人类命运共同体的整体和谐与进步。传统文化创造性转化、创新性发展便是情境有效互动的典型例子,是一个动态的过程。新时代青年要在这一动态过程中自觉树立和践行社会主义核心价值观,善于从中华优秀传统文化中汲取道德滋养。

第二节　传统文化发展动力的不断开拓创新

一、新时代传统文化发展的坚实动力

我们可以得出初步结论:文化发展的动力来自情境的有效互动。有效互动的前提是"同境同情"。"同境"是指"事件"的参与者置于一个相同的情境中,即主体的情境融入,这是现实社会生活的场景展开。没有主体的融入,社会生活的"场景"是静默的,不会为主体提供任何关于历史文化的书写。主体

便在一定程度上成为孤立现象。"同情"就是感应,是一种情感的共振,是对社会生活场景信息的积极回应。"共振"的产生是以相同频率为基础的。我们对传统文化的深刻体认,以及对其创造性转化、创新性发展的理解,都是基于我们自身的"传统性"。文化从传统走向现代走向未来,生命主体也由传统走向现代走向未来。我们与传统文化之间本身就存在一种经验的联系。在社会历史发展的进程中,我们是文化现象的参与者、推动者,而我们自身也成为并无二致的文化现象,这一过程就是主体的有效互动。诚如习近平总书记所言:"中华优秀传统文化已经成为中华民族的基因,植根在中国人内心,潜移默化影响着中国人的思想方式和行为方式。"①主体融入情境的有效互动不仅仅局限于文化主体的诠释,也同样能说明传统文化创造性转化、创新性发展的动力机制及其可能性。譬如提倡和弘扬社会主义核心价值观,就必须从传统文化中汲取丰富营养,否则就不会有生命力和影响力。

　　同境同情的有效互动所呈现的联系是经验的,而不是先验的。经验的联系表征着文化的现实生活性。传统文化的转化发展及其动力体系都是在文化的现实社会生活应用中彰显出来的。理解、诠释、转化、传承传统文化必须基于对社会实践的理解,社会实践是传统文化发展的前提。文化的理论从来都不与社会的实践相隔离。传统文化创造性转化、创新性发展的旨趣在于新时代语境下的有效教化,在于教育实践功能的体现,尤其是"立德树人"的思想政治教育实践,因为对社会主义建设者和接班人的教育是"事关党和国家前途命运的重大战略任务,是全党的共同政治责任"②。我们有坚定的自信,无论是道路的、理论的、制度的,还是文化的,但我们的自信从来不排斥转化、发展与进取。我们"必须不断有所发现、有所发明、有所创造、有所前进"③,使中国传统文化永远充满蓬勃生机活力,并使其始终服务于中国特色社会主义的建设与发展。

　　① 习近平:《青年要自觉践行社会主义核心价值观——在北京大学师生座谈会上的讲话》,北京:人民出版社,2014年,第7页。
　　② 习近平:《在纪念五四运动100周年大会上的讲话》,北京:人民出版社,2019年,第12页。
　　③ 习近平:《在纪念红军长征胜利80周年大会上的讲话》,北京:人民出版社,2016年,第13-14页。

二、传统文化发展动力的开拓与创新

前文分析了陈序经关于"个人主义"的论述。陈序经的相关议论发表于1933年,那时中国正处于危亡之际。陈序经的初衷是探求中国文化的发展方向,寻找中国文化的出路,这与当时的时代背景是相契合的。他认为当时围绕中国文化出路的探讨主要有三种派别:一是折中主义;二是复古主义;三是全盘西化。他详细地分析了折中派与复古派的缺点,认为这两者不能引导我们的文化走向通畅,因此唯一的办法便是全盘西化。① 陈序经全盘西化的理由主要有四:一是鸦片战争之后,全盘西化的主张已是一种必然趋势。虽然西学东渐,但中国人的守旧顽固心理,使学习西方的态度迟疑不决,内容不够全面彻底,因此要痛定思痛,彻底地变换态度。② 二是鸦片战争之后,中国在事实上已趋于全盘接受西洋文化。西化并没有使中国文化能够与各国相抗衡,是因为中国人不愿诚心诚意去接受西洋文化的全部。③ 三是欧洲近代文化的确比我们进步得多。四是西洋的现代化,无论我们喜不喜欢,它是现世的趋势。④

陈序经关于中国文化的上述议论于1933年曾在全国范围掀起一场大论战,其影响之广之大,可见一斑。但需要明确指出的是,陈序经对中国传统文化缺乏基本的自信,他提出的中国文化"个人主义"的出路是根本行不通的;其全盘西化的态度既缺乏周严的逻辑,又缺乏对政治独立与国家安全的考量,因为文化从来不是隔离于经济政治的孤立现象。那么,中国文化的出路在哪里呢? 这一问题,中国共产党百年征程及中国共产党百年文化发展史已给出了明确的答案。正如上章所讨论的,传统文化创造性转化、创新性发展指明了中国文化持续发展的动力源泉和必然路径。

那么,传统文化创造性转化、创新性发展的动力如何强化呢? 文化有其自身的能量,"文化进程,不管发生在哪里,都不是从'虚无'中冒出来的,而是必

---

① 陈序经:《中国文化的出路》,长沙:岳麓书社,2010年,第81页。
② 陈序经:《中国文化的出路》,长沙:岳麓书社,2010年,第93-94页。
③ 陈序经:《中国文化的出路》,长沙:岳麓书社,2010年,第96页。
④ 陈序经:《中国文化的出路》,长沙:岳麓书社,2010年,第97页。

须具有能量源泉,文化进程才有可能实现"①。王铭铭也曾严肃地谈及文化力量,有一定的启发性,尽管他的视角是社区历史与社会。他认为"目前中国社区研究急需一种既能表述历史进程,又能展示不同社会—文化力量的交错互动的文本模式"②。王铭铭着重于社区研究,但他所描述的文本模式,对文化及文化力量的理解有很大帮助。他的文本模式是历史—社会—文化三者交错互动的,即文化的力量基于社会及其历史的。这一文本模式不应过于强调事物起源的进化论模式,而"应着重表现不同社会—文化力量如何在大社会中不同的历史条件下发生关系变异、转型及衍生"③。

诚如前文诸章所论,文化的力量,或者说文化发展的动力来自社会创造力。这种创造力不是米德所说的"自我的社会创造力"④。米德所说的"自我"是"个体自我",而传统文化转化发展的真正力量和动力是以"社会自我"为主体的,是来自"人民"的力量,而不是"个人主义"的力量,这是由文化的实践性,即现实生活性决定的。人不仅仅是个体意义上的人,更是社会的人。传统文化创造性转化、创新性发展充分蕴含了文化的人民性与实践性。当然,中国文化的博大精深,来源于其内部生成的多姿多彩;中国文化的历久弥新,取决于其变迁过程中各种元素、层次、类型在内容和结构上通过碰撞、解构、融合而产生的革故鼎新的强大动力。传统文化转化发展动力的开拓创新是多维度多视域的,但伟大人民的伟大实践是其根本的核心动力,是他的关键方向。

---

① 芬克:《文化生态学》,纽宁、纽宁编:《文化学研究导论:理论基础·方法思路·研究视角》,闵志荣译,南京:南京大学出版社,2018年,第388页。

② 王铭铭:《社会人类学与中国研究》,桂林:广西师范大学出版社,2005年,第42页

③ 王铭铭:《社会人类学与中国研究》,桂林:广西师范大学出版社,2005年,第43页

④ 米德:《心灵、自我与社会》,赵月瑟译,上海:上海译文出版社,1992年,第190页。

参考文献

阿佩尔：《哲学的改造》，孙周兴、陆兴华译，上海：上海译文出版社，1997年。

班固：《汉书》，北京：中华书局，1962年。

柏拉图：《柏拉图全集》，北京：人民出版社，2002年。

本尼迪克特：《菊花与刀：日本文化的诸模式》，马小鹤、朱理胜，北京：九州出版社，2005年。

柏林：《自由论》，胡传胜译，南京：译林出版社，2003年。

鲍桑葵：《美学史》，张今译，北京：商务印书馆，1997年。

鲍曼：《现代性与矛盾性》，邵迎生译，北京：商务印书馆，2003年。

蔡元培：《蔡元培全集》，北京：中华书局，1984年。

陈继儒：《陈眉公先生全集》，明崇祯间(1628—1644)华亭陈氏家刊本。

陈序经：《中国文化的出路》，长沙：岳麓书社，2010年。

陈锐：《马一浮与现代中国》，北京：中国社会科学出版社，2007年。

查尔默斯：《科学究竟是什么》，邱仁宗译，石家庄：河北科学技术出版社，2002年。

达尔文：《人类的由来》，潘光旦、胡寿文译，北京：商务印书馆，2005年。

董其昌：《画禅室随笔》，《四库全书》文津阁藏本。

岛田虔次：《中国思想史研究》，邓红译，上海：上海古籍出版社，2009年。

狄尔泰：《体验与诗》，胡其鼎译，北京：生活·读书·新知三联书店，2003年。

弗雷泽：《金枝》，徐育新、汪培基、张译石译，北京：新世界出版社，

2006 年。

弗兰克:《俄国知识人与精神偶像》,徐凤林译,上海:学林出版社,1999 年。

弗思:《人文类型》,费孝通译,北京:华夏出版社,2001 年。

弗里德曼:《资本主义与自由》,张端玉译,北京:商务印书馆,1986 年。

冯友兰:《三松堂全集》,郑州:河南人民出版社,2001 年。

冯友兰:《中国哲学史》,上海:华东师范大学出版社,2000 年。

冯友兰:《中国哲学史新编》,北京:人民出版社,2007 年。

范仲淹:《范文正公文集》,北宋刻本。

芬克:《文化生态学》,纽宁、纽宁编:《文化学研究导论:理论基础·方法思路·研究视角》,闵志荣译,南京:南京大学出版社,2018 年。

顾炎武:《顾亭林诗文集》,北京:中华书局,1959 年。

顾炎武:《顾炎武全集》,上海:上海古籍出版社,2012 年。

沟口雄三:《中国前近代思想的屈折与展开》,龚颖译,北京:生活·读书·新知三联书店,2011 年。

韩愈:《韩昌黎文集》,上海:上海古籍出版社,1986 年。

黄宗羲:《黄宗羲全集》,杭州:浙江古籍出版社,1985 年。

黑格尔:《哲学史讲演录》第一卷,贺麟、王太庆译,北京:商务印书馆,1959 年。

黑格尔:《精神现象学》,贺麟、王久兴译,北京:商务印书馆,1979 年。

黑格尔:《小逻辑》,贺麟译,北京:商务印书馆,1980 年。

黑格尔:《历史哲学》,王造时译,上海:上海书店出版社,1999 年。

哈贝马斯:《交往行为理论:行为合理性与社会合理性》,曹卫东译,上海:上海人民出版社,2004 年。

哈贝马斯:《公共领域的结构转型》,曹卫东、王晓珏、刘北城等译,上海:学林出版社,1999 年。

海德格尔:《存在与时间》,陈嘉映、王节庆译,北京:生活·读书·新知三联书店,1999 年。

亨廷顿:《文明的冲突与世界秩序的重建》,周琪、刘绯、张立平等译,北京:新华出版社,1998 年。

胡塞尔:《逻辑研究》第二卷第一部分,倪梁康译,上海:上海译文出版社,

1998 年。

伽达默尔:《真理与方法:哲学诠释学的基本特征》,洪汉鼎译,上海:上海译文出版社,1999 年。

卡西尔:《人论:人类文化哲学导论》,甘阳译,上海:上海译文出版社,2013 年。

卡莱尔:《英雄和英雄崇拜》,张峰、吕霞译,上海:上海三联书店,1988 年。

柯林伍德:《历史的观念》,尹锐、方红、任晓晋译,北京:光明日报出版社,2007 年。

康德:《纯粹理性批判》,邓晓芒译,北京:中国人民大学出版社,2004 年。

柯劭忞:《新元史》,上海:上海古籍出版社,2017 年。

库恩:《科学革命的结构》,金吾伦、胡新和译,北京:北京大学出版社,2003 年。

吕思勉:《中国通史》,武汉:武汉出版社,2011 年。

梁漱溟:《东西文化及其哲学》,北京:商务印书馆,1999 年。

鲁迅:《鲁迅全集》,北京:人民文学出版社,1980 年。

鲁迅:《汉文学史纲要》,北京:人民文学出版社,1973 年。

李贽:《李氏焚书》,哈佛燕京图书馆藏本。

陆九渊:《陆象山先生全集》,雍正六年(1728)刊本。

来知德:《周易集注》卷之首上,北京:九州出版社,2012 年。

梁启超:《中国近三百年学术史》,北京:东方出版社,1996 年。

龙文彬:《明会要》,北京:中华书局,1956 年。

陆九渊:《陆九渊集》,北京:中华书局,1980 年。

刘宗周:《刘宗周全集》,杭州:浙江古籍出版社,2007 年。

罗素:《西方哲学史》,何兆武、李约瑟译,北京:商务印书馆,1963 年。

刘述先:《儒家思想开拓的尝试》,北京:中国社会科学出版社,2001 年。

梁启超:《清代学术概论》,中华书局,2010 年。

列维-斯特劳斯:《结构人类学》,张祖建译,北京:中国人民大学出版社,2006 年。

梅洛-庞蒂:《符号》,姜志辉译,北京:商务印书馆,2003 年。

马一浮:《马一浮先生遗稿三编》,台北:广文书局,2002 年。

马一浮:《马一浮集》,杭州:浙江古籍出版社,1996 年。

马尔萨斯:《人口原理》,朱泱、胡企林、朱和中译,北京:商务印书馆,1992年。

马克思、恩格斯:《马克思恩格斯全集》,北京:人民出版社,2006年。

孟德斯鸠:《论法的精神》,张雁深译,北京:商务印书馆,1961年。

米德:《心灵、自我与社会》,赵月瑟译,上海:上海译文出版社,1992年。

牟宗三:《牟宗三先生全集》,台北:联经出版事业股份有限公司,2003年。

米勒:《文明的共存——对塞缪尔·亨廷顿"文明冲突论"的批判》,郦红、那滨译,北京:新华出版社,2002年。

摩尔根:《古代社会》,杨东莼、马雍、马巨译,北京:中央编译出版社,2007年。

欧阳询:《艺文类聚》卷十九,明嘉靖天水胡缵宗刻本。

钱穆:《钱宾四先生全集》,台北:联经出版事业股份有限公司,1998年。

钱穆:《阳明学述要》,北京:九州出版社,2010年。

钱穆:《宋明理学概述》,北京:九州出版社,2010年。

钱德洪:《阳明先生年谱》上卷,明嘉靖四十三年(1564)刻本。

叔本华:《作为意志和表象的世界》,北京:商务印书馆,1982年。

司马迁:《史记》,北京:中华书局,1959年。

司马光:《资治通鉴》,北京:中华书局,1959年。

苏轼:《苏轼文集》,北京:中华书局,1986年。

斯密:《道德情操论》,余涌译,北京:中国社会科学出版社,2003年。

舍勒:《哲学与世界观》,曹卫东译,上海:上海人民出版社,2003年。

史蒂芬:《再看西方》,上海:上海译文出版社,1998年。

泰勒:《原始文化:神话、哲学、宗教、语言、艺术和习俗发展之研究》,连树声译,桂林:广西师范大学出版社,2005年。

田家康:《气候文明史:改变世界的八万年气候变迁》,范春飚译,北京:东方出版社,2012年。

田广林:《中国传统文化概论》,北京:高等教育出版社,1999年。

唐君毅:《中华人文与当今世界》,台北:台湾学生书局,1975年。

汤因比:《历史研究》上册,曹未风等译,上海:上海人民出版社,1959年。

陶宗仪:《南村辍耕录》,北京:中华书局,1959年。

韦伯:《文化社会学视域中的文化史》,姚燕译,上海:上海人民出版社,

2006 年。

韦伯:《社会科学方法论》,韩水法、莫茜译,北京:中央编译出版社, 1999 年。

维特根斯坦:《哲学研究》,李步楼译,北京:商务印书馆,1996 年。

王阳明:《王阳明全集》,上海:上海古籍出版社,2011 年。

王弼:《周易略例》,嘉靖四年(1525)范氏天一阁刊本。

王夫之:《船山全书》,长沙:岳麓书社,2011 年。

王铭铭:《社会人类学与中国研究》,桂林:广西师范大学出版社,2005 年。

吴龙辉:《原始儒家考述》,北京:中国社会科学出版社,1996 年。

沃林:《文化批判的观念》,张国清译,北京:商务印书馆,2001 年。

西田几多郎:《善的研究》,何倩译,北京:商务印书馆,1965 年。

习近平:《习近平谈治国理政》第四卷,北京:外文出版社,2022 年。

习近平:《在中国文联十大、中国作协九大开幕式上的讲话》,北京:人民出版社,2016 年。

习近平:《之江新语》,杭州:浙江人民出版社,2007 年。

习近平:《摆脱贫困》,福州:福建人民出版社,1992 年。

习近平:《在纪念马克思诞辰 200 周年大会上的讲话》,北京:人民出版社, 2018 年。

习近平:《在纪念孔子诞辰 2565 周年国际学术研讨会暨国际儒学联合会第五届会员大会开幕会上的讲话》,北京:人民出版社,2014 年。

习近平:《青年要自觉践行社会主义核心价值观——在北京大学师生座谈会上的讲话》》,北京:人民出版社,2014 年。

习近平:《深化文明交流互鉴共建亚洲命运共同体——在亚洲文明对话大会开幕式上的主旨演讲》,北京:人民出版社,2019 年。

习近平:《在哲学社会科学工作座谈会上的讲话》,北京:人民出版社, 2016 年。

习近平:《在庆祝中国共产党成立 95 周年大会上的讲话》,北京:人民出版社,2016 年。

习近平:《论坚持推动构建人类命运共同体》,北京:中央文献出版社, 2018 年。

习近平:《决胜全面建成小康社会夺取新时代中国特色社会主义伟大胜

利——在中国共产党第十九次全国代表大会上的报告》,北京:人民出版社,2017 年。

习近平:《在会见第一届全国文明家庭代表时的讲话》,北京:人民出版社,2016 年。

徐开任:《明名臣言行录》,上海:上海古籍出版社,1995 年。

徐中舒:《先秦史论稿》,成都:巴蜀书社,1992 年。

徐复观:《中国人性论史》,上海:上海三联书店,2001 年。

谢陛:《歙志》,合肥:黄山书社,2014 年。

于连:《迂回与进入》,杜小真译,北京:生活·读书·新知三联书店,1998 年。

于连:《道德奠基:孟子与启蒙哲人的对话》,宋刚译,北京:北京大学出版社,2002 年。

袁宏道:《袁中郎全集》,明崇祯间佩兰居刻本。

扬雄:《扬子法言》,四部丛刊初编本,昆明:世界书局,1955 年。

尤麒,陈露辑:《嘉靖武城县志》,嘉靖二十八年(1549)刻本。

杨泰亨,冯可镛:《慈溪县志》卷二十四,清光绪二十五年(1899)刊本。

亚里士多德:《形而上学》,吴寿澎译,北京:商务印书馆,1959 年。

庄孔韶:《人类学概论》,北京:中国人民大学出版社,2006 年。

张载:《张载集》,北京:中华书局,1978 年。

朱舜水:《朱舜水集》,北京:中华书局,1981 年。

朱熹:《朱子全书》,上海:上海古籍出版社,2002 年。

朱熹:《四书章句集注》,北京:中华书局,1983 年。

章学诚:《文史通义》,丰城余氏墨宝斋,光绪二十三年(1897)刻本。

周敦颐:《周敦颐集》,北京:中华书局,1990 年。

詹明信:《晚期资本主义的文化逻辑》,陈清侨等译,北京:生活·读书·新知三联书店,1997 年。

赵孟頫:《松雪斋集》,北京:中国书店出版社,1991 年。

真人元开:《唐大和上东征传》,北京:中华书局,1979 年。

后　　记

　　庚子暮秋，棹歌姚江，访文京兄不得。遂转道四明，入化安山中。刹中气清，风物宜长，云岫缥缈间，有东林黄公墓在。斯人乘桴远去，徒留龙虎草堂，芦花飞处，燕莺声杂，也悲麟凤途穷之际。化安当时，山深雪合，守残书破砚，体物周流而入圣域。奇哉！

　　咦！遥想黄公，亲炙未及，然其诗文犹记，正气长留，堪为后学楷模。文京吾兄，我辈翘楚，学黄公之道，负笈东游，至今不思归路也。岁已端阳，仰观天文，苍龙七宿，飞升中天。庭前栀子，熏风迟迟，又道花香时。思君易老，岂曰和光，同其尘而入化境哉？往矣！万般熙熙，千种攘攘，皆是因缘际会，无非随波，也学逐浪。

　　剩山独游，暮色茫茫。是为记。

鲁海军

2022 年 6 月 3 日于剩山山房